本书受浙江省高校重大人文社科项目攻关计划资助（2013QN033），并为 2020 年度宁波市社会科学学术著作出版资助项目（20CB-02）

利用定价缓解交通拥堵的作用机理与政策设计

杨　铭◎著

中国社会科学出版社

图书在版编目 (CIP) 数据

利用定价缓解交通拥堵的作用机理与政策设计 / 杨铭著 . —北京：
中国社会科学出版社，2020. 6
ISBN 978-7-5203-6635-9

Ⅰ.①利⋯　Ⅱ.①杨⋯　Ⅲ.①定价决策—影响—城市交通—交通
拥挤—研究　Ⅳ.①U491.2

中国版本图书馆 CIP 数据核字 (2020) 第 101133 号

出 版 人	赵剑英
责任编辑	梁剑琴
责任校对	郝阳洋
责任印制	郝美娜

出　　版	中国社会科学出版社
社　　址	北京鼓楼西大街甲 158 号
邮　　编	100720
网　　址	http：//www. csspw. cn
发 行 部	010-84083685
门 市 部	010-84029450
经　　销	新华书店及其他书店

印　　刷	北京君升印刷有限公司
装　　订	廊坊市广阳区广增装订厂
版　　次	2020 年 6 月第 1 版
印　　次	2020 年 6 月第 1 次印刷

开　　本	710×1000　1/16
印　　张	21. 25
插　　页	2
字　　数	364 千字
定　　价	128. 00 元

目　录

表目录

图目录

第一章

交通拥堵及研究概述

第一节　交通拥堵问题的产生与发展

一　交通拥堵问题的产生

随着社会经济的不断发展进步，城市人口持续增长，生活水平逐步提高，交通出行的总量和层次也在不断提升。在城镇化进程和机动化浪潮的双重作用下，城市人口出行的机动化程度不断迈向新台阶。从全球范围来看，交通出行的机动化发展空前地提高了人们出行的便利程度，无论对个人成长还是城市整体发展，均产生了巨大的推动作用。然而，人们在享受汽车出行带来的极大便利的同时，也不得不面对由此而产生的各种负面影响。实际上，自发明汽车以来，交通拥堵问题便处于发展酝酿之中。人们借助汽车提升出行舒适性和便利程度的同时，也使城市空间被各种各样的机动车辆充斥。道路变得越来越拥挤，出行时间越来越漫长，人们在拥挤和繁忙的交通流中逐渐丧失耐心，情绪也开始变得焦躁，在这样的环境下，各种"路怒族"的冲动行为时见于路段。人们追求个体流动性改善提升的行为是理性的，但群体都朝这个方向努力时便产生了尖锐的矛盾，大量机动车出行导致的城市道路交通拥堵问题日益严峻。除交通拥堵外，交通出行机动化程度的提高还使城市噪声污染和大气污染加重、道路安全形势恶化、非机动车辆和行人空间受到挤压，并促成化石能源消费需求的快速上升。时至今日，城市交通拥堵问题已成为一个世界范围内广泛存在、普遍影响、持续发展的焦点问题，成为一种典型的"城市病"，任其蔓延不加控制将严重制约城市发展，妨碍人们生活质量的进一步提升。

二　城市交通拥堵现状

世界范围内，各国每年因交通拥堵蒙受的损失巨大。美国最大的交通运输研究机构德州交通运输研究所每年对全美交通拥堵进行评估并发布年度《城市流动性报告》，据 2015 年报告披露，美国城市人口因交通拥堵问题导致的通勤延迟、燃料消耗和经济损失还在持续上升。据测算，美国1982 年全国人均通勤延迟为 18 小时，全社会额外增加的通勤时间为 18亿小时，因此而多消耗的燃料为 5 亿加仑，经济损失共计 420 亿美元；2000 年，人均通勤延迟上升为 37 小时，全社会额外消耗时间为 52 亿小时、额外燃料消耗为 21 亿加仑，经济损失上升为 1140 亿美元；而到了2014 年，对应的数字飙升至 42 小时、69 亿小时、31 亿加仑，经济损失进一步上升至 1600 亿美元。由此可见美国交通拥堵问题影响的范围和深度。另据美国道路交通数据提供商 INRIX 公司发布的数据，2015 年世界各国的交通拥堵情况都在加剧。从人均通勤延迟小时数据来看，美国（50 小时）排第一，后面依次是比利时（44 小时）、荷兰（39 小时）、德国（38 小时）、卢森堡（33 小时）、瑞士（30 小时）、英国（30 小时）、法国（28 小时）、奥地利（25 小时）、爱尔兰（25 小时）和意大利（19小时）；从世界主要城市拥堵情况看，英国伦敦的驾驶者因交通拥堵而浪费的时间达 101 小时，拥堵耗时排名第一，后面依次是德国斯图加特（73小时）、比利时安特卫普（71 小时）、德国科隆（71 小时）、比利时布鲁塞尔（70 小时）、俄罗斯莫斯科（57 小时）、德国卡尔斯鲁厄（54 小时）、德国慕尼黑（53 小时）、荷兰乌得勒支（53 小时）和意大利米兰（52 小时）。[①]

我国城市化进程起步较晚，实质性的快速发展起始于 20 世纪 80 年代。与西方发达国家不同，我国的城市化进程具有"三高"的特点，即城市化高速度发展、机动车高强度使用、人口高密度聚集。这使得我国城市交通问题相比国外来得更猛烈，交通拥堵不但在北京、上海、广州、深圳等一线城市愈演愈烈，而且向二线和三线城市蔓延。据媒体报道，2010年北京市平均每人出行在途时间为 66 分钟，按每天因交通拥堵影响的出

---

① Texas A&M Transportation Institute and Inrix, 2015 *Urban Mobility Scorecard*, 2015, https：//mobility. tamu. edu/ums/report/.

行量 1381.8 万人、每人年平均工作时间 250 天估算，北京市当年的时间价值损失超过 800 亿元。另据北京交通发展研究院发布的《2011 北京市交通发展年度报告》数据显示，交通拥堵让北京市当年损失 1056 亿元，相当于同时期北京市国内生产总值的 7.5%。若平摊到每辆机动车上，单车年平均经济损失达 21957 元。若再考虑因道路拥堵诱发的交通事故则损失更多。2014 年 9 月 24 日，中央电视台联合国家统计局、中国邮政集团公司发布了 2013—2014 年度《中国经济生活大调查》数据报告。该报告的调查数据分析表明，交通拥堵不仅是困扰一线大城市的难题，二线、三线城市的交通拥堵也越来越严重，甚至波及部分县城。

除了官方媒体的关注，一些交通数据提供商也基于其收集的数据对全国各大城市的交通拥堵进行了分析和评估。高德地图利用交通大数据监测分析了全国 50 个主要城市的交通状况，其发布的《2018 年度中国主要城市交通分析报告》显示，以其开发的"交通健康指数"衡量，2018 年全国 56% 的城市交通处于健康状态，44% 处于亚健康状态。北京、上海、广州、深圳四个一线城市的交通健康指数均未超过 60%，与健康水平线 69.5% 差距较大，这意味着这些城市有多项指标与交通运行的理想值差距较大。若将城市居民平均一次出行实际旅行时间与交通流自由状态下旅行时间比值定义为交通拥堵延时指数，北京市城市居民的交通拥堵延时指数达到 2.032，意味着因交通拥堵造成通勤时间比平时要多一倍，见图 1-1。

从高德地图各个季度公布的相关监测数据可以看出，全国各大城市每个季度的排名均有变动，反映出各大城市交通拥堵形势处于变化之中，表明我国城市交通拥堵问题还在持续深化和发酵。

交通拥堵造成交通系统运转效率的低下，城市生态环境的恶化和社会资源的损失。车辆在道路拥堵状态下低速行驶，不仅恶化了交通状况，增加了道路安全压力，而且车辆在低速行驶下会加大燃油消耗，增加尾气排放物浓度，这成为城市雾霾天气多发的一个重要诱因。根据多方研究机构测算结果，大气污染物颗粒 PM2.5 中的成分至少有 30% 来自机动车排放。对因交通拥堵而需花费更多时间在通勤途中的人们而言，拥堵不仅带来出行延误，还侵占了他们的有效工作时间，给个人带来经济损失。从全社会来看，因交通拥堵产生的燃料、安全、环境和时间价值等方面的巨额经济损失，相当于人们为交通出行支付了一笔额外税负，这不仅加重了个人经

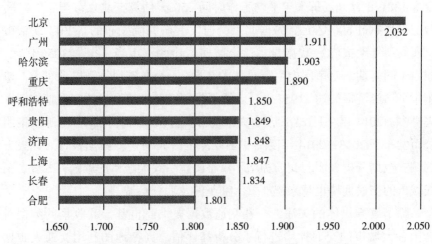

图1-1　国内交通拥堵延时指数 Top 10 城市（2018 年）

数据来源：高德地图，中国社会科学院社会学研究所，未来交通与城市计算联合实验室，阿里云，重庆交通大学蔡晓禹教授团队，山地城市交通系统与安全重庆市重点实验室，华南理工大学林永杰团队等，《2018 年度中国主要城市交通分析报告》。

济负担，更造成了社会福利损失。除此之外，交通拥堵也引发了其他方面的问题。由于城市机动车数量过快增长和高强度使用，城市道路建设用地更趋紧张；因推行各种治堵措施而产生的诸如车辆限购、限行引发的法律和社会公平等问题，也逐一浮出水面。可见，城市交通拥堵已成为一个迫切需要解决的问题，而各种治理拥堵的政策也将产生深远而错综复杂的影响。

第二节　交通拥堵治理研究

一　国外交通拥堵治理研究

时至今日，交通拥堵已成为一个世界性难题，发达国家城镇化、机动化起步较早，对交通拥堵问题的研究先于国内，其在交通拥堵治理方面的研究主要囊括了以下几个方面。

（一）建设更多道路减少交通拥堵

新建或扩建道路确实可以缓解拥堵，但也会招致更多非议。20 世纪 50—60 年代，美国解决交通拥堵的典型做法是修建更多道路。在当时看来，更宽阔的道路可以提升道路容量，容许更多的车流通过。因此，在应对交通拥堵时，尽管有争议存在，规划建设者还是会通过增加道路容量的做法以缓解拥堵。建造道路的成本无疑是昂贵的，新增道路的效益应该和投入的成本相匹配（如道路使用者应能花更少的时间从一地到达另一地）。然而，这种匹配须放在一个包括环境影响、城市扩展及基础设施成本、替代线路选择、替代交通方式选择等更广泛的成本效益框架内分析，否则，以直接道路使用效益和直接使用成本分析则净收益为负值①。而另一些政策分析家表示，应该关注不断扩大的道路建设和城市郊区化蔓延之间无休止的循环。新的或更宽阔的道路尽管使通勤时间缩短，但是也为人们分散居住在郊区（即非密集发展）提供了一种激励，而郊区人口的增加会引发更多的道路建设需求并造成拥堵。②③

（二）通过改变土地用途缓解交通拥堵

通过改变土地用途，使城市的发展呈现多中心特点和高密度开发态势，以期减少人们的通勤距离，并建设比小汽车更具有吸引力的公共交通系统，从而达到减少交通拥堵的目的。④ 在此研究框架下，提出以下政策建议。

1. 发展具有多个中心区的城市。发展多中心城市的研究主要集中于重新分配住房或工作，或两者兼而有之，希望通过重新确定土地使用功能，使城市形成多个中心区，人们的工作和居住相对集中在某个区，从而减少居住和工作的通勤距离并缓解拥堵。然而，改变土地用途可能会在住房承受能力、大批量单一家庭住宅、城市绿地、空气污染和市政税收等方面产生普遍性的影响。某种程度上，美国洛杉矶、旧金山、明尼阿波利斯—圣保罗以及其他大都市已经步入了多中心城市和商务区的发展模式，有人认为这种模式是市场相关力量在最小运输费用原则约束

① Meyer, John R., and José A. Gómez-Ibáñez, *Autos Transit and Cities*, Cambridge：Harvard University Press, 1981.

② Alex Anas, and Rong Xu, "Congestion, Land Use, and Job Dispersion：A General Equilibrium Model", *Journal of Urban Economics*, Vol. 45, No. 3, June 2005.

③ Plane, David A., "Urban Transportation Policy Alternatives", in *The Geography of Urban Transportation*, ed. by Susan Hanson, New York：Guilford Press, 1995, pp. 435-469.

④ Burchell, Robert W., et al., "The Costs of Sprawl-revisited", *Tcrp Report*, 1998.

下的集聚发展结果,① 城市郊区中心的发展可能会减少交通拥堵②。然而, 有研究表明许多城市多中心商业区的增加和通勤时间的增加是同时进行的。③ 也有研究重新审视了支持城市多中心发展而减少交通拥堵相关政策的潜在影响, 这些政策集中在重新分配住房、工作或兼而有之, 以期通过缩短出行距离来减少交通拥堵。然而, 研究似乎表明这些尝试对减少交通拥堵的作用有限。一些学者认为试图通过缩短通勤距离减少交通拥堵的做法是几乎不起作用的,④⑤ 原因在于通勤受到工作市场的现实性因素和家庭中其他优先因素的影响而存在太多变数。例如, 随着时间的推移家庭成员的工作有可能发生变动, 他们未必能在居住地附近找到合适的工作, 或者处于生活成本最低化的考虑, 家庭中有工作的父母会在两个工作中心处所之间找寻居住位置, 或者他们根本就不想在工作地附近居住。⑥⑦⑧⑨⑩

2. 提升居住密度。另一个改变土地用途的结果是提升居住密度, 提

---

① Anas, Alex, and I. Kim, "General Equilibrium Models of Polycentric Urban Land Use With Endogenous Congestion And Job Agglomeration", *Journal of Urban Economics*, Vol. 40, No. 2, January 1996.

② Gordon, Peter, Ajay Kumar, and Harry W. Richardson, "The Influence of Metropolitan Spatial Structure on Commuting Time", *Journal of Urban Economics*, Vol. 26, No. 2, 1989.

③ Rosetti, M., and B. Eversole, *Journey to Work Trends in the United States and its Major Metropolitan Area*, Cambridge: John A. Volpe National Transportation Systems Center, 1993.

④ Giuliano, Genevieve, and Kenneth A. Small, "Is the Journey to Work Explained by Urban Structure?", *Urban Studies*, Vol. 30, No. 9, 1993.

⑤ Downs, Anthony, *Stuck in Traffic*, Washington, D. C.: The Brookings Institution; Cambridge: The Lincoln Institute of Land Policy, 1992.

⑥ Cropper, M L, and P. L. Gordon, "Wasteful Commuting-A Re-examination", *Journal of Urban Economics* 29, June 2005.

⑦ White, Michelle J., "Housing and the Journey to Work in U. S. Cities", in *Housing Markets in the United States and Japan*, eds. by Y. Noguchi and J. Poterba, National Bureau of Economic Research Convergence Report, Chicago: University of Chicago Press, 1994, pp. 133-159.

⑧ Crane, Randall, "The Influence of Uncertain Job Location on Urban Form and the Journey to Work", *Journal of Urban Economics*, Vol. 39, No. 3, May 1996.

⑨ Pratt, and Andy, "Coordinating Employment, Transport and Housing in Cities: An Institutional Perspective", *Urban Studies*, Vol. 33, No. 8, October 1996.

⑩ Turner, Tracy, and D. Niemeier, "Travel to Work and Household Responsibility: New Evidence", *Transportation*, Vol. 24, No. 4, November 1997.

升居住密度和较多公共交通客流、较短通勤距离、较少城市道路关系密切。①② 然而，紧凑型的城市是否能降低交通拥堵尚未可知。一些研究认为不能减少拥堵，因为有更多的车辆要在同一路段行驶，但也有研究认为可以减少拥堵，因为通勤距离缩短意味着潜在交通瓶颈的减少。③ 为提升居住密度而实行的一些限制建造公路和城市道路需求增长的做法可能会导致一些社会福利的损失，而这些成本将会转嫁至纳税人；也可能会因土地价格上升而产生一些社会不公问题，对那些单身租房或准备购买第一套房的人来说，将会承担不合理比例的高地价。

（三）充分发展公共交通缓解拥堵

在国外的研究中，公共交通被寄予厚望以替代小汽车出行需求，公共汽车和轨道交通是两个主要的载体。

1. 公共汽车。美国学者研究发现通过改造公交系统以缓解交通拥堵，但潜力有限。一辆满载 50 人的公交车辆比 50 人单独驾车能节省更多道路空间，前者所占空间仅为后者的 3%—8%④，但公交乘客的总量较少，美国 1983 年的公交乘客总量仅为全部出行人数的 7% 和城市郊区出行人数的 3%。⑤ 测算结果显示，即使郊区通勤人数中乘公交的人增加一倍，也仅仅产生约 3% 的通勤减少，不足以对整体出行时间和距离产生明显的影响。而且，有研究表明，即使居住在公交车站附近，那些驾车出行的人仍然保持固有的小汽车出行方式，这使得充分发挥公交系统优势的难度增加，⑥ 这其中部分原因在于个人喜好小汽车出行带来的方便性。对自驾者的态度进行

① Newman, Peter W. G. , and Jeffrey R. Kenworthy, "Gasoline Consumption and Cities: A Comparison of U. S. Cities With a Global Survey", *Journal of the American Planning Association*, Vol. 55, Issue 1, 55, 1989.

② Tong, C. O. , and S. C. Wong, "The Advantages of a High Density, Mixed Land Use, Linear Urban Development", *Transportation*, Vol. 24, Issue 3, August 1997.

③ Downs, Anthony, *Stuck in Traffic*, Washington, D. C. : The Brookings Institution, Cambridge: The Lincoln Institute of Land Policy, 1992.

④ Meyer, John R. , and José A. Gómez-Ibáñez, *Autos Transit and Cities*, Cambridge: Harvard University Press, 1981.

⑤ White, Michelle J. , "Housing and the Journey to Work in U. S. Cities", in *Housing Markets in the United States and Japan*, eds. by Y. Noguchi and J. Poterba, National Bureau of Economic Research Convergence Report, Chicago: University of Chicago Press, 1994, pp. 133–159.

⑥ Cervero, Robert, "Traditional neighborhoods and commuting in the San Francisco Bay area", *Transportation*, Vol. 23, No. 4, November 1996.

调查研究发现，他们喜欢小汽车出行带来的自由，这也可以让他们做更多其他的事情。① 提升服务质量也是增加公交客流的一个方法。增加乘坐公共汽车的舒适性、减少行程时间、缩短公交车站至目的地的距离，均可以吸引乘客。② 另一些研究发现易于到达公交车站的街区布局可以吸引公交乘客，③ 降低票价也可能会增加对公共汽车的需求并减少小汽车出行量。

2. 轨道交通。一些研究认为轨道交通根本不能缓解交通拥堵，部分原因在于轨道交通与公共汽车争抢客源。④⑤ 从成本效益角度分析，大部分轨道交通项目是失败的公共财政项目。⑥ 轨道交通的实际收入难以达到预期收入，并且难以弥补运营成本、轨道铺设及车辆购置成本。一些更早的研究表明，提升公交系统比增加轨道交通的费用投入更少。美国一项对10条新轻轨线路的研究发现，实际收入仅占到成本费用的15%—75%。⑦ 旧金山的 BART、亚特兰大的 MARTA 以及圣何塞、迈阿密、布法罗的轨道项目从成本效益方面看都是失败的案例。圣地亚哥的轻轨票价收入能占到成本的75%，已经算是不错的情况了。一个成功的轨道项目要具备很多条件，最重要的是要能提升到达那些占地较大、聚集了大量非居住性活动的中央商务区的便利性。从新泽西到费城的 Lindenwold 线路串联了几个城区，运营较为成功，原因在于其沿着已有的铁路线建设，降低了成本，

① Kitamura, Ryuichi, Patricia L. Mokhtarian, and Laura Laidet, "A Micro-Analysis of Land Use and Travel in Five Neighborhoods in the San Francisco Bay Area", *Transportation*, Vol. 24, Issue 2, 1997.

② Horowitz, Joel, "Example: Modeling Choices of Residential Location and Mode of Travel to Work", in *The Geography of Urban Transportation*, ed. by Susan Hanson, New York: Guilford Press, 1995.

③ Ibid. .

④ Giuliano, Genevieve, "Land Use Impacts of Transportation Investments: Highway and Transit", in *The Geography of Urban Transportation*, ed. by Susan Hanson, New York: Guilford Press, 1995, pp. 305-341.

⑤ Bollinger, Christopher R. , and K. R. Ihlanfeldt, "The Impact of Rapid Rail Transit on Economic Development: The Case of Atlanta's MARTA", in *Journal of Urban Economics*, Vol. 42, No. 2, 1997.

⑥ Fielding, Gordon J. , "Transit in American Cities", in *The Geography of Urban Transportation*, ed. by Susan Hanson, New York: Guilford Press, 1995, pp. 287-305.

⑦ Pickrell, D. , "A Desire Named Streetcar: Fantasy and Fact in Rail Transit Planning", *Journal of the American Planning Association*, Vol. 58, No. 2, 58, 1992.

由于其服务频率较高，还可以通往有另一座收费桥梁连通的地区，而桥梁收费则增加了对轨道交通的需求。因此，有研究建议可采用组合策略使人们选择轨道交通出行。美国南加州大学教授 Giulliano 认为一个成功的轻轨项目要具备以下条件：在地方层面要协调土地利用和公交规划，具有良好的预期流量和停车政策，车站周围基础设施方面配套支持较好，利用经济激励带动车站周围的开发。然而，有学者研究提出，尽管在某些情况下轨道交通能带动地产升值，然而这些增值仅发生在沿线附近，并随距离递减，但全市范围内的房产税并没有显著增加。[①]

（四）出台不同的小汽车政策缓解拥堵

小汽车政策旨在引导个体在通勤方面做出更有效的选择，这些研究结论包括市场激励、推广汽车合乘和灵活选择工作场所等。

1. 市场激励。征收交通拥堵费是对自驾通勤者的一种反向激励。理论上，最优收费额应该是自驾者进入路段而导致整体车流速度降低的代价。在过去，交通拥堵费被视为成本最昂贵的管理手段，随着科技的发展，交通拥堵费的发展前景逐渐广阔。新加坡在 20 世纪 70 年代开始征收交通拥堵费，英国伦敦和瑞典斯德哥尔摩于 2003 年和 2007 年先后开始对进入市中心的车辆征收交通拥堵费，美国纽约市议会也在 2008 年 3 月表决通过了在曼哈顿区征收交通拥堵费的提案。根据统计数据，伦敦对进入市中心的小汽车征收道路拥堵费后，每天进入市中心的小汽车减少 20%—30%，公交车较以前提速 25%，而纽约的交通拥堵费则由于反对者众多而不得不搁置这项计划。与美国相比，新加坡的成功主要是政府采取了非常强有力的手段控制车辆的增长。一项针对美国双城的建模研究显示，在所有交通拥堵路段征收拥堵费后，高速公路和其他公路通勤里程将分别减少 19% 和 8%。[②] 除此之外，还有其他一些研究建议在所有通往中央商务区的道路上征收交通拥堵费以引导通勤者选择非收费道路。[③] 另有

①　McDonald, John F., and Clifford J. Osuji, "The Effect of Anticipated Transportation Improvement on Residential Land Values", *Regional Science and Urban Economics*, Vol. 25, No. 3, 1995.

②　Anderson, David, and Herbert Mohring, *Distributional Consequences of Congestion Pricing: Analysis of a Network With Heterogenous Commuters*, Minneapolis: Center for Transportation Studies, University of Minnesota, 1996.

③　Downs, Anthony, *Stuck in Traffic*, Washington, D.C.: The Brookings Institution, Cambridge: The Lincoln Institute of Land Policy, 1992.

研究认为，可变收费或高峰小时收费和交通拥堵费作用类似。征收交通拥堵费的一个潜在好处是防止了城市郊区的蔓延。理论上，较高的交通出行成本带给人们尽量贴近城市中心区居住的激励。然而，对雇主来讲，也存在一个反向逃离高地价区域的激励，促使其将工作地点转移到地价较低的区域，因此较高交通出行成本的最终影响仍然模棱两可。同时，也有观点认为交通拥堵费的效果是递减的，① 但是可以通过几个方面的努力以减少这种递减效应，包括减少居住隔离、用交通拥堵费或其他渠道的收入补贴低收入群体、给交通拥堵费进行差别化定价等。除交通拥堵费之外，提高停车费也可以抬高出行成本并提供合乘小汽车以分摊成本的激励。一个可以反向说明停车费影响合乘人数的例子是，20世纪90年代，90%以上的美国工人在工作场所免费停车，② 从1983年到1990年，单人通勤者数量上升，单车乘坐人员的平均数从1.3人下降到1.1人。另外一些研究认为雇主提供免费车位对单人通勤起激励作用，并且扭曲了市场激励，因为这部分相当于额外福利且不用纳税，因此，其他由雇主付费的公交卡应作为个人应税收入计算。还有一些研究人员提出提高停车收费将大大减少单人通勤者的数量并缓解交通拥堵，③ 一项研究测算结果表明，如果雇主将停车费从0美元提高到5美元，单车通勤的比例将减少23%。④ 但这些研究也存在问题，其并非基于真实情况，而且实际效益未必有预测的那么多。除此之外还有其他一些提高停车费的政策建议。在加利福尼亚州实施的一项计划中，由雇主以低于市场的价格给员工提供停车位或者套现的选择，如果员工选择套现，则自己搭顺风车或乘坐公交回家。⑤ 有研究认为在易于到达公共交通的区域对所有停车位强制收费会显著减少交通拥堵，这将提高

① Segal, David, and T. L. Steinmeier, "The Incidence of Congestion and Congestion Tolls", *Journal of Urban Economics*, Vol. 7, Issue 1, January 1980.

② Shoup, D., "Cashing Out Free Parking", *Transportation Quarterly*, Vol. 36, Issue 3, July 1982.

③ Giuliano, Genevieve, and Kenneth A. Small, "Alternative Strategies for Coping with Traffic Congestion", in *Urban Agglomeration and Economic Growth*, ed. by Herbert Giersch, Heidelberg: Springer-Verlag Press, 1995, pp. 199-225.

④ Wilson, Richard W., "Estimating the Travel and Parking Demand Effects of Employer-Paid Parking", *Regional Science and Urban Economics*, Vol. 22, Issue 1, March 1992.

⑤ Plane, David A., "Urban Transportation Policy Alternatives", in *The Geography of Urban Transportation*, ed. by Susan Hanson, New York: Guilford Press, 1995, pp. 435-469.

私人和公共停车空间的使用成本，停车费提高会激励人们选择更廉价的通勤方式。[①] 如果在一个区域内强制征收停车费，则会有更多的财政收入以用于增加公共支出（如城区改造、公交系统、HOV 车道建设等）。但是，和其他刺激政策一样，停车费政策也会有递减效应，它会提高所有驾车通勤者的成本，在提升幅度相同的情况下，低收入者的负担则会明显增加。

2. 推广汽车合乘。理论上汽车合乘可以大量减少交通拥堵，模型推算结果显示，30%的单车通勤者若转为两人合乘，交通拥堵将下降 10%。然而，有学者认为单车通勤者能减少 10%已是一个不小的比例了。由于汽车出行的便利性、廉价的燃油价格和汽车燃油效率的提升，以及人口变化方面的因素影响，汽车合乘在 20 世纪 70 年代还远未风行。一项调查数据显示老年和受教育年限多的个体更少选择汽车合乘，单身群体和无孩子家庭数量的增长也与汽车合乘下降有关。[②] 一些研究者建议经济政策应该更多地直接来激励雇主或个人，以促进汽车合乘的发展。有研究提出雇主为汽车合乘支付停车费和 HOV 车道费用可明显促进合乘比例上升，这些政策与汽车合乘成本补贴、保障回家等政策相结合，预计可提升汽车合乘比例 11%—18%。还有研究认为，无论何种政策只要能保证到位，目标群体就会选择汽车合乘。

3. 灵活选择工作场所。根据美国 20 世纪 80 年代的数据，早上 6 点至 9 点之间的所有出行中约 50.3%是工作性出行，下午 4 点至 7 点的出行中约有 31.1%是工作性出行。非高峰小时出行和远程办公可作为缓解交通拥堵的两个策略。雇主可以错时安排时间以方便雇员晚点上班和在高峰小时过后下班，或周末安排工作时间，现代化的办公条件完全允许在家里完成工作。如果 10%的工作出行能安排到高峰时间以外，那么早高峰的出行将减少 5%，[③] 而有研究提出将早高峰的出行减少 10%是非常困难的。

（五）提升道路使用效率缓解拥堵

道路使用方面的研究主要是如何改进使用，这方面的研究通常集中于

① Higgins, Thomas J., "Parking Taxes: Effectiveness, Legality, and Implementation, Some General Considerations", *Transportation*, Vol. 19, No. 3, 1992.

② Ferguson, Erik, "The Rise and Fall of the American Carpool: 1970-1990", *Transportation*, Vol. 24, No. 4, January 1997.

③ Plane, David A., "Urban Transportation Policy Alternatives", in *The Geography of Urban Transportation*, ed. by Susan Hanson, New York: Guilford Press, 1995, pp. 435-469.

为驾驶人提供信息或设定规则来引导其驾驶行为，以达到缓解交通拥堵的目的。

1. 设置大容量车道（HOV）。设置大容量车道的目的在于鼓励共乘、使用大众交通工具以降低交通拥堵并减少车辆排放造成的空气污染。然而，有研究提出大容量车道并不能减少拥堵。设计大容量车道会降低整个道路的承载能力，其占用一个车道会增加路段拥堵的强度，除非增加新的车道才可能避免该情况。其他研究表明，节约金钱比节约时间更能有效鼓励共乘。若能结合经济激励政策，鼓励广大雇主支持雇员共乘使用大容量车道，则能大幅减少交通拥堵。HOV 车道比新建车道更能减少交通拥堵，因为其鼓励车辆共乘。另一个可能减少拥堵的做法是对使用 HOV 车道的单车通勤者收费。一项对明尼阿波利斯 I-394 路段驾车通勤者的邮件调查显示，46%的回访者表示愿意支付 0.5 美元使用 HOV 车道，而 26%的人愿意支付 1 美元。[①]

2. 建设智能交通系统。智能交通系统起步与 20 世纪 60 年代的交通管理计算机化，70 年代美国提出交通系统管理的概念（TSM），80 年代中期开始研究"智能车路系统"（Intelligent Vehicle Highway System, IVHS）。早先，美国在高速公路入口匝道安装红绿灯或闸门，成功地提高了通行速度。车流计数系统（metering system）设备有助于防止高速公路车流超过一定的容量，从而保证车流的速度不低于某一水平。还有学者认为，计数设备的使用不仅能减少旅行时间，还可以降低建设更宽阔道路的必要性，从而减少高速公路的建设成本。[②] 这样的计数设备已成功用于洛杉矶港的高速公路，其高峰时段车流速度增加了 15—20 英里/小时。这一设备在美国德州达拉斯也有应用，通过应用该设备使高峰时段的车速增加了大约 15 英里/小时。随着技术的进步，步入 90 年代后逐渐发展为智能交通系统（Intelligent Transport System, ITS），21 世纪后 ITS 成为国际上统一的名称。ITS 利用先进的信息技术、导航定位技术、数据通信技术、传感技术、自动控制技术、系统工程技术和人工智能技术等，对传统的交通运输系统进行改造，建立起全方位、适时准确、高效安全的交通运输系

---

① Kwon, Eil, and Csaba Kelen, *Preliminary Study for the Development of Decision Support System for Congestion Pricing*, Minneapolis: Center for Transportation Studies, University of Minnesota, 1998.

② O'Dea, William P., "Optimal Metering in the Bottleneck Congestion Model", *Journal of Urban Economics*, Vol. 45, No. 1, January 1999.

统。近年来，以智慧城市建设为中心的研究提出，通过物联网基础设施、云计算基础设施、地理空间基础设施等新一代信息技术融合发展，以实现对城市发展的动态管理，有助于缓解包括交通拥堵在内的"大城市"病。此外，近年来汽车无人驾驶技术研究如火如荼，一些专家认为其对缓解城市交通拥堵有益，但目前还处在实验阶段，且缺乏广泛、一致的支持。伦敦帝国理工学院研究小组发现自动驾驶汽车会导致交通状况恶化，而数学专家 Benjamin Seibold 和他的研究团队所做的一项研究则呈现了完全不同的结果，因此，该项技术在实际应用中是否能缓解拥堵还未可知。

二 国内交通拥堵治理研究

国内交通拥堵问题源于 20 世纪 80 年代城市交通中的自行车拥堵，到了 90 年代摩托车使用泛滥成为交通中的主要问题，2000 年以后小汽车进入千家万户，城市交通问题的焦点又转变为小汽车过量行驶带来的交通拥堵。近 30 年以来，国内学者对城市交通拥堵问题进行了大量的研究和探索，尽管在这一领域的研究起步晚于国外，但由于中国城镇化和机动化发展迅速，各种情况快速涌现并交织在一起，使交通拥堵问题更加错综复杂，治理拥堵的难度系数丝毫不比国外低。

（一）交通拥堵的成因及机理

影响交通拥堵的因素多种多样，根据国内学者的研究，我国城市交通拥堵的原因主要包括以下几个方面。

1. 土地利用政策与国家发展战略导致的后果。我国的交通拥堵与国家发展的战略有密切关系。我国的用地政策是走集约化、紧凑型的发展道路，这使城市土地上的交通生成强度和集中度远比松散型的城市要高得多。我国汽车产业发展政策和城市紧凑型的土地用地控制政策无法调和，造成了汽车增长过快、职住分离、出行距离和数量增加，导致交通拥堵严重。

2. 城市化进程中城市规划与交通发展不协调。首先我国城市规模扩展过快，大量人口涌向大城市，造成城市规模屡屡突破城市规划的限制，给城市交通发展带来巨大压力。城市规模扩张的同时忽视了功能布局的优化调整，导致中心城区职住比例高出城市外围，而城市资源主要集中在中心区，资源分布的不平衡造成了大部分城市向心交通的格局。这又造成出行距离增加，人们出行过度依赖小汽车，给城市道路和交通运行带来巨大压力。因此，交通拥堵的病根在于城市功能的布局，不在于交通系统的本身。其次，我国的城镇化进程与交通机动化进程相互重叠，在众多人口进入城市的同时小汽车也进入千家万户，而且这一进程相比国外发展进程在时间上大大缩短。造成的后果是人口密度高的区域小汽车保有量较高，这与国外的城镇化进程中人口密度高而小汽车保有量低的状况有很大不同。最后，国内城市道路建设缺乏协同性，道路的建设注重量的扩张而忽视结构的调整，导致路网整体协同效应很低，路网对交通量的承载能力增长幅度远小于交通需求增长幅度。为应对快速上涨的交通需求开始大量修建道路，而道路建设同时也刺激了小汽车交通的发展，引发了新的交通需求，使道路交通陷入恶性循环。

3. 交通供需比例严重失衡导致交通拥堵。造成交通拥堵的本质因素是交通供求关系不平衡，而影响交通拥堵的因素包括城市交通基础设施的供给水平、城市交通的需求特性以及城市交通管理水平和交通参与者的交通行为等。[①] 另外由于交通需求存在层次上的差别，考虑人的客观需要，不同层次需求客观上要求与不同层次的供给匹配，而我国目前的交通供需存在结构性错位，造成结构性失衡，这也是引发交通拥堵的重要因素。[②]

4. 公共交通吸引力严重不足。虽然公交优先原则在各种场合都被贴上极为重要的标签，但实际中公共交通的吸引力和出行分担量都严重不足，这难以吸引小汽车出行者选择公共交通方式。从目前各大城市情况来看，公共交通系统在规划、建设、运行中难以真正做到优先，公交出行的比例普遍不高，难以确立其在城市综合交通系统中的主体地位。与国际化都市相比，我国公交出行比例明显偏低。数据显示，香港的公交出行比例达到90%，东京为86%，新加坡为63%，而我国城市却普遍为10%—30%，远低于60%的理想水平。[③]

5. 交通理念落后秩序混乱。引发交通拥堵的另一个原因是不规范的交通行为，行车过程中随意变道、加塞、逆行、违章停靠等行为和交通事

---

① 陆化普：《城市交通拥堵机理分析与对策体系》，《综合运输》2014年第3期。

② 秦华容、杨铭：《北京地铁低价政策为何难解城市交通拥堵》，《综合运输》2013年第2期。

③ 新浪财经：《易珉：北京公共交通出行比例为40%，香港是90%》，http://finance.sina.com.cn/roll/2016-03-22/doc-ifxqnsty4907137.shtml。

故均会对交通流产生干扰，降低路段通行能力，容易在交通高峰期造成拥堵。郭继孚认为，城市中机动车和非机动车混行，秩序混乱造成道路通行能力下降，是中小城市交通拥堵的另一个重要诱因。另外，由于我国汽车进入家庭的时间较晚，但发展速度较快，在这一快速发展过程中大部分家庭和个人还未形成科学合理的用车理念和文化，容易形成"买了车就要用"的观念，从而在任何出行距离下都要使用小汽车，造成不必要的出行和拥堵。

6. 治堵政策实施不当产生新的拥堵。若治堵政策制定或实施不合理，则"治堵"很有可能变为"致堵"，原因在于制定和实施政策时缺乏全面深入的研究，对影响范围把握不够。在事先研究不足的情况下施策，很可能"按下葫芦浮起瓢"。以北京市 2011 年提高停车费治堵为例，由于缺少规范停车管理秩序的配套和保障，提高五万个停车位收费水平导致了二十多万车辆违章停放，反而引起了更多的交通拥堵。

（二）交通拥堵的治理及存在的问题

1. 整合土地利用与交通发展是解决交通拥堵的关键。陆化普认为，我国城市发展中土地规划与交通发展不协同，高密度开发下的土地利用模式需要规划大容量、快捷性、便利性的公共交通方式与之协同发展，因此城市土地使用与交通系统的规划整合是第一关键，应推行以公交为主导的绿色出行方式，同时要充分挖掘交通需求管理、智能交通技术、路网结构优化等方面的潜力。①

2. 交通治堵的重点应在交通需求管理。根据当斯定理，交通硬件的供给永远跟不上需求的增加，因此，治理交通拥堵应在需求管理方面下功夫。段里仁提出通过科学定位交通方式、合理分配路权、整合管理机制、提升科技管理、营造人文交通等方面努力，才能解决城市交通问题。陆化普认为交通需求管理对策可包括以下方面：提高公交吸引力和服务水平，吸引人们选择公共交通，提高交通分担率，减少小汽车出行量；采用弹性工作时间，错峰上下班，在时间上均分交通高峰小时流量，缓解交通拥挤；通过交通诱导和交通管制，使交通流在路网上均分，减轻一定空间内的交通流量，缓解部分路段压力；从源头和使用上采取政策限制小汽车的拥有和使用，一方面减缓小汽车保有量过快增

---

① 陆化普：《城市交通供给策略与交通需求管理对策研究》，《城市交通》2012 年第 3 期。

长，另一方面降低使用频率；发展汽车租赁系统，促进以租代购，在减缓小汽车过快增长的同时提高车辆的使用效率。另外，在推行需求管理的过程中，还需转变观念，从"治车"转向"治人"，将人的需求摆在最终位置。

3. 选择适合城市可持续发展的"公交都市"发展模式，使城市和交通发展协同一致。马林认为治理交通拥堵的根本出路在于两点，治本之策是建立以公共交通引导的城市布局结构，形成 TOD 导向统筹城市开发和交通系统的建设，治标之策是建立以公共交通为主体的机动化交通出行结构。使交通系统与城市功能结构和布局协同发展，才能最终解决交通拥堵问题。在城市交通发展上，应突出"公交都市"建设，"公交都市"具有较高的城市公共交通分担比例，紧凑的城市空间布局、多元化的城市公共交通服务网络、以人为本的城市公共交通优先政策、高效的城市交通综合管理。

4. 行政治堵虽然见效快但缺乏持久性，应探索更多的经济手段治堵。国内对经济手段治堵的研究中以征收交通拥堵费最为广泛和深入，薛兆丰、欧国立等学者建议在北京等大城市开征交通拥堵费，以协调个人出行与集体出行之间的矛盾，使个人出行的外部成本得以矫正，在价格杠杆的作用下，人们自然会遵从经济原则进行对比选择，最终缓解拥堵，也可以使道路的使用效率得到提升。另外，提高停车费抬高小汽车出行的成本，通过成本变动影响个人出行放弃成本较高的小汽车出行，也可以对缓解交通拥堵起到作用。但也有学者提出在中国的国情下，开征交通拥堵费一定要慎重，应研究交通拥堵费能否减少总体需求量，应对收费区域、规模尺度、实施力度、时机和技术手段等进行研究。①

5. 实施治堵政策要做好配套工作，否则会引起其他问题。在实施治理拥堵的政策前，应对影响范围、实施条件、实施效果进行跟踪，否则容易将"治堵"变为"致堵"。如单双号限行政策必然刺激小汽车需求的增长，导致小汽车出行率和出行里程的增长；又如在实施公交优先时，公交系统最终并未吸引开小汽车的人，而吸引了步行和骑自行车的人，将大量步行和骑车人转移到公共汽车中，路面拥堵依然如旧；还有在实施停车费政策时，应甄别不同的情况，处理好保障停车供给满足日益高涨的市民需

---

① 马林：《城市交通发展模式转型与战略取向》，《城市交通》2013 年第 5 期。

求和通过车位供给调控削减小汽车出行需求两方面的矛盾，对必须由政府出面予以保障的需求和可由市场满足的需求区别开来，然后确定科学的供给方式。因此，治堵政策的实施要做足"科学诊断""成因分析""方案设计"和"效果跟踪"等几个方面的研究。

三　国内外交通拥堵治理研究评价

国外研究与国内研究相比有很大的不同：一是国外研究起步较早，由于国外城镇化和机动化进程起始时间早于国内，其在交通拥堵方面的问题也早先一步暴露出来，故研究先行一步，长期的探索研究不仅深入而且有较多成果应用实践。国内由于城镇化和机动化起步较晚，虽然发展较快，但在思想认识方面还不够深入，尤其是对交通拥堵的形成机理还缺乏更深层次、更加全面的认识，理论和实践探索均在进一步深化中。二是国外的研究较为系统，任何治堵研究在明确既定目标的同时，也充分考虑了对相关行业或领域的影响，系统性、整体性、综合性的研究较为深入；而国内的研究在综合性和协同性方面有所欠缺，受行政体制条块分割的影响，各领域或部门的治堵研究仅考虑"分内之事"，研究和政策制定者的立场决定了思路和效果，尤其是习惯运用行政政策施压，对治堵政策在本行业或领域外的影响考虑甚少，高压下治堵的政策"大棒"经常伤及公众利益，所以经常是"按下葫芦浮起瓢"。如因控制车辆增长而采取的"限购""限行"政策就是一例。三是国外的治堵研究紧紧围绕最终解决人的出行需求这一精髓和目标，各种治堵政策、技术、方法的研究都是围绕该目标的实现而制定或设计，所以在对待拥堵的态度上不仅仅是一味治堵，必要时还要容许一定程度的拥堵存在，最终评价遵从广义的成本—效益评价原则。而国内的治堵研究则往往着眼于狭义的成本—效益原则，对隐性成本、间接成本关注不够，导致视野、深度有限。四是国外的治堵研究往往是多种手段的综合运用，包括法律的、经济的、行政的、技术的手段，且倾向于通过税收、经济杠杆将其内化为个人收入和支出约束条件，从而建立长期、内在的长期激励机制，引导出行者调整出行方式。国内的治堵政策研究则偏好行政手段的开发，经济方面则大多集中于交通拥堵费、停车费的讨论，制度研究更多的是对行政手段操作层面程序的规范化和合理化研究，缺乏对治堵本源性的研讨，急功近利的特征明显。综上，国内城市交通的发展一日千里，但在交通拥堵治理研究方面还需深入和提升。同时，也要看到，我国城市发展的特殊性，不仅机动化进程与国外情况迥异，仅就一线、二线城市人口规模方面来讲，已经超过国外一般城市一个量级了。因此，中国的情况在世界上独一无二，国外任何成功的研究放在国内环境下，都面临可行性和适应性方面的重新检验。在此种情况下再看待国内外研究的差距为何如此之大，便在情理之中了。

第三节　交通定价研究现状

一　国外对交通定价的研究

（一）交通定价效率研究

从经济学的角度出发研究有效的市场定价，但大多关注某一种交通方式。Glaister S. 和 Lewis D.（1978）建立了著名的 Glaister-Lewis 模型，通过考虑交通的堵塞成本，研究了高峰和非高峰时段的公共交通最优定价。Bianchi R. 等人（1998）在研究圣地亚哥地铁定价时，提出空间票价差异会导致地铁设施大部分时间不能发挥其作用，从出行者的角度建立分时段定价策略，才能缓解高峰流量。Borger B. D. 等（1998）在考虑所有相关外部因素的前提下，研究了城市交通服务价格和供给的组合优化问题，通过利用价格和供给规律，给出了一个理论模型来标定不同情形下运输服务的边际成本，并以比利时某城市地区为例进行了实证研究。Hensher 等（1998）探讨了出行者对票价和交通方式的偏好以预测改变票价对市场的影响，并基于此调整票价以增加收益。Van Vuuren（2002）对客运铁路最优价格进行了研究，采用 Ramsey 系数论证了高峰时段的价格应由福利最大化而非利润最大化的目标主导。Jiang-Qian Ying 和 Hai Yang（2005）以独立的小汽车道路网络和公交网络为对象，同时将敏感性分析的算法应用到网络的最优定价问题中，以研究交通规模和拥堵的经济特性。Gerard Whelan 等（2008）根据改进的经济需求模型对英国的铁路票价进行经济评价，并从一些票价集合中得出最优票价。

（二）交通拥堵收费研究

以缓解交通拥堵为目标，研究拥堵收费的相关问题，但重点关注的是私家车。"交通拥堵收费"是近年来国外学者关注的研究热点，产生了大量的研究成果。Kawamura K.（2003）、McQuaid R.（2005）、Leromonachou（2006）、Maendra A.（2007）、Gulipalli P. K.（2008）、Schweitzer L.（2008）、Eliasson J.（2009）分别对交通拥堵收费进行了研究，他们的研究通常围绕交通拥堵收费费率的建模分析、实现形式、拥堵收费可能达成的不同目标及如何看待这些目标、拥堵收费对不同社会阶层所产生的影响及其评估、公众对交通拥堵收费的接受程度等问题。

（三）交通需求与价格弹性关系研究

分析票价变化对需求的影响，但主要关注的是城市常规公交和轨道交通。关于城市交通价格和需求弹性关系的研究则是近几十年来国外学者持续关注的问题，典型的研究者包括 De Rus J.（1990）、Pham（1991）、Goodwin（1992）、Hensher（1998）、Dargay et al.（1999）、Small & Winston（1999）、De Jong & Gunn（2001）、Huang hai - jun（2002）等。他们通常针对某一个城市，开展交通价格弹性和交叉弹性的实证研究，研究范围通常限于普通公交和轨道交通等公共交通方式的内部竞争，也有少数研究者对私家车与普通公交、轨道交通等城市公共交通方式的需求价格弹性与交叉价格弹性都进行了研究，并分析了基于不同出行目的需求弹性差异以及短期和长期的需求弹性差异。在基于弹性和交通价格的分析方面，这些研究者分析了公共交通价格、服务水平和小汽车运营费用等多重因素对公交出行比例和小汽车出行所产生的影响。国外研究除了在理论研究中对需求弹性非常关注外，许多国家将城市交通需求弹性值作为城市规划过程中的一项基本参考数据，由专门机构发布。如美国公共交通协会很早就公布了城市公交票价弹性值，被广泛用于城市交通规划模型的建立；澳大利亚运输经济局（Bureau of Transport Economic）建立了交通弹性数据库，将交通弹性的估计值公布在网站上供规划管理人员查询使用。

二　国内对交通定价的研究

国内学者对城市交通价格问题的研究主要集中在如下几个方面。

（一）对某一种交通方式定价的研究

国内研究尤以新开通的城市交通方式（如轻轨、地铁、BRT）的定价研究为主，关注于价格对成本补偿的研究。王殿海等（2000）建立了成本与运量关系模型和交通需求与票价的关系模型来制定公交票价;① 仝允桓（2001）从票款收入、充分发挥运能等角度建立了城市快速交通线项目的最优票价与政府补偿模型;② 闫小勇等（2003）基于概率选择理论、③ 戚宇杰等（2005）基于系统动力学方法、④ 陈义华等（2005）采用多种定价模型、⑤ 赵良杰等（2005）基于价格需求弹性系数和运营成本、⑥ 汤薇等（2007）基于生命周期客流分摊成本、⑦ 付聪等（2008）基于高峰定价法、⑧ 陆卫等（2009）基于层次分析法、⑨ 刘杰等（2011）基于社会经济效益最大化、⑩ 邵星杰等（2010）和王健等（2012）基于拉姆塞定价模型分别对城市轨道交通的定价和优化进行了研究⑪⑫。

（二）对两种交通方式价格竞争的研究

以轨道交通和城市公交为主，关注于新的交通方式和原有交通方式的

① 王殿海、吴娟、栗红强：《典型线路公共汽车票价确定方法研究》，《公路交通科技》2000 年第 6 期。

② 仝允桓：《城市快速交通线项目的最优票价与政府补偿》，《系统工程理论与实践》2001 年第 4 期。

③ 闫小勇、牛学勤：《基于概率选择的城市轨道交通最优票价计算方法》，《城市轨道交通研究》2003 年第 6 期。

④ 戚宇杰、姜涛：《基于系统动力学的城市轨道交通定价方法研究》，《都市快轨交通》2005 年第 6 期。

⑤ 陈义华、车天义、赵良杰等：《重庆市轻轨票价理论及应用》，《重庆大学学报》（自然科学版）2005 年第 6 期。

⑥ 赵良杰、陈义华、车天义：《重庆轻轨票价方案研究》，《铁道运输与经济》2005 年第 11 期。

⑦ 汤薇、陈森发、仇向洋：《基于生命周期客流分摊成本的城市轨道交通定价方法》，《系统工程理论与实践》2007 年第 5 期。

⑧ 付聪、尹贻林、李丽红：《基于高峰定价的城市轨道交通价格研究——天津地铁定价方案改进策略》，《价格理论与实践》2008 年第 10 期。

⑨ 陆卫、张宁、杨利强：《基于层次分析法的轨道交通票价制定方法》，《武汉理工大学学报》（信息与管理工程版）2009 年第 2 期。

⑩ 刘杰、何世伟、宋瑞：《基于社会经济效益最大化的轨道交通票价优化》，《吉林大学学报》（工学版）2011 年第 5 期。

⑪ 邵星杰、陈莹、张宁：《基于拉姆塞模型的城市轨道交通定价研究》，《都市快轨交通》2010 年第 6 期。

⑫ 王健等：《基于差别定价的城市公共交通价格体系研究》，《科学技术与工程》2010 年第 22 期。

价格竞争区间。陈宽民等（2005）运用 Logit 模型及经济学的博弈论，分析了城市快速轨道交通与常规公共交通之间的动态竞争过程;[①] 马超群等（2007）利用 Logit 模型，用广义费用函数来代替效用函数，建立了轨道交通与常规公交的竞争模型，形成轨道交通与常规公交的分担比例曲线[②]。卞长志、陆化普（2009）对城市轨道交通和常规公交的票价博弈进行分析，根据运营票价分析了城市公共交通需求与总交通需求的关系，建立了轨道交通和常规公交运营公司的利润函数模型，以及离散和连续价格下轨道交通与常规公交的票价博弈模型[③]。

（三）对交通方式比价的研究

提出不同交通方式应存在价差，关注于城市公共交通方式，覆盖范围不全。高家驹（1998）在其著作中较早地分析了各种运输方式运价的比价关系，立足于综合运输系统，提出由于各种运输方式存在一定的替代性，运输系统的票价体系必须要注意运价的可比性，要从竞争对手的在途时间、安全性、舒适性、方便性等角度给予全面考虑。[④] 张光远（2005）对城市交通价格管理开展了多方研究，认为我国城市公共交通方式间政策不统一，比价关系不尽合理，应确定合理比价关系，协调各种交通工具发展，促进公交分担率的上升。[⑤] 施祖洪（2005）对上海城市公共交通价格机制与比价关系进行了研究，指出"上海公交价格的调整基本上都是为了弥补成本的不足，价格的确定缺少规范的手段，各种交通工具比价主要依靠经验，没有标准票价的比照，在一定程度上缺少科学依据"，提出的轨道交通和地面公交的比价计算公式仅考虑了乘距比和快捷舒适程度系数的简化方式。[⑥] 杨林（2005）对我国城市公共交通价格进行分析，发现普

---

①　陈宽民、罗小强:《城市快速轨道交通合理票价的博弈分析》,《长安大学学报》（自然科学版）2005 年第 4 期。

②　马超群、王玉萍、陈宽民:《城市轨道交通与常规公交之竞争模型》,《交通运输系统工程与信息》2007 年第 3 期。

③　卞长志、陆化普:《城市轨道交通与常规公交的票价博弈研究》,《公路工程》2009 年第 1 期。

④　高家驹:《综合运输概论》,中国铁道出版社 2000 年版,第 165—170 页。

⑤　张光远:《用价格政策支持城市公共交通优先发展》,《价格理论与实践》2005 年第 12 期。

⑥　施祖洪:《上海城市公共交通价格机制与比价关系研究》,《价格理论与实践》2005 年第 7 期。

通车与空调车、普线与专线车票比价存在问题，认为应该完善公交价格构成体系。[①] 沈贤德（2006）对杭州公共交通票价形成体系规范进行了探讨，提出要完善公交价格的形成机制，保持票价的相对稳定；逐步理顺公共汽电车与出租车的票价结构，建立合理的公共交通票价体系及其比价关系。[②] 姚丽亚等（2007）研究了公交票价对公交结构的影响，通过实证调查分析了影响居民选择轨道交通和地面公交的因素，建立了出行方式选择模型，得出了出行费用和交通方式选择之间的关系。[③] 王建等（2010）立足于城市公共交通价格体系，从轨道交通线路和常规公交线路的重合程度的角度，以社会福利最大化为目标建立轨道交通和常规公交的定价模型，确定城市公共交通的价格体系以促进轨道交通与常规公交的协调发展。[④]

三　国内外交通定价研究评价

国外学者对城市交通价格的研究启动较早，比较关注票价的效率和通过弹性差异来确定不同交通方式的价格，主要方法是通过实证调查得到某城市各种交通方式的需求弹性和多种方式间的交叉弹性，根据弹性值建模来确定交通方式的价格，非常强调结果的实用性。但是，在对城市各种交通方式的定价关系和价格梯度上鲜有涉及，在解决城市交通问题时更多集中于交通拥堵费方面的研究，对各种城市交通方式的价格梯度问题鲜有研究，这与国外城市交通出行结构比较合理有关系。

国内对城市交通价格（费用）的研究集中在交通服务定价、公共交通方式之间的价格关系分析等问题，这些研究为城市交通价格的合理制定提供了好的思路，也为后来学者的研究奠定了基础。但是，现有研究还存在一些问题：①国内学者对城市交通价格的研究通常针对某一种交通方式开展，未能考虑各种城市交通方式之间的替代关系和价格变化时出行需求在各种不同方式之间的转移；②分析交通方式之间的价格关系时，研究范围仅局限在公共交通方式的内部竞争上（主要为城市常规地面公交和轨

---

① 杨林：《城市公共交通价格改革研究》，《价格月刊》2005 年第 1 期。
② 沈贤德：《公共交通票价形成体系规范的探讨》，《浙江统计》2006 年第 7 期。
③ 姚丽亚、关宏志、严海：《公交票价比对公交结构的影响及方式选择模型》，《北京工业大学学报》2007 年第 8 期。
④ 王健、安实、赵泽斌：《基于财政补贴的拥挤定价下公交收费策略研究》，《管理工程学报》2006 年第 2 期。

道交通），未将私家车出行等私人交通方式纳入分析范畴，然而，当前城市交通的矛盾集中体现在私家车与公共交通对城市交通资源的竞争性使用上；③部分研究者注意到了交通价格和需求弹性的联系，并将弹性理论应用到了定价模型中，然而，由于缺乏交通需求弹性的实际值，使得研究成果实用性差；④部分研究者虽然注意到了当前城市交通方式之间的比价关系存在问题，然而更多的是停留在感性认识方面，未能提出合理的比价方案，在理论和实证方面都缺乏深入和系统的研究。

城市交通系统中各种交通方式是有机联系的，需从整体的视角，将各种交通方式放在同一框架下，以提升综合交通系统的整体运行效率为目标，通过设定各交通方式间合适的价差梯度，借助价格杠杆调节不同层次的出行需求，使需求与供给达到结构性契合，才能化解城市交通出现的各种难题。

第四节　本研究的目标及意义

一　研究目标

城市交通拥堵成因多样而复杂，综观国内外，治理交通拥堵从来都不是一蹴而就的事情，需要从经济、行政、法律等多个角度出发，运用规划、管理、科技、税收等各种手段，多管齐下综合治理，最终使城市交通拥堵处于可接受范围内，实现城市交通及各方面的可持续发展。就目前情况来看，我国各大城市对交通拥堵的治理还主要应用行政管理手段，以限制小汽车的保有量和使用量方面的政策为主，这些政策期望通过强有力的行政干预压制小汽车购买和使用的旺盛势头，以达到降低小汽车使用量并缓解交通拥堵的目的。而对已经国外实践检验较为有效的经济手段治堵政策（主要是拥堵费），则多以研究层面为主，迟迟不能付诸应用实践。目前各大城市交通治堵比较倚重行政手段，然而从实施效果来看，虽能立竿见影但反弹也快，这从政府频繁推出治堵新政可窥见一斑。在行政手段孤掌难鸣，技术手段潜力有限的情况下，经济治堵的政策研究和相关方法的开发就显得比较迫切了。本研究的目的就是要在行政治堵政策乏力的情况下，探索经济治堵的新思路、新方法和新手段，充分利用经济政策影响深入、效果持久的特点，借助人们对经济因素尤其是价格因素比较敏感的特点，研究交通定价或出行成本的变化影响人们出行行为的规律性。在此基础上，结合城市交通供需状况，设计城市交通定价方案与调价机制，形成经济手段缓堵的政策体系，引导调整公众出行行为，优化城市交通出行结构，使供需双方接近平衡，最终实现缓解城市交通拥堵的目标。本研究的重点就在于寻找交通定价、出行成本与交通出行需求之间的变化规律，为利用价格影响出行和调节需求提供理依据，并在经济治堵方面进行有益的政策探索。

二　研究意义

开展城市交通出行相关的定价研究，不仅对完善城市交通运输经济体系有理论意义，更对当前治理城市交通的管理实践有借鉴意义。

(一) 探索城市交通需求管理的新思路

交通定价理论可以为治理城市交通问题提供理论分析支撑，为制定经济治堵政策研究提供新思路。当前治理城市交通问题的各种政策之所以失灵，核心问题是未考虑城市交通需求与供给之间存在结构性错位。根据经济学中的需求理论，价格上升时需求量下降，这意味着可以通过价格来引导和控制需求，使供需达到均衡。构建城市交通的"级差价格体系"，借助价格手段调节和引导供需，让供需双方在价格"指挥棒"的引导下达到结构性均衡，从而有效缓解城市交通拥堵等难题。因此，构建城市交通"级差价格体系"，对创新城市交通需求管理理论具有重要的理论指导意义，对解决城市交通难题具有现实意义。

(二) 发掘和完善价格的引导与控制作用，完善交通定价理论

价格具有多种功能，除了价值补偿方面的成本弥补功能以外，其还具有引导与控制功能。而在我国当前的城市交通管理理论中，交通定价体现最多的是成本弥补功能，交通定价是以补偿投资和获取利润的目的存在。党的十八届三中全会提出要充分发挥市场在资源配置中的决定性作用，党的十九大也提出要加快社会主义市场经济体制，加强要素市场化配置，使"价格反应灵活"。这些均是要发挥价格的作用，通过价格传递资源配置的领域和方向等信息。交通定价理论体系理论的研究正是顺应这一重大方针政策的指引方向，通过城市交通定价来配置交通资源，实现价格的引导与控制功能。因此，本研究对发展交通经济定价理论有开拓性的积极意义。

（三）发掘城市交通治理中的运输经济研究的学术价值

目前，城市交通问题的解决主要依靠交通运输工程学和城乡规划学的基本理论，研究成果多为对规划的优化与交通工程技术方面的创新。我国当前城市交通问题的实质问题在于供需的结构性错位，这是典型的经济学命题，但这一经济学命题却未能在经济学领域得到足够关注和深入研究，相关的治堵经济分析理论与方法仍不完善。虽然实践层面已经采用了一些零散的经济手段，但在学术层面还缺乏逻辑严密的理论解释和研究支撑，这导致诸如牌照拍卖、车辆限购、停车费调整、征收拥堵费等经济手段的运用看起来更像是"头痛医头"的片面性政策，不能从理论对交通治堵进行较为深入、全面的阐释，这使政策难以获得大众认同，从而难以达到预期效果。本研究将把供需、弹性、价格等经济学理论和交通运输工程理论进行有机融合，竭力开创一个新的理论分析范式，为从经济角度研究城市交通问题提供理论分析框架和政策工具。

（四）发掘交通定价手段在治理城市交通拥堵中的应用价值

基于本研究提出的交通定价体系，可以调节交通出行需求量，引导出行结构趋向合理化，缓解"行车难""停车难"和交通拥堵等问题，使各种交通方式在价格"指挥棒"的指引下合理分工，高效运转，协调发展。另外，交通定价研究还可为城市交通定价、调价提供参考，在调节出租车、公共汽车、轨道交通和私家车等交通方式的价格（或成本费用）时，城市交通定价体系确定的梯度区间可为调价政策的力度提供参照，有利于合理控制价格"阀门"，使政策调控有参考、效果可预见，提升决策的科学性。

本章小结

城市交通拥堵已成为国内外城市发展普遍面临的热点和难点问题。为解决这一难题，人们试图从城市规划、交通建设、政策引导、技术开发等各个层面寻求解决方案。由于经济社会发展领先一步，发达国家在交通治堵的研究方面已有了不少积累，同时在交通定价方面的众多研究成果也为治理拥堵提供了更多的思路和工具。相较之下，国内城市步入机动化交通时期不久，面对交通拥堵及其治理问题还缺少系统的理论支撑和实践探索。结合当前国内城市治堵实践来看，管理当局更多利用了见效快但不持久的行政手段，而对效力持久经济手段的开发和运用则稍逊一筹，尤其是在经济手段和价格工具方面，仍需要开拓性的研究。基于此，本研究从经济角度对拥堵及治理展开研究，探索行之有效的理论、方法和政策，以期有效缓解城市交通拥堵。

第二章

交通拥堵形成机理及治理研究

第一节 交通拥堵形成机理

一 交通拥堵形成的工程学分析

交通拥堵是指一种在道路上车多拥挤且车速缓慢的现象。由于道路交通容量存在一定的工程技术限度，短时间内通过的车辆若超出道路负荷能力，就会导致路段通行能力下降，造成通行车辆速度降低甚至停滞的现象，此时便会产生交通拥堵。若将畅通的交通出行过程看成一种可消费的服务，则道路及其通行能力代表交通出行服务的供给，车辆通行则代表对该服务的需求和消费。出行服务在交通流量未达道路通行能力限度之前是通畅的，此时对道路通行服务的消费是无拥挤的，交通出行者自身体验舒适。随着短时间内进入某段道路的车辆数量快速增加，实际交通流量超过道路通行能力，车辆间在行驶中相互干扰（加速、减速、变道、避让、碰撞等）增加，导致道路实际通行能力下降，所有车速降低，通行能力下降，驾车者体验舒适度降低，道路交通产生拥挤。此时，路段内车辆数量较多，交通流不再通畅，通行时间延迟增加，道路服务水平降低，该路段所有出行者的体验降低。

美国交通研究委员会的《道路通行能力手册（HCM2000）》中，根据路段车辆运行速度的差异，把道路服务水平从 A—F 分为六级，对应不同的道路运行情况和状态，见表 2-1 和图 2-1。[①]

---

① 美国交通研究委员会：《道路通行能力手册（HCM2000）》，刘晓明等译，人民交通出版社 2007 年版。

表 2-1			道路通行能力与服务水平			
交通量/通行能力	≤0.45	0.45—0.60	0.60—0.75	0.75—0.85	0.85—1.0	>1.0
服务水平	A	B	C	D	E	F
运行情况	顺畅	稍有延误	能接受的延误	能忍受的延误	拥挤	阻塞
对应车流	流量少，车速高，可以自由行驶的状态	车速开始受到交通条件限制的状态	流量增加，车速受到很大限制的状态	行车开始进入不稳定的状态	从 D 级状态车速更为下降的状态	流量多，车速低，产生行车拥塞的状态
平均车速	>48 公里	>40 公里	>32 公里	>24 公里	≤24 公里	

数据来源：TRB，Highway Capacity Manual 2000。

道路通行与服务能力等级如图 2-1 所示：

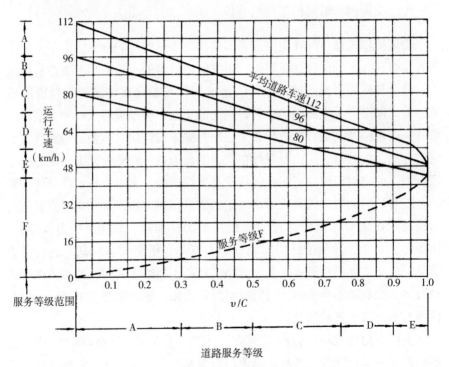

图 2-1　道路服务等级与运行车速

数据来源：TRB，Highway Capacity Manual 2000。

根据如上划分，某段道路交通量与通行能力比率大于 0.85 时，车流进入较大的不稳定状态，平均行车速度低于 24 公里/小时，道路表现为拥挤甚至堵塞状态。

二 交通拥堵形成的经济学分析

经济学理论认为，市场上商品价格是由供求双方的力量所决定的。需求与供给双方力量势均力敌时市场达到均衡点，此时需求量与供给量正好相等。若消费者需求的数量多，而生产者供给的数量少，则市场上的商品满足不了需求，会产生短缺。在价高者得的交易法则下，短缺市场上对出价较高的消费者获得商品，有消费需要但出价较低的消费者无法获得商品，这是市场体系中以价格配置资源的运作原理。

交通出行也遵循需求定律。然而，与其他商品或服务不同的是，道路交通出行还受一些自然法则的约束，那就是在某段道路上，当用户超过一定数量之后，新增加的需求会导致道路整体服务水平的下降。前面分析过，随着道路上汇入车流的增多，车速会变慢，单位时间内通过该路段的总流量减少，道路服务水平随之降低。实际中，大部分道路没有出入限制，车辆可以随意进出，这使用户在使用道路时，极易超过路段最大交通流量的限制。而当这种情况一旦发生，便不可避免地引发道路交通的消费拥挤，产生交通拥堵现象。在发生交通拥堵时，该路段上所有车辆不仅行驶速度降低、燃油消耗上升、出行时间增加，而且全部用户都要因后来驶入车辆造成的拥堵而多增加出行成本。因后加入车辆而引发了所有车辆产生额外成本，但这部分额外成本并不由行为的发出者承担，此时产生拥堵的外部性。后驶入车辆的边际成本实际上由全部出行者承担，其出行收益函数中并未包括其全部的出行成本。在这种情况下，对后加入车辆来讲，外部成本并未由自身承担，驶入该路段获得的好处去掉个体承担的代价后仍然是"非常划算"的。由于这种激励的存在，所以后续还会有更多的车辆进入，直到道路拥堵程度不断上升、出行时间不断延长而导致个体实际承担的出行成本增加至抵消此次出行带来的收益时，该路段才会停止驶入新的用户。道路交通拥堵的形成及福利损失如图 2-2 所示。

图中曲线 D 代表某路段的需求曲线，等同于个人边际收益（MPB）曲线和社会边际收益（MSB）曲线，MPC 和 MSC 分别代表个人边际成本曲线和社会边际成本曲线，个人边际成本（MPC）仅仅包括了其驾车出行的显性成本（燃油、车辆折旧等）和隐性成本（出行时间损失价值），而并未包括其造成的外部成本（尾气污染、噪声、道路占用

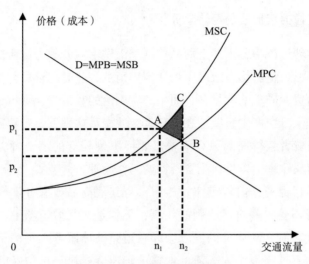

图 2-2　交通拥堵及福利损失

等），但这些成本连同个人边际成本（MPC）都包括在社会边际成本（MSC）中，因此社会边际成本要高于个人边际成本，即 MSC>MPC。若不考虑尾气污染、噪声等外部成本，在道路畅通时，个人边际成本与社会边际成本是等同的，但是在道路拥堵时，个人边际成本与社会边际成本存在差异，且拥堵越严重二者差别越大。在图 2-2 中，个人边际收益曲线（MPB）和个人边际成本曲线（MPC）相交产生一个均衡点 B，但在个人边际成本与社会边际成本背离的情况下，B 点显然不是市场中的最优均衡点，因为此时社会边际成本曲线（MSC）高于社会边际收益曲线（MSB），这部分市场交易不应该发生，或者说发生的不经济。而由社会边际成本曲线和社会边际收益曲线决定的 A 点才是最优市场均衡点，因为该点是社会边际成本与社会边际收益的分水岭，此时市场中的总剩余最大，福利的实现程度最高。相应地，A 点对应的交通流量 n_1 是最佳流量，若交通量超过 n_1 点落在 n_2 点，虽然达到个人均衡点，但对整个社会来讲是无效率的，会产生三角形 ABC 部分的福利损失。根据市场经济相关理论，价格机制在所有情况下正常运作时，所有问题都可得到妥善解决，但当存在两种市场势力时，市场配置资源的机制将被扭曲。这两种情况一种是外部性，另一种是垄断。存在市场势力时，价格机制会"不灵"，需要对市场进行一定干预和矫正，以便价格机制能正常发挥作用，正常配置资源。从以上分析可以看出，交通拥堵产生明显是因外部性原因导致，需要采取一定措施使外部成本内部化，重新完善价格传递的信息，引导资源得到合理配置。

三 国内城市交通拥堵治理政策

国内城市交通拥堵治理以北京市为典型代表。北京市的交通问题从20世纪90年代中期开始浮现，经过20多年的高速发展，交通拥堵问题已经成为影响和制约城市发展的重大问题。多年来，北京因其严重的交通拥堵被市民戏谑为"首堵"。综观一系列的治堵政策与措施，可谓药石并用，然而成效并不显著。在交通出行需求汹涌发展的背景下，治堵政策短期发挥作用后逐渐衰减，各种政策措施如走马观花一般实施。北京作为首都城市，其城市交通管理政策走向代表着我国交通治理的风向标，北京市的交通治堵政策成为国内其他城市模仿的对象，在全国范围内产生广泛影响。

除北京外，上海、广州、天津、杭州等大城市的交通治堵也为公众所关注，20世纪八九十年代至2016年，北京等国内主要城市出台的治堵政策及效果见表2-2、表2-3、表2-4、表2-5和表2-6。

表2-2　　　　　　　　北京市主要交通拥堵治理政策

年份	治堵与需求管理政策	效果及影响
1996	增加道路供给。修建新的道路增加供给；部分路口首次划设机动车左转弯待转区，提高路口通行能力	一定程度上缓解了路口拥堵，但交通拥堵状况从路段蔓延到路段甚至区域，至今仍在使用
1997	开设公交专用道。开设公交专用道，提升公共交通通行权。1997年，中国首条公交专用道在长安街开通，公共交通开始享有更优先的通行权	公交专用道的做法被各大城市效仿，至今仍在使用
2005	公交优先发展战略。北京市出台《关于优先发展城市公共交通的意见》《关于优先发展城市公共交通若干经济政策的意见》，确立公交优先发展战略	随后5年，北京、南京、青岛、大连、西安、郑州等全国几十个大中城市陆续出台了公交优先发展的实施意见
2007	调低公交票价，放开购车限制。实施公共交通低票价政策，公交车最高票价1元、地铁统一2元任意换乘，吸引人们乘坐公共交通；放开非北京市户籍购车限制	公交、地铁实施了长达7年的低票价政策；机动车数量连年井喷式增长，加重交通拥堵

年份	治堵与需求管理政策	效果及影响
2008	机动车尾号限行政策。2008 年 9 月 28 日，北京市政府发布《关于实施交通管理措施的通告》：（1）从 2008 年 10 月 11 日至 2009 年 4 月 10 日试行限行措施；（2）机动车按车牌尾号每周停驶一天（法定节假日和公休日除外），限行时间为每天 6 时至 21 时；（3）限行范围为北京市五环（不含）以内的市区道路；（4）停驶车辆减收一个月养路费和车船税	在 2009 年 4 月 10 日开始的一年期间每天停驶 60 万辆机动车，减少 310 吨的尾气排放，2009 年 12 月机动车高峰平均运行速度比 2007 年高 15%。2009 年 4 月 2 日，北京交通发展研究院发布评估报告，称北京交通拥堵改善明显，80% 以上的有车者支持限行政策长期实施；但根据新华网 2009 年和新浪网 2010 年的调查数据，分别有六成和八成以上的人反对。限行三年后，政策效果正在被迅速增长的机动车数量抵消。该项措施到期后多次延长
2010	摇号购车政策。北京市出台《北京市小客车数量调控暂行规定》：小客车指标按照定额随机摇号方式取得，限制非北京户籍人口摇号购车	将全年新增车辆控制在 24 万辆左右；申请摇号的数量从第一期的 20 多万个一直增长，中签率一直下降，反映出市民的购车需求持续增长；限购令实施后对汽车工业造成负面影响；交通专家认为限购政策效果明显，但来自北京交通委网站调查数据显示其是一项失败的措施
2011	调整停车费政策。2011 年 4 月 1 日起，北京大幅上调非居住区白天（北京时间每天 7 时至 21 时）停车费用，全市按地段分为三类地区收费，分别为：占道停车（第二小时起增加 50%）为 10 元、6 元、2 元；露天停车场为 8 元、5 元、2 元；停车楼地下停车场为 6 元、5 元、2 元	费用调整后一类区域停车数量整体平均下降 16%；缓解了部分拥堵路段，五环内交通拥堵下降；部分上班族仅更换停车地点，并未放弃开车上班；路边和胡同内违章停车大幅增加
2013	加强机动车排放控制和总量控制。2013 年 9 月 2 日北京市交通委、环保局出台《北京市 2013—2017 年清洁空气计划重点任务分解》，主要措施包括：（1）严控小汽车增量，2017 年年底机动车总量控制在 600 万辆以内；（2）调整能源结构，降低小汽车使用强度，车用燃油总量 2017 年比 2012 年降低 5% 以上；（3）提高用车成本，体现排污者付费原则，降低市中心的用车强度，适当扩大差别化停车收费区域范围；（4）本埠小客车分区域、分时段限行，限制外埠车辆进京；（5）大力发展公共交通，加快轨道交通建设，提高公交出行比例，加快公交专用道、自行车道、步行道建设	将治理交通拥堵与治理污染相结合，从多个方面控制小汽车使用；正式提出征收交通拥堵费治堵，拓宽了治理的政策视野

年份	治堵与需求管理政策	效果及影响
2014	调整公共交通票价。2014 年 12 月 28 日，北京地铁、公交调整票价，结束长达 7 年的"四角公交、两元地铁"低票价政策。地铁、公交按照里程计价收费，上不封顶。具体如下：（1）公交方面，10 公里（含）内 2 元，10 公里以上部分，每增加 1 元可乘坐 5 公里。（2）地铁方面，6 公里（含）内 3 元；6—12 公里（含）4 元；12—22 公里（含）5 元；22—32 公里（含）6 元；32 公里以上部分，每增加 1 元可乘坐 20 公里	根据新华网 2015 年 1 月份报道，北京地铁票价调整后，轨道日均客流量下降 80 万人次，但乘客出行特征暂无明显变化。北京市交通委相关人员表示，调价后使用一卡通的乘客比例从原本的近 80% 增长到 85% 以上，购买单程票卡的人数每天减少约 17 万人次。轨道乘客通过最大限度地享受优惠避免更多交通费支出
2016	小汽车竞价购牌，弹性工作制。2016 年 2 月 5 日北京市交通委发布《2016 年北京市缓解交通拥堵行动计划》，提出如下措施：（1）小客车指标引入市场化配置资源方式；（2）在 CBD 商业圈中推行社会单位早晚高峰弹性上下班；（3）提高路侧收费价格，推动社会停车资源有偿共享；（4）增加和推进道路和轨道项目建设；（5）推进电动车分时租赁业务	截至 2016 年 12 月，北京市小客车配置指标累计收到申请共 2763781 个，小汽车上牌需求仍然旺盛。另根据滴滴媒体研究院发布的《2016 智能出行大数据报告》数据，北京市工作日早晚高峰拥堵延时指数为 1.70，排全国第四；人均交通拥堵损失 8717 元，排全国第一；全国最拥堵的路段北京市占了 2 个

表 2-3　　　　　　　　上海市主要交通拥堵治理政策

年份	治堵与需求管理政策	效果及影响
1986	车牌拍卖及小客车管理改革。私车牌照拍卖始于 1986 年，拍卖制度建立于 1992 年；1994 年开始首度对新增客车额度实行拍卖制度；2000 年 4 月，车房组合销售，公务车改革；2001 年 3 月，车房组合销售，公务车改革被取消；2003 年，进口车和国产车上牌额度合并拍卖；2008 年，机动车登记上牌后，一年内不予办理车辆带牌过户转让手续；2012 年 9 月，规定 9 座以下小车 3 年内不得过户转让；2013 年 4 月，投标者通过私人、私企投标拍卖途径获得的额度仅限于上海新增车辆上牌使用；二手车带牌过户后一年内不得再转让；2014 年 6 月，限制竞买者资格；2014 年 11 月，二手车牌照额度纳入拍卖平台	牌照拍卖虽然不能解决根本的拥堵问题，但推迟了小汽车在大城市的使用，为城市交通轨道建设赢得了时间，至今仍在使用；每年沪牌车的增量限制在 10 万辆左右，但外牌车却在以每年 20 万辆的速度向上增长；继上海之后，广州、天津、杭州等城市也开始拍卖车牌
2000	交通信号灯改造。自 2000 年 12 月 1 日起，对全市道路交通指挥信号灯分批实施增加显示方式的措施	对提高道路通行能力，切实保障车辆、行人的通行权益起到了一定的作用

年份	治堵与需求管理政策	效果及影响
2001	建设智能交通系统。全面实现地面道路交通、快速路和高速公路的信息采集和诱导服务；建成交通综合信息平台，实现道路交通、公共交通和对外交通等信息汇集、交换、共享；地面交通信号协调控制系统覆盖中心城区、放射型主干路和部分郊区新城城区；建成国内最大规模的公共交通卡系统，实现长三角部分城市一卡通；建成国内最大规模的区域停车诱导系统；建设不停车 ETC 收费系统	在各领域均取得一定效果；2010 年世博会期间，车速提高 20%，堵塞减少 20%；停车诱导系统减少盲目寻找造成的车流量增加；地面交通信号协调控制系统可使车辆以 40 公里/小时的速度通过 5—10 个路口；ETC 不停车收费系统使收费口通行能力提高 4—6 倍
2002	建设一体化交通。2002 年出台了《上海市城市交通白皮书》，以构筑上海国际大都市一体化交通为主线，提到了三个重大政策：公共交通优先政策、交通区域差别政策、道路车辆协调政策	使上海交通迅速发展，为"十五""十一五"的交通发展提供了科学的指导，公共交通优先政策至今仍在使用
2004	核心区道路小面包车通行管制。2004 年 12 月 13 日起，高架道路设置禁止小型面包车通行标志的路段，全天禁止小型面包车通行；内环线（含）区域以内道路，每日 7 时至 21 时禁止小型面包车通行	对提高道路通行效率，保障道路交通安全和畅通起到了一定的作用
2011	限制部分车辆和外区域车辆通行。限制通行摩托车、"沪 C"号牌机动车、人力货运车等车辆在核心区通行，黄浦江隧道、主要过江桥梁、城市快速对部分车辆限制通行	初期效果比较明显，随着车辆总数增加，后续效果逐渐减弱

表 2-4　　　　　　　　　　广州市主要交通拥堵治理政策

年份	治堵与需求管理政策	效果及影响
2008	公共交通优惠政策。以财政补贴的方式实施了公共交通优惠政策；2008 年 11 月实施月票优惠政策，88 元乘坐 90 次公交、88 元可无限次乘坐两条公交专线，月票月底清零。2010 年 1 月实施新的优惠方案，普通卡 15 次后打六折；学生卡直接打五折，并增加优惠线路	2010 年广州公交行业实施优惠惠及 82400 万人次，比 2009 年增加 7800 万人次，增幅 10%；降低了市民公交出行成本，鼓励引导市民利用公交出行，一定程度上缓解了交通压力
2011	改善交通微循环，治理拥堵点。出台《广州市关于改善中心城区交通状况的实施方案》和《广州市关于改善中心城区交通状况的措施》，提出"优化路网的结构和布局，重点研究完善与城市干道相匹配的支路微循环系统，推进住居小区封闭市政道路对外开放工作"，用 3 年的时间逐步消除中心城区交通拥堵的瓶颈，缓解中心城区交通节点拥堵，改善交通状况，保证城市正常运转；制订《2011—2013 年广州市交通拥堵点治理计划》	通过对关键拥堵点的治理，消除路网中的通行瓶颈和不利因素，从而提升整个路网的交通运行状况

续表

年份	治堵与需求管理政策	效果及影响
2012	小客车限购政策。出台了《广州市中小客车总量调控管理试行办法》，全市中小客车增量配额为12万辆，自2012年7月1日零时起试行，试行期一年。出台了《广州市中小客车总量调控管理办法》，自2013年7月1日起实施，有效期五年；全市中小客车增量指标为12万个，按照1∶5∶4的比例配置，即1.2万个新能源车增量指标、6万个普通车增量指标以摇号方式配置、4.8万个普通车增量指标以竞价方式配置	令广大潜在购车用户措手不及，控制住了机动车增速，相比调控前月均2万辆的增长量，调控试行期月均增长为7200辆；给汽车产业发展带来负面影响，另外晚上颁布新政策凌晨实施的做法为其他城市开了先例，给政府公信力带来损害。受此影响，全国汽车产业的快速发展期在2012年戛然而止，产销增幅从此前的30%骤降至3%左右。小汽车限购还催生车牌非法交易黑市
2014	调整城市停车费。广州市物价局召开新闻发布会，宣布"广州市优化调整停车场差别化收费方案"将从2014年8月1日起实施。届时广州市内的商业配套、咪表停车场的停车计时周期将由"半小时"调整为"15分钟"，提高车位周转率，一类地区白天的最高限价均为4元/15分钟，二类、三类地区收费维持现有标准不变	此次停车费大涨，部分车主反映已超出承受能力，即便如此，人们也没有减少驾车出行，而是选择将车停到其他地方，或者干脆违章停车。广州停车费上涨的整个8月，广州中心城区晚高峰交通拥堵指数变化范围从2.5至7.4，呈上升走势。为了寻找可以低价停车或违章免费停车的地方，出现了更多的兜圈现象，使道路更加拥堵

表2-5　　　　　　　天津市主要交通拥堵治理政策

年份	治堵与需求管理政策	效果及影响
2013	发展公共交通政策。编制出台《天津市人民政府关于我市优先发展城市公共交通的实施意见》《天津市公共交通专项规划》《天津市公交线网近期实施方案（2013—2015年)》，全面推动"公交都市"建设；加快轨道交通建设，提升公交运行能力，增建公交场站，建立公共自行车服务系统，建设智能交通，调控停车泊位供给，开展交通违法行为集中治理，提升公共交通服务品质	增加了基础设施，改善了公交系统，提升了公共交通吸引力
2013	小客车限购政策。发布《天津市人民政府关于实行小客车总量调控管理的通告》，自2013年12月16日零时起在全市实行小客车总量调控管理；出台《天津市小客车总量调控管理办法》，2015年1月1日起施行，有效期5年	天津宣布实施小客车"限购"政策后，郑州、武汉等多地二手车商开始了新一轮"囤牌"行动
2014	小客车通行限措施。发布《关于实施机动车限行交通管理措施的通告》，规定自2014年3月1日起，实施按车牌尾号区域限行交通管理措施，限行尾号与北京一致	天津交管部门统计数字显示，实施限行措施以来，天津中心城区小客车交通流量下降20%，公共交通和地铁客运量提升了8%，外环线内早高峰、平峰和晚高峰交通拥堵情况分别下降83%、65%和74%

表 2-6　　　　　　　　　　　杭州市交通拥堵治理发展历程

年份	治堵与需求管理政策	效果及影响
2005	道路交通技术改造。利用交通工程技术手段改造道路，设置潮汐车道、单行线，并采取禁左的交通管理策略	潮汐车道使早晚高峰期间的车流量得到了有效的引导，一些主要拥堵路段交通秩序明显好转，逆向行驶、违法变道等交通陋习明显减少
2014	小客车交通限行。小客车在西湖景区双休日和节假日单双号限行和多乘员优先政策，错峰限行。2014 年新版限行措施将限行时间在早晚高峰各延长和提前半小时；同时，在限行时间内，禁止非浙 A 号牌的车辆在错峰限行区域以及绕城高速合围区域内的城市高架道路（含匝道以及附属桥梁、隧道）上通行	缓解了交通拥堵和风景区生态压力，增加了汽车利用率；错峰对缓解早晚高峰拥堵有明显的成效，随着机动车保有量的快速增加，错峰限行效果减弱，不少人通过购买第二辆车来应对"错峰限行"的政策
2014	小客车限购政策。发布《杭州市人民政府办公厅关于印发杭州市小客车总量调控管理暂行规定的通知》，自 2014 年 5 月 1 日起限购；2015 年又出台了《杭州市小客车总量调控管理规定》	杭州市综合交通研究中心数据显示，和实施"双限"前相比全市道路拥堵里程减少，早晚高峰持续时间均明显缩短

四　治理拥堵的经济学分析

只要经济中对某一商品的需求量超过供应量，就会产生短缺。当市场中存在短缺经济又缺乏完善的市场交易机制时，众多消费者为了争取数量有限的商品或服务，会产生消费拥挤。在发生消费拥挤时可有多种方法选择配置资源，如集体投票决定、排队、贿赂、哄抢甚至动用武力等。这样的情况不仅适用于有形商品的消费，也适用于无形服务的消费，交通领域中对道路的消费便接近此种情形。由于大部分城市道路在使用时并无收费的限制（虽然道路成本最终通过公民缴税埋单，但至少在使用时并不根据个体的边际税收贡献来分配），所以城市道路在使用上是无限制的，这与免费使用近乎一个状态，这种情况下缺少价格机制配置资源。当一种资源的使用不受限制时，必然造成过度使用，最终导致"公地悲剧"的产生。实际上，道路作为一种为社会公众提供交通出行服务的资源，具有一般商品的特性，与其他商品一样受需求定理的支配。由于土地等资源的限制，道路及通行服务的供给总是短缺的，尤其在人们的出行需求快速增长，增速超过道路供给增速时，这种短缺会更加严重。

现实中，由于每个国家大部分道路基本上由政府提供，这容易给人造成一种错觉，认为道路是公共产品或半公共产品。根据经济学理论，判断一个商品是不是公共产品主要看其消费是否具有排他性和竞争性。道路在使用中表现出的消费特点与私人商品无异，个人在使用道路过程中总是要占据一定面积，而别人不可能同时使用这一区域，说明其在消费时具有排他性；另外，道路容量总是一定的，用户在使用道路时，必然占据一个单位的容量，剩余的道路容量总会少一部分，而且，根据交通工程学理论，道路拥挤时通行能力明显下降，这充分说明在使用道路时边际用户的进入必然导致可服务用户数量的减少，道路消费不仅有竞争性的存在，而且这种特性非常明显。所以，道路并非是"公共品"或"准公共品"，需要用对待私人商品的方式来配置道路资源。尽管道路多数情况下由政府提供，但这并不妨碍它的私人物品属性。正如经济学家薛兆丰指出的那样，"公共物品和私人物品的属性，是物品本身固有的，它不以谁提供这些物品为转移，不以人们如何称呼这些物品为转移，也不以人们是否对这些物品收费为转移"①。从经济学角度看，道路交通拥堵的本质即为对道路的使用需求过量导致消费拥挤。在消费拥挤状态下，由于道路使用中存在外部性，用户个人边际成本与社会边际成本背离，市场传递的价格（或成本）信息失真，导致道路资源不能被有效率地配置。

在道路用户超过最优均衡点对应的交通量限制时产生交通拥堵，拥堵导致该路段上所有出行参与者的通行速度降低、燃油消耗增加、出行时间延长，造成经济损失。交通拥堵产生于外部性，从提高资源配置效率方面来讲，必须采取措施矫正道路用户的外部性成本，通过一定的方法使外部成本内部化，使用户的个人边际成本曲线与社会边际成本曲线重合，让市场均衡点真正反映道路的效率化使用状态，达到此状态时，道路拥堵自然会消失。

在经济学界，对交通拥堵治理的讨论和研究由来已久，不同经济学家分别给出了不同的解决方案。英国剑桥经济学家庇古（A. C. Pigou，1873—1959）教授最早在经济学领域对道路交通拥堵问题进行研究。庇古以假想中的两点之间的两条道路为例，分析了个人边际成本和社会边际成本之间的差异，提出通过税收来矫正拥挤道路上的用户成本函数，将外部性成本以税收的形式纳入个人边际成本函数，使个人边际成本曲线与社

① 薛兆丰：《城市交通拥堵治理的深圳模式——经济学上的交通收费分析》，《经济观察报》2014年7月30日。

会边际成本曲线重合，促使道路在均衡点上使用，实现社会福利最大化。庇古教授对道路拥堵的分析和治理可从图 2-2 中得到解释，路段最优均衡点在 A 点，对应的流量为 n_1，此时的出行价格（或成本）为 p_1；然而在有外部性的情况下，实际的均衡点为 B 点，对应的流量为 n_2，出行价格为 p_2。（p_1-p_2）为社会边际成本与个人边际成本之间的差额，即未进入个人边际成本的外部成本，由于两个成本曲线之间的差异，使得实际交通流量为 n_2。若要将流量从 n_2 降低到 n_1，则需要对 MPC 曲线加上其与 MSC 曲线的差异（p_1-p_2）部分，这部分便是矫正性税收的依据。若以交通拥堵费的方式矫正，则应征收的交通拥堵费为（p_1-p_2），庇古学派提出的最优道路收费便是该部分。

在庇古之后奈特（F. H. Knight，1885—1972）也对该问题进行了研究，与庇古的解决方法不同，奈特提出应将拥挤的道路私有化以解决过度使用的问题。奈特认为：如果道路是私有财产，为保证道路使用收益最大化，业主会确定一个"理想"的收费水平，在该收费水平下用户的个人边际成本曲线与社会边际成本曲线一致，达到与征收"庇古税"一样的效果。在拥堵状态下，市场机制仍然在发挥作用，并没有失衡，私人成本与社会成本之所以有分离关键是因为道路没有私有产权。因此，将道路产权私有化便能解决这一问题。

科斯（R. H. Coase，1910—2013）在后来又对该问题进行了分析。科斯认为，若产权的界定是清楚的且交易费用为零，不管最初的产权赋予哪方最终的配置都是有效率的，而且不存在外部性的问题。可见，科斯基本上是继承了奈特的分析并做了进一步深化。道路拥堵是资源低效率使用的一种表现形式，而资源的低效率使用则是因为产权不清晰，若在开始时能清晰界定产权归属，则后面的使用中双方会达成一定的契约关系，权利义务的分配将最终达到效率化。因此，科斯开出的治理药方是产权的界定。然而，实际中产权界定容易做到，而交易费用为零却几乎不存在。基于此，张五常认为科斯的假设存在问题，若交易费用为零，则不需要私有产权和市场交易，外部性也必定能内部化，私有产权和市场的出现正是为了降低交易费用。

基于经济学理论对道路交通拥堵的分析，治理拥堵最终还是要调整个人边际成本曲线，任何不触及成本变动的方法都难以从本质上缓解交通拥堵。从图 2-2 可以看出，任何等级的道路在使用中都面临个体成本与社会成本的差异，因此过量需求必然导致拥堵发生，这是无论修多少路都解决不了的问题。换言之，交通拥堵的缓解得从改变道路用户个体的成本曲线和收益曲线方面寻找出路，因为人的行为都遵从边际收益与边际成本的对比关系，这是从行为形成机理上消除交通拥堵的最根本途径。

根据以上从经济学角度对道路交通拥堵所做的分析，最直接的解决方法便是通过征税或收费的方法消除个人边际成本与社会边际成本的差异。在以此为理论基础的各种解决方案中，通过征收交通拥堵费治理道路拥堵最直接地体现了这个思路。迄今为止，世界各国城市已有不少征收交通拥堵费的案例，如英国伦敦、瑞典斯德哥尔摩、新加坡等。但是已经成功实施并不等于没有任何问题，征收交通拥堵费至少有以下几个方面的问题难以解决。

第一，社会边际成本难以确定。理论上，交通拥堵费的最优额度为社会边际成本与个人边际成本的差额，或者由个体出行造成的个人边际成本以外的外部成本。由于交通外部性包含的范围很多，涉及污染、安全、时间损失等各个方面，每个方面都是一个巨大的难题，外部性的范围、程度均不易把握。具体到各个路段，因所处区域不同、用户群体不同而导致外部性成本难以测定。这使交通拥堵造成的损失很难从技术上精确测量，直接影响到交通拥堵费的征收额度。

第二，征收费用的分配问题。征收交通拥堵费的理论依据是新的道路用户加入后产生了外部成本，而外部成本又涉及参与道路交通的每个用户，因此拥堵费中的一部分应弥补其他道路用户的成本损失，但这是一个难以衡量的损失。另外，在收费后由收费路段转移到其他路段的交通量造成的拥堵又产生新的外部成本，这部分价值损失也应考虑在交通拥堵费的分配之中。对拥堵路段的用户来讲，若不能获得一定的价值补偿，则其本身的情况并未改善，只不过收费前拥堵造成的损失是隐性的，收费后将这部分损失显化为拥堵费而已，其福利状况并没有得到改善。

第三，收费系统的成本问题。征收交通拥堵费是一个系统性的工程，不仅要有科学完善的方案，更要有道路控制、信息传输等方面的软硬件设施设备以及一定的人力资源的投入。应该将系统投入的费用和道路拥堵产生的损失进行对比以确定是否值得治堵，目前国内外这方面的对比数据中很难支持全面、深入的对比，已有的分析并不能完全反映征收交通拥堵费的全部影响。

第四，征收费用的程序问题。征收交通拥堵费的理论支持来自经济分析，然而实践支持则需要经过一系列行政程序决定。交通拥堵费涉及大多数人的利益（至少包括使用该路段的现有用户及所有潜在用户），在当前情况下，凡是涉及政府收费的项目在实施中均面临不小的难度，而且根据国民的传统习惯思维，"花钱买东西"符合习惯思维，而"花钱买畅通"就不容易那么明白了。在此情况下，征收交通拥堵费不仅在执行上有难度，而且在观念上也较难获得认同。

第五，征费配套措施问题。开征交通拥堵费应同时保证公共交通服务供给充足，为放弃开车出行的群体提供选择的机会。另外，对无力支付拥堵费而必须使用该路段的人群应进行补贴，以保障其基本的出行权利，这些都应该在征费配套措施中予以考虑。尽管我国城市交通近年来获得快速发展，但城市综合交通出行系统建设仍不完善，轨道交通等大容量公共交通方式的建设还在推进中，公共交通系统的覆盖地域和服务水平还有很大提升空间，这种情况下征收交通拥堵费，公众在缺少出行备选项的情况下不会支持征费工作，因此，征费配套服务和措施的缺位会影响收费政策的成败。

以上问题能否妥善解决，关系到通过开征交通拥堵费治堵能否达到预期目标，从我国目前情况来看，国内各大城市征费的条件不是很成熟，还有很多准备工作要做。在此背景下若借助行政力量强势推进交通拥堵费，势必产生新的更多的问题，极有可能导致因"治堵"而"致堵"的状况。

第二节　国内治堵发展趋势及评价

一　国内治堵的特点

近 20 多年来，为治理交通拥堵，国内各大城市制定出台了一系列政策措施，这些政策的实施取得了一定阶段性的成果，但随着时间的推移，各种政策的效果都在衰减。长期来看，治堵政策难以持续发挥作用，在作用期过后，交通拥堵情况有所反弹。这一方面表明城市交通发展情况复杂多变，治理拥堵持续面临新形式，需要不断创新；另一方面也反映出各轮治理政策的设计和实施缺乏长效性，治标胜过治本，需要进一步从深层次寻找问题根源，探寻新的工作思路和方法。因此，需要对现有治堵政策及效果进行深入分析，找出不合理之处予以纠正，这对科学认识问题及开展有效治理有重要意义。下面以北京为例，对国内大城市的交通拥堵治理政策内容、效果及变化趋势分析，可总结出下列几个特征。

（一）治堵的重点从道路基础设施的供给转向交通需求管理

在20世纪，我国城市交通治堵的思路是增加供给，采取的主要政策是增加交通基础设施建设投资，通过新建、扩建道路交通设施形成新的供给，以适应旺盛的交通出行需求。以北京市为例，统计数据显示，北京市"九五"计划期间交通投资额占全市GDP的比重达到5.97%，高于"八五"计划期间的3.0%和"十五"计划期间的3.0%。然而，与快速增加的机动车保有量和使用量相比，基础设施仍然难以满足需求。进入21世纪后，城市管理当局发现仅仅依靠增加道路供给难以达到预期效果。在北京市政府实施车辆限购政策的背景下，小汽车保有量每年仍有3%的增长率，而北京市每年道路里程增长不到1%。交通拥堵的产生直接由小汽车的旺盛出行需求导致，所以政府管理部门开始在需求侧进行引导和限制，实施限行、限购、停车费调整等措施来压制旺盛的需求。

（二）治堵政策的设计从交通领域向社会管理、环境保护等领域扩展

北京市的治堵起初局限于城市交通系统内部，主要从提升路口、路段、路网通行能力和发展公共交通增加出行供给方面挖掘潜力。随后，加入了社会管理政策（提倡CBD商务区错时上下班）、环保管理政策（设定机动车排放标准限制车辆使用），通过发动更多部门参与、采用更多手段方法达到目标。从政策设计转换的角度看，治堵政策的设计已经跨越了交通领域，其不仅仅是城市交通管理中的一项重要工作，更关系到社会管理、环境保护、城市规划和居民工作与生活的方方面面，成为一项重要的社会管理事务。相应地，治堵政策中也更多地融入了环境保护、城市规划等方面的考虑，越来越向着城市综合管理政策的方向迈进。

（三）治堵手段从技术向行政、经济、规划等多手段并用发展

治堵最初是从技术手段拓展空间，随后将重点放在了行政手段，通过颁布一系列行政命令引导和限制小汽车出行。行政手段虽然见效快但持久性差，在行政手段作用衰减周期变短的情况下，政府部门开始关注引入其他手段，如：通过经济手段治堵，降低轨道交通票价以吸引人们选择公交出行方式，调整停车费以提升城市内部机动车出行成本。虽然治堵政策层出不穷，但由于这些政令独立存在，缺乏配套，且并未充分考虑为受管制

对象提供替代性选择，注重"堵"而忽视"疏"，因此效果较差。此外，除行政、经济手段以外，通过规划协调形成城市职住平衡的状态，使土地开发利用与交通规划相协调，也被引入拥堵治理工作中，如北京市2016年最新出台的治堵工作方案就充分体现了多种手段并用治堵的思路。

（四）治堵政策不仅事关交通效率，还涉及社会公平等其他方面的问题

在北京市出台的治堵政策中，部分行政治堵手段的实施与市民的切身利益产生了较大矛盾。有专家认为，机动车辆限行政策缺乏法律依据，侵犯了市民使用私产的权利；而车辆限购政策不仅歧视非北京户籍人口，限制其参与，有碍社会公平。而且抽签摇号使车辆牌照资源的配置完全取决于运气，急需用车的市民难以获得指标，而不着急用车的市民反而中签购车，使车辆不能发挥最大的效率。在这种情况下，单位时间价值较高的、愿意付较大代价的个人反而不能获得用车的权利，对车辆牌照资源也是一种浪费。

（五）治堵政策效果反复，治堵工作日趋复杂

冰冻三尺非一日之寒，城市交通拥堵是各种因素长期积累和复杂作用的结果，面对长期积累的矛盾需要做长期化解的思想准备。北京市治堵20多年来，虽然政策越来越多样化、综合化，但新问题却层出不穷，交通越治越堵，这里面不仅有城市交通自身不断成长和发展的因素，也有因治堵政策实施不当而恶化交通环境的原因，治堵工作任重而道远。综观世界城市交通，任何城市交通拥堵的治理都不是一个部门能在短时期内解决的，需要政府、社会、企业和个人群策群力，融合交通技术、需求管理、经济激励、税收法律、企业管理、文化引导等各方面的措施，为缓解交通拥堵献计献策、身体力行。

二　治堵效果评价

在交通拥堵形势日渐严峻的情况下，国内各大城市强化治堵工作力度，纷纷成立政府牵头的城市交通治堵工作机构，不断加大治理力度，期望通过各部门的联合治理，切实缓解交通拥堵。从公交优先到车辆限购、限牌，再到治堵与治污联动，一轮又一轮的治堵政策密集出台，充分反映出交通拥堵问题的复杂性和影响的广泛性。然而，从政策效果来看，交通拥堵似乎并未缓解，这使治堵政策的有效性受到质疑。下面以北京市的治

堵工作和相关数据为基础，对国内城市交通拥堵治理主要政策的效果进行分析。

（一）增加供给的治堵政策难以解决根本问题

增加道路供给并不能有效缓解城市交通拥堵，一方面是因为机动车保有量的增长速度远远快于道路增长，相对需求的快速增长，道路供给的调整永远跟不上出行需求灵活多变的节奏；另一方面是因为不同出行需求存在差异，不同出行方式存在差异，这导致了需求替代只能在有限范围内发生，而不加区别地增加交通出行服务量难以形成有效供给。自 2001 年以来，北京市机动车数量迅速增长，远远超过道路交通基础设施和运输服务的增长。统计数据显示，与 2001 年相比，北京市 2017 年私人小微型载客汽车数量增加了 715%，而同时期北京市道路总面积仅增加了 180%，公共汽电车运营线路长度和公共汽电车运营车辆数量仅分别增加了 47% 和 82%，[①] 从机动车保有量增速反映的出行需求发展势头看，无论是道路还是车辆的供给增速均难以与之匹配，何况公共汽电车和小汽车对应的出行需求还存在明显的差别，供需"牛头不对马嘴"导致难以形成有效供给。这一点可从统计数据中得到验证，从运输量指标看，在各项需求和供给指标均上升的趋势下，北京市公共汽电车客运量竟然下降到 15 年前的水平，见图 2-3。与其他出行方式相比，公共汽车票价无疑是各出行方式中最低的，但乘客似乎并不看重这一优势。由此可见，面对日益严峻的交通拥堵，单纯靠增加道路供给和基本交通出行服务，难以应对汹涌增长的机动车数量和日益提升的居民出行需求。

（二）基于"公交优先"设计的公交专用道对增加公交吸引力作用微弱

从北京市历年出行结构来看，常规地面公交出行比例一直保持在稳定的水平，这表明在交通出行系统中，常规地面公交的角色和地位并没有发生大的变化。北京市 2006 年开通第一条公交专用道，至 2017 年年底公交专用道已达 907 公里，年均增长 16.1%。然而，同时期对比，北京市使用公交专用道的公共汽电车承担的客运量比例却在逐年下降，从 2006 年的 73.4% 下降到 2017 年的 42.3%，这表明常规地面公交在城市交通出行中的作用在弱化，见图 2-4。

----

① 北京交通发展研究院：《2018 年北京交通发展年度报告》，2018 年。

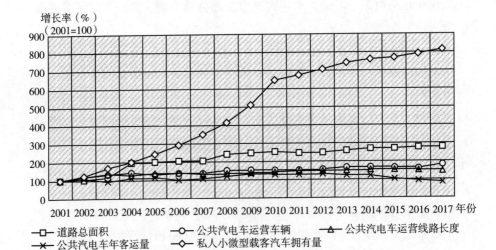

图 2-3 北京市私人小汽车保有量与常规地面公交增长情况（2001—2017 年）

数据来源：北京交通发展研究院：《北京交通发展年度报告》（2001—2018 年）。

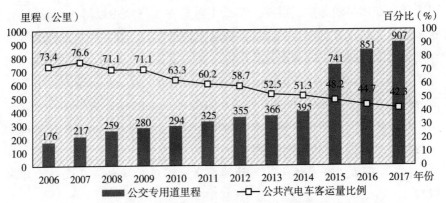

图 2-4 北京市公交专用道与公共汽电车客运比例（2006—2017 年）

数据来源：北京交通发展研究院：《北京交通发展年度报告》（2001—2018 年）。

比较北京市 1986—2015 年以来的出行结构数据，可以发现，30 多年来公共汽车出行比例相对稳定，一直在 22%—30% 区间内波动；同时期自行车出行比例逐年降低，从 1986 年的 62.7% 一直下降到 2017 年的 12.4%；而小汽车出行比例则大幅提升，在 2006 年之后基本稳定保持在 31% 以上；轨道交通出行比例从 2000 年以后逐年增加，至 2015 年上升到 25%，并且还在持续增加。从北京市出行结构的演变来看，自行车出行量占比下降的同时，小汽车和轨道交通出行比例上升，说明这两种方式较多地承担了城市交通出行量，公交专用道的建设和使用对常规地面公交的运行并未带来实质性的改变和提升，见图2-5。

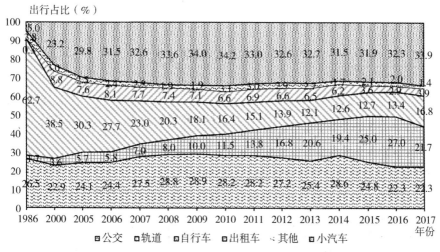

出行占比（%）

□公交　■轨道　□自行车　■出租车　■其他　■小汽车

图2-5　北京市历年交通出行方式构成（1986—2017年）

数据来源：北京交通发展研究院：《北京交通发展年度报告》（2001—2018年）。

尽管轨道交通承担了较多比例的出行量，但从目前的格局来看，仍然是小汽车出行占了较大比例，而且在轨道交通快速发展期间该比例基本保持了稳定，这反映出轨道通车里程和客运量的增加并未对小汽车出行群体产生显著的吸引。从缓解交通拥堵的角度看，轨道交通的贡献并不突出。而从北京市历年交通出行结构的变化趋势看，自行车出行占比的下降和轨道占比的上升几乎是同步推进的，轨道交通似乎更多地承接了从自行车出行总量中转移过来的客流，甚至争抢了一部分公交客流量。尽管轨道交通具有运量大、速度快的优势，但在吸引客流方面，似乎并未找到最合适的发力空间，地面交通中的自行车、公交车乘客转移到了轨道中，而小汽车乘客仍然保持原有出行方式，路面交通仍未得到改观。回想一下政府斥巨资规划建设轨道交通的初衷，显然，现实状况和期望之间存在巨大差异。

（三）多轮政策治堵效果逐渐衰减

在每项治堵措施实施初期，交通拥堵能有所缓解，但随着时间的推移，在多次博弈中政策管制对象又寻找到新的空间并做出新的回应，从而使拥堵再次严重，政策趋于失效。北京交通发展研究院2007年开始发布交通拥堵指数，根据公布的工作日平均拥堵时间（中度拥堵+重度拥堵）

和全路网工作日平均拥堵指数的指标变化趋势，结合全市机动车数量增长趋势和各个阶段出台的治堵政策情况，可以看出每次严厉的行政治堵措施颁布后，交通拥堵均有所缓解，然而在经过一个适应期后，政策的效果开始递减，交通拥堵又出现反弹现象，见图2-6。

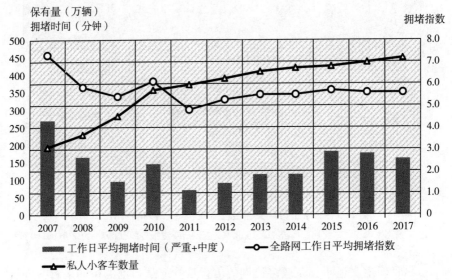

图2-6　北京市交通拥堵情况（2007—2017年）

数据来源：北京交通发展研究院：《北京交通发展年度报告》（2001—2018年）。

如图2-6所示，2007年北京市放开小汽车购买限制，私人小客车数量接近200万辆，工作日平均拥堵时间达到270分钟，交通拥堵指数为7.31，处于"中度拥堵"状态，交通运行状况差，大量环路、主干路拥堵。自2008年奥运会期间开始实施按车辆牌照尾号限行政策后，交通拥堵有所缓解，平均拥堵时间降到165分钟，拥堵指数降为5.84；奥运会结束后继续实施尾号限行政策，并将其作为长期政策，交通拥堵状况持续改善，平均拥堵时间和拥堵指数进一步降低。然而，尾号限行政策客观上刺激了人们购买第二辆车的需求，私人小客车数量持续增长冲破300万辆，交通拥堵开始反弹，到2010年平均拥堵时间和拥堵指数回升。2010年，北京实施严厉的限购政策，私人小汽车数量增长趋缓；2011年北京市调整停车收费标准，在停车收费上涨后道路状况明显改善，平均拥堵时间和拥堵指数创历史新低，分别达到70分钟和4.8。然而，由于停车位数量远远满足不了停车需求，同时期违章停车大幅度上涨。在调整停车费后三年左右的时间内，平均拥堵时间和拥堵指数又开始上升。形势的发展迫使政府管理部门将研究开征交通拥堵费政策提上日程，以应对不断恶化的拥堵。

（四）治堵政策难以触及根源问题

目前的治堵政策对降低小汽车使用强度能起到一定效果，但不能从总体上改变出行结构，这反映出政策未能触及交通拥堵的根源。海量的机动车行驶需求与路面交通容量供给不足直接导致交通拥堵的产生，因此，降低机动车使用强度应成为治堵的一个重要内容。从北京近十多年的机动车平均行驶里程看，私人小汽车年平均行驶里程数呈下降趋势，从 2002 年的 2.68 万公里/年下降到 2016 年的 1.20 万公里/年，说明治堵政策对减少机动车行驶里程起到了一定作用，这对缓解交通拥堵是有益的。但是，从机动车日平均出行次数来看，十多年来一直处于波动之中，而且从 2014 年以后开始上升。这说明，尽管车辆平均行驶里程下降，但出行次数并未减少，只是出行距离缩短了，而这种短距离出行对道路交通的影响仍未可知。北京市机动车使用强度变化情况见图 2-7。

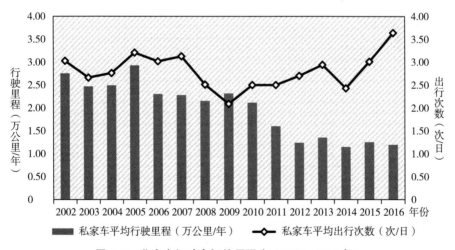

图 2-7 北京市机动车辆使用强度（2002—2016 年）

数据来源：北京交通发展研究院：《北京交通发展年度报告》（2001—2018 年），《北京市交通运行分析报告》。

（五）治堵政策中经济手段应用比较匮乏

从北京公共交通票价调整后客流变化结果可以看出，出行成本是影响人们出行选择的决定性因素，但在治理交通拥堵的工作中，借助价格或成

本疏导客流缓解拥堵的方法却未从根本上获得重视。北京市 2014 年 12 月
28 日调整城市公共交通票价，调整后的公共汽电车票价和轨道交通票价
均比调整前有所上涨，至此，北京告别了廉价的 2 元轨道票价时代。调整
前，北京轨道交通客流量峰值曾达到 1155.95 万人次/日，在交通高峰时
期，乘客需多次候车才能拥进人满为患的车厢，这种情况下不仅没有服务
品质可言，连交通安全都成为一个大问题。在经历了票价调整后，北京各
条轨道交通线路的客流量普遍下降，车厢拥挤情况有所缓解。从 2015 年
轨道交通各条线路客流量变化情况，可以看出轨道票价的变动对乘客的出
行选择是有显著影响的，见表 2-7。

表 2-7　　　　　北京市轨道交通客流量对比（2004—2005 年）

（单位：万人次/日、%）

线路	2014 年	2015 年	增幅
1 号线	123.44	107.48	-12.93
2 号线	116.77	100.78	-13.69
4 号线—大兴线	126.32	117.65	-6.86
5 号线	84.71	85.38	0.79
6 号线	60.16	72.8	21.01
7 号线	18.81	28.67	52.42
8 号线	30.3	34.23	12.97
9 号线	46.07	43.48	-5.62
10 号线	168.93	144.44	-14.50
13 号线	74.51	66.72	-10.45
14 号线（东段）	6.95	12.46	79.28
14 号线（西段）	4.94	4.71	-4.66
15 号线	14.94	21.37	43.04
八通线	30.05	25.9	-13.81
机场线	3.13	3.03	-3.19
亦庄线	17.35	15.96	-8.01
房山线	10.25	9.57	-6.63
昌平线	15.71	16.01	1.91
合计	953.34	910.64	-4.48

数据来源：北京交通发展研究院：《北京交通发展年度报告》（2015—2016）。

　　从表 2-7 可以看出，票价调整后，除个别线路外，大部分轨道交通

线路客流量下降，票价对引导轨道交通客流发挥了重要作用。票价上升，客流量下降，也是符合需求定律的。尽管表面看来轨道交通票价调整与缓解地面交通拥堵关系不大，但若将轨道票价政策、地面公交票价政策与停车收费政策相结合使用，通过调整成本改变人们整个出行链的效用函数，从整个出行链条的角度设计缓堵政策，影响出行者决策，则会引导人们建立向公共交通出行转变的长久激励机制，出行者在这样的经济激励下将重新考虑出行方式的选择。

北京市的交通拥堵在全国首屈一指，20 多年来实施的各项政策和治堵工作虽然取得了一些阶段性的成果，但总体效果不容乐观。从平均两三年就推出一项重大政策的频率来看，交通拥堵造成的问题和影响正在日益复杂和深入，城市交通拥堵的治理仍需不断创新和深化，治堵工作任重而道远。

第三节　治堵不力的症结分析

国内城市多年来治理拥堵的努力不曾停歇，但从现实发展趋势来看却是"越治越堵"，是什么原因促成了今日之状况，值得深入研究。结合我国城市发展的阶段和各种政策的实施环境进行分析，主要原因在两个方面：一是城市交通还处在上升时期，产生拥堵的动力因素还在。我国城市化进程仍在发展中，城市交通的发展仍在快速上升阶段，旺盛的交通出行需求还在增长，交通拥堵作为城市发展进程中的一个阶段还未走完必经的过程，在一段时间和程度上还将存在。二是各种拥堵治理政策出台缺乏系统性和关联性，而且对政策实施后果研究不足，导致不同政策相互干扰、效果此消彼长，药石乱投难中要害，导致出现"按下葫芦浮起瓢"的状况，这使拥堵更加严重。

前面分析过，交通拥堵的根源在于供需结构的不均衡，解决思路和方法也是多种多样。无论是采用规划的、管理的、经济的、法律的、行政的、技术的方法或手段，归根结底都是要作用于人而后才能发生作用。这是因为交通拥堵的产生和消散都是通过人的行为体现出来的，尽管可以从不同角度出台政策缓解拥堵，但若最终不能影响人的行为，则无异于隔靴搔痒，无果而终。城市规划合理尽管能提升土地与空间的合理利用，交通需求管理固然能矫正一些不合理的出行行为，科技手段的确能提高交通资源的使用效率，但若不能融合形成对出行者的激励机制，这些潜在的优势都不能转化为现实的便利。因此，治理拥堵必先找出决定出行者行为的"基本法则"，从根源上弄清拥堵形成的机理及变化规律，并设计对策缓解，就非常关键和必要了。综观当前各项治堵政策，缺乏对出行影响因素和决策核心问题的深入分析和科学把握，这种情况下设计的治堵政策只能停留在"头痛医头、脚痛医脚"的层面，出现治标不治本的状况也属正常，反弹也是必然的。对于众多个体海量的交通出行需求和决策，这种只堵不疏、缺乏长效内在的激励机制、一厢情愿的治堵政策不仅难以长久，反而会刺激和引发其他方面的矛盾，使交通拥堵问题复杂化和扩散化，在此情况下，越治越堵是必然结果。因此，从这个意义上讲，交通拥堵不是"天灾"而更像是"人祸"，治堵的实质是"治理人的出行需求"。虽然，从表面上看，车流高度聚集造成拥堵，但深层的原因却是人们出行需求旺盛带来的消费短缺，只有通过激励引导、改变人的出行选择，使供需力量在结构上均衡，才能影响和引导人们调整出行方式，进而优化总体出行结构，最终缓解拥堵。因此，治堵的表面虽然是疏导拥挤的交通流，但本质上却是通过实施各种政策和措施来改变人的行为，这是设计治理交通拥堵政策的要害之所在。从当前国内治堵政策及效果来看，在以下几个方面存在问题。

一　未及要害，没有改变出行者决策成本函数

治堵的本质是通过改变个体成本函数影响出行决策。经济学原理表明，人们每时每刻都在面临权衡抉择。无论自觉与否，人们所有的选择和行为都是建立在边际分析的基础上，而起决定作用的就是边际收益与边际成本之比，这是人行动的内在决定准则。理性人总是选择边际收益大于边际成本的事情而为，因为这种选择在效果上有利，会增加个体福利。在交通领域，个体出行决策也遵从该原则，若某种交通方式的边际收益小于边际成本，必定不会被作为决策选项。人们选择小汽车出行而非步行或自行车，是因为与付出的成本相比，小汽车出行带给人们更多收益，去掉成本后还有结余——边际效益，边际效益的存在形成了一种激励，鼓励出行者选择这种方式。然而，实际中人们在做决策时，并未将小汽车出行的全部成本纳入个体的决策成本函数，对出行外部成本的遗漏使小汽车出行的边

际效益通常被夸大，由此形成的信息显然是扭曲的，而这种虚假的信息会激励出行者选择小汽车出行，从而造成拥堵。由此可见，个体成本函数是否涵盖了全部出行成本，会直接影响最终出行决策。只将部分出行成本考虑在内时，小汽车出行的边际效益显然会被夸大。若将小汽车造成的外部成本加入个体出行成本函数，使个人边际成本和社会边际成本相等，将会减少小汽车出行的边际效益，使其回归至较真实的水平，从而引导人们重新权衡和选择出行方式。

二　重堵轻疏，没有为出行者提供更多选择

治堵的出路在于提供更多的可行选择。交通拥堵是由旺盛的出行直接造成的，确切地说主要是由小汽车出行群体造成的，治堵的核心问题应是科学疏导小汽车出行需求量，为这部分需求寻找可行的出行替代方式。具体来讲，需要寻找由一种更加契合城市交通资源约束条件的，并在服务品质上接近小汽车出行的交通方式，用其替代小汽车出行方式，使个体在实现出行需求的同时达到整体效率的提升与各种出行方式的和谐发展。马斯洛认为，"所谓良好社会或健康社会，就是通过满足其成员的所有基本需要来促使他们最高目的出现的社会"。[1] 建设和谐城市交通是要促进人的全面发展，满足人的合理的出行需要，包括造成拥堵的小汽车出行需要。因此，尽管应该避免出现交通拥堵的状况，但当拥堵的形成是有着正当合理的需求基础时，不能因为治堵而无视公众合理的出行需求。而当前的工作中，通常在治理拥堵时，连同小汽车出行代表的正当合理的出行需求一并打压，将其排除在正常需求的大门之外。可达性无疑是正当需求，保障基本出行权利的满足固然重要，但也不能因此而忽视更高层次的需求。这正如不仅要保障低收入群体的生活，还要给追求品质生活的群体以出路。经济社会发展提高人们的生活水平，这是个体和社会共同追求的目标，然而由于社会运行机制自身的缺陷，经常会出现个体理性导致整体不理性的状况。人人追求舒适便捷自由的小汽车出行，但城市交通容量有限，并不允许每个人的要求都能得到满足，这种情况下应该完善交通资源分配和运行的机制，而不是限制人的正当需求和发展。人类社会的发展历史就是一

---

① ［美］亚伯拉罕·马斯洛：《动机与人格》，许金声译，中国人民大学出版社 2012 年版，第 34 页。

部不断满足和促进人向更高层次发展的演变史。今日交通拥堵发展汹涌，其代表和反映了大多数个体追求出行层次升级、增加个体效用福利的潮流，对这种符合社会发展和进步方向的需求，应予以提倡和保障，而不是一限了之。人们选择小汽车出行，一方面因为小汽车出行的确能契合人们更高层次的需求，而另一方面在目前城市交通中能满足人们这种更高层级出行需求的，且可供选择的出行服务几乎没有。部分较大城市尽管有技术经济指标上比较接近小汽车的出行方式可替代，但运输服务间的替代并不仅限于技术指标接近，更多的还要看服务质量和运行效果上的无差别对接。因此，顺应人们需求变化规律和社会发展潮流，提供更多的品质接近、可供选择的出行方式替代小汽车出行，以多样化的出行方式供给来缓解小汽车出行供给的不足，才是缓解拥堵的根本途径。

三　逻辑混乱，政策目标与效果南辕北辙

治堵政策设计是否符合逻辑，是否有合理性，关系到政策目标与效果能否统一。缺乏逻辑，不合常理的政策，不仅在实施中会付出更多成本，其效果也难以达到预期目标。以现有政策为例，限购小汽车的政策显然缺乏合理性，且对尚未购车的群体明显不公平。确切地讲，当前的交通拥堵是存量小汽车的使用造成的，但却对增量小汽车进行限制，这其中的政策逻辑是"甲闯祸而乙埋单"。而且该项政策人为制造供给短缺，导致存量车辆牌照市场价值上升，因政府耗费公共资源进行数量管制而产生的车辆牌照租值也并未进入公共财税渠道，反而由个体拥有，极不合理。另外，利用行政权力限制小汽车出行的政策也存在公平性和效率性的问题，被限制的车主可能因日常工作安排或突发事件需出行，而享有通行权的车主却未必需要这样的优待，限行政策的公平性受到质疑，而管制的效率也同样低下。同样，利用经济手段治堵也存在政策公平性的问题。若开征交通拥堵费，不能避开公车管理的问题，只对私家车征收交通拥堵费显然不合理。另外，收费治堵的产权分配方式也要公平。尽管科斯定理提出产权最初配置给谁并不重要，只要明确权利所属关系就行，但在操作层面，因初始权利赋值不同仍会产生归属不同对象的交易成本，究竟让谁承担初始的交易成本仍然存在公平性的问题。另外，其他相关政策是否公平也会对治理拥堵产生影响。如，大多数城市给出租车进行燃油补贴，出租车虽然为营业性车辆，但其在技术运营方面和小汽车完全相同，而且由于其营业性

质导致使用强度远远高于私人小汽车，给城市交通造成不小压力。据相关统计数据，城市客运出租车日平均行驶里程可达 450 公里，年平均行驶里程可达 16 万公里，且全部在城市内部运行，是私人小汽车使用强度的 8 倍以上。曾有专家提出增加一辆出租车给城市交通造成的影响相当于增加 15 辆私人小汽车。然而出租车在城市客运体系中承担的运量并不高，在此情况下出租车仍然享受着政府的燃油补贴，实际上是用公共税收鼓励人们坐出租车出行，尽管这项政策并非治堵政策，但其对缓解交通拥堵带来的作用是负面的。

四　政出多门，政策缺乏协同导致效果减弱

治堵政策有效实施的保障在于多部门的协同配合。交通拥堵的根源在于出行供需的不均衡，但拥堵的形成则是多因素作用的结果。交通出行中的人—车—路系统涉及众多主体，影响范围广泛，仅靠个别部门治理拥堵势单力薄、孤掌难鸣，需要全社会的协作配合。人们选择小汽车出行是根据全部出行成本做出的决策，按阶段可分为方式选择、出行准备、出行发生等几个部分，其中路上行驶的那一段只是出行发生阶段部分。从最终形成小汽车出行的支撑条件来看，包括了车辆、道路和通行规则等，这涉及车辆购置、路权分配、交通管制等各个环节，影响出行选择的因素较多。实际中，不同因素的控制权限分散在不同部门，在制定政策时需要站在全局的高度设定一个总体目标，各部门互相协作和配合，共同发力，从不同领域和环节制定措施合力解决问题。应避免单个部门出台过于严格的政策，导致该环节被压制的需求在其他环节爆发，造成"按下葫芦浮起瓢"的后果。无论是行政手段治堵，还是经济手段治堵，政策间的互相配合尤其重要。如在利用行政手段限制小汽车交通时，应同时考虑疏导和满足旺盛的出行需求，提供高品质的公共交通服务供出行选择；在利用经济手段征收交通拥堵费时应该考虑收费的再次分配，并辅以配套的财政税收政策，建立科学的利益补偿机制，对特殊人群出行提供保障和提升公共交通服务能力和质量。从国外或地区如新加坡、伦敦、斯德哥尔摩、奥斯陆、东京、中国香港等城市的管理实践来看，其对交通拥堵的治理均是全方位、多角度、多部门的综合治理。

第四节　国内治堵环境分析

一　高层级出行需求持续上升

改革开放以来，我国城镇化进入快速发展阶段。城镇化进程加快，人口日益向大城市集中，是城市交通出行需求量迅猛增长的主要原因。我国城镇化和机动化进程同步快速增长并交织在一起，大中城市开始进入汽车社会。从历史发展数据来看，我国机动化发展特点是增长率快，私人小汽车比重提高快。1978—2010 年，中国城镇化水平由 17.9% 提高到49.7%，提高了 31.8 个百分点，年均增长约 1 个百分点，是世界同期城镇化平均速度的 2 倍多。在城市化过程中，机动车数量也迅速增长。根据国家统计局公布的数据，1996 年我国小汽车占民用汽车总量比例超过25%，2003 年超过 50%，2010 年超过 75%，2014 年达到 85%，照此发展趋势，预计 2020 年中国将超过美国成为世界最大的汽车市场。从每千人小汽车拥有率指标来看，发达国家在过去几十年里持续稳步增长，美国曾是发达国家中最高的，现已接近饱和，但欧盟和日本的小汽车保有率仍在上升，发达国家的发展历程呈现出的特征也会在我国的发展中表现出来。据统计，截至 2017 年，世界各国每千人小汽车保有量为：美国 800 辆、意大利 625 辆、日本 591 辆、德国 561 辆、法国 479 辆、英国 471 辆，而中国仅为 170 辆，远远低于发达国家的水平，见图 2-8。

中国作为世界第二大总量经济体，国民收入持续上升，人均小汽车保有率将继续处于上升通道。尽管部分城市采取措施限制小汽车保有量快速增长，但这并不能改变国民对小汽车具有旺盛消费需求的客观状况。另外，随着中国人均收入水平的增长，人们的出行次数和距离也在上升，这些因素使我国城市交通出行需求持续上升，道路交通环境形势更加严峻。

二　城市公交系统保障不足

近十多年来，我国各大城市开展了大规模的城市基础设施建设，新建了一批交通基础设施，改善了人们的交通出行环境。同时，多个城市也明确提出发展公共交通，推广公交专用道，建设公共租赁自行车系统。但与发达国家和地区相比，国内不仅在硬件设施供给方面有不足，而且在公交

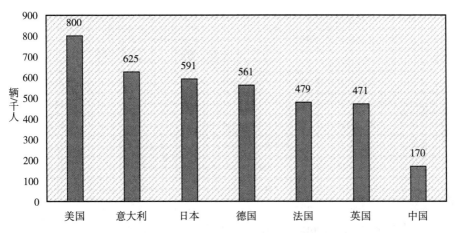

图 2-8 美国、欧盟、日本和中国每千人小汽车拥有率（2017 年）

数据来源：欧盟统计局网站 ec. europa. eu，中国国家统计局网站 http：//www. stats. gov. cn。

出行占比方面也存在较大差距。总体上看，我国城市以公共交通为主导的城市交通系统远未形成。在中国的大城市中，公交出行比例仅占居民出行总量的 10%—25%，公共交通尚未成为城市居民日常出行的主要交通方式。以轨道交通为例，国内北京、上海、广州等城市有全国最发达的轨道交通网络，从世界范围来看，其通车里程也名列前茅，但在运输密度指标方面与世界其他城市的先进水平还有距离，轨道交通在城市公共交通中发挥的作用和地位还有待提升，见表 2-8。

表 2-8　　　　　　　　　世界主要城市轨道交通比较

城市	开通时间	统计年份	城市人口（万人）	人均长度		运输密度		线网长度	
				米/千人	排名	千人/公里	排名	公里	排名
斯德哥尔摩	1950/10/1	2011	126	839	1	8.01	14	106	16
台北	1996/3/28	2012	260	505	2	13.6	8	131	15
北京	1969/10/1	2012	1110	499	3	12.2	10	554	2
伦敦	1863/1/10	2011	857	469	4	7.98	15	402	3
柏林	1902/2/18	2011	341	432	5	9.39	13	147	13
上海	1995/4/10	2012	1500	392	6	10.6	12	588	1
南京	2005/8/27	2011	368	387	7	6.62	16	142	14
新加坡	1987/11/7	2011	444	377	8	13	9	167	12

续表

城市	开通时间	统计年份	城市人口（万人）	人均长度		运输密度		线网长度	
				米/千人	排名	千人/公里	排名	公里	排名
首尔	1974/8/15	2012	980	333	9	21.1	3	327	6
莫斯科	1935/5/15	2011	1050	319	10	19.6	4	334	5
广州	1999/6/28	2012	883	298	11	19	5	264	8
香港	1979/10/1	2012	721	247	12	22.2	2	178	11
深圳	2004/12/28	2009	758	235	13	2.03	18	178	10
巴黎	1900/7/19	2011	990	222	14	19	5	220	9
成都	2010/9/27	2012	412	214	15	3.2	17	88	17
纽约	1904/10/27	2012	1900	195	16	12.2	10	370	4
罗马	1955/2/10	2008	334	183	17	14.9	7	61	18
东京	1927/12/30	2011	3570	85	18	27.9	1	305	7

数据来源：www.metrobits.org。

　　从世界各主要城市的出行结构来看，在与北京、上海、广州人口密度接近的城市中，一般都具有较高的公交出行比例，如香港为88%、巴黎为63%、新加坡为48%。公交出行比例较低的状况表明城市公交系统的服务能力和主体地位还有待提升与加强，公交系统的保障需要提高。世界主要城市交通出行比例情况见表2-9，世界主要城市人口密度与公交出行比例情况对比见图2-9。

表2-9　　　　世界主要城市交通出行比例

城市	统计年份	人口（百万）	面积（平方公里）	出行比例（%）	
				公共交通	私人交通
上海	2011	16.4	2141	33	20
北京	2011	11.7	1368	24	20
德里	2011	11	431	42	19
首尔	2010	10.6	605	69	26
东京	2009	8.8	622	51	12
伦敦	2011	7.8	1579	28	40
香港	2011	7.1	1104	88	11
波哥大	2008	6.8	1775	66	15
巴黎	2008	6.5	762	63	32

续表

城市	统计年份	人口（百万）	面积（平方公里）	出行比例（%）	
				公共交通	私人交通
广州*	2010	6.3	1166	60	40
新加坡	2011	5.1	712	48	29
柏林	2010	3.4	892	26	32
马德里	2006	3.1	606	35	29
库里蒂巴	—	1.9	430	45	28

注：*广州市出行结构数据中未包括步行比例。

数据来源：各国统计年鉴、交通发展报告及运输部网站。

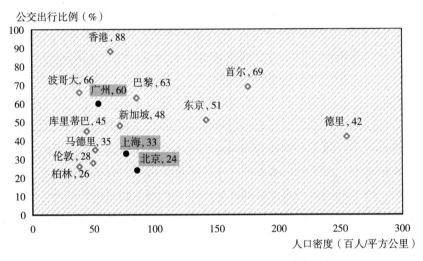

图2-9　世界主要城市人口密度与公交出行比例

数据来源：各国统计年鉴、交通发展报告及政府运输部网站。

三　交通管理倚重行政手段

长期以来，我国政府在对经济与社会事务的管理习惯于大包大揽，对一些本应由市场进行配置的资源也由政府运用计划手段与行政命令进行调配。经济发展的历史证明，不相信市场而倚重行政手段，极易使本来就稀缺的资源更加短缺。行政管理政策虽然见效快，但实施中的交易成本巨大，而且管制容易导致寻租等腐败现象，引发多方面的矛盾。在市场经济中，政府应充当"守夜人"角色，在市场手段"不灵"时施加影响，并且主要应利用经济手段重建激励机制，对个体行为进行引导，建立有利于竞争和选择的机制。激励性的政策虽然建立的过程比较艰巨，但作用长效影响深远，且实施中不需要过多的行政监督，交易成本小。在治理交通拥堵方面，国外城市政府采用了经济、税收、法律等多种手段，并尽量避免采用行政手段。即使采用行政强制力，也多为经济手段的保障。与行政手段相比，经济、税收等手段可以给予人们更多的选择，使其在一定限度内权衡利弊得失，这不仅有利于从深处激励和引导人的行为，还有利于减少政策实施中遇到的阻力，使治理拥堵的政策顺利实施。

四　社会法制环境薄弱

当前，我国正在向法制化社会迈进，但总体上公民的法制意识还比较单薄，法制观念还需要加强。在道路交通领域，存在大量违法违章的情况，交通法制的现状对推进交通治堵有不利影响。经济学家周其仁认为，一个社会不应把大部分人排除在法制之外。言下之意，法律规章的施行要考虑到大部分人的情况。在出台交通拥堵治理政策时，若将大部分公众排除在合理规章之外，失败结果可以预见。换言之，在制定一项规章制度或出台政策时，应该考虑到社会公众对该项制度的承受能力和反对程度。就目前情况来看，大部分治堵政策并未得到绝大多数公众的支持。尽管对个体来讲，治理拥堵事关大众福利，但个人缺乏参与的积极和热情，这样背景下出台的治堵政策，难免会受到多数人的反对和消极配合，这是交通治堵要取得成效不可忽视的问题。

五　交通人文环境落后

按照国际惯例，每百户居民家庭拥有 20 辆汽车是正式进入汽车社会的标志。国外进入汽车社会年代已久，经过多年的发展，形成了适合其自身发展的汽车消费文化。相比之下，我国进入汽车社会的时间才十多年，汽车消费文化还在形成之中，国民财富积累速度快于文化素质提升速度，距离形成科学、文明、健康的交通与汽车文化还有较远路程。在较落后的汽车消费文化背景下，国民整体上还未形成科学、文明使用小汽车的习惯和传统。另外，受传统"衣锦还乡""香车宝马"等文化观念的影响，我国的汽车消费在带给人们交通便利之外还被动承载了显示个人社会地位等其他功能。人们不仅通过使用汽车彰显个人的社会地位，还将拥有这样的生活方式作为人生追求和奋斗的目标。在这种观念驱使下，"有车就要用"理所当然地成了一种普遍认识。从当前这种汽车消费状态，到形成"能使用公共交通的不用小汽车，能步行的不使用公共交通"的交通人文环境，还有很长一段路要走。

本章小结

　　交通拥堵是个体出行行为的理性与整体效果不理性之间矛盾的表现。交通拥堵表面上是一个交通领域内的问题，实质上是个体出行激励机制被扭曲导致的结果，治理拥堵应从调整个体出行决策成本函数的角度出发，矫正由于出行外部性成本而扭曲的激励，使人们综合出行的收益、成本的约束、环境的制约来选择适当的出行方式，使个体与社会整体的目标一致。综观当前国内各大城市五花八门的治堵政策，鲜有触及人们出行效益—成本领域的相关措施，大多以行政措施加强限制，这样的治堵政策既不治标也不治本，反而引发更多问题。只有建立科学的出行成本决策机制，并提供多种可行选择，加强多部门间的配合，设计出更加公平合理的政策，才有望改变治堵不力的困境。当前我国城市发展还处在上升时期，小汽车出行需求还在持续增长，城市公共交通系统的保障还不充足，加之社会法制观念薄弱，尚未形成科学先进的交通文化，这些都给治理拥堵增加了难度。

第三章

交通出行需求与供给的再认识

第一节　交通出行需求的再认识

一　交通出行需求的解释

经济学理论将需求解释为有支付能力的欲望。有欲望而没有支付能力，只能算作需要，人人有需要，但未必都能算作需求，需要能否上升为需求，要看其能否在市场体系中通过交易实现。衣食住行是人存活于世的必要条件，社会中的任何个体均有出行的需要，若按支付能力衡量，有些出行需要可以通过交易实现，有些则不能，尽管在市场交易的层面有些出行需要缺乏支付能力，但并不意味着其无法实现。一般情况下，生理健全的个体总是可以通过步行来满足出行需要，尽管这种情况下可能要耗费更多的时间和体力，步行作为实现交通出行需要的最基本方式，并不需要货币支付能力的支撑。可见，在交通领域，出行需求与出行需要的界限并不明显。在所有交通出行方式集合范围内，出行需求与出行需要并无本质上的区别，都是人们需要实现的空间位移。这一特点使交通出行需求的概念和一般意义上商品或服务的需求有所区别，为便于分析问题，本研究将交通出行需求定义为人们在当前条件下可以实现的从起始地到目的地的空间位移需要。在此解释下，能否实现是区别需求与需要的关键，需求的实现既可以以货币支付能力为支撑——市场框架下的交换，也可以是自给自足的方式——通过步行实现，这是本研究提到的出行需求与出行需要与经济学理论中一般性需求概念的不同之处。相应地，将出行需求量定义为在当前条件约束下能实现的人的空间位移的活动总量。

尽管交通出行需求并非都通过市场交易实现，但随着社会分工和市场体系的完善，以及成本方面的考虑，现如今大部分交通出行需求还是被分离出来并以专业化和市场化形式提供，由大量专门提供交通出行服务的运营商供给，形成交通运输行业，并发展为国民经济的重要基础性产业。在市场交易体系下，很大一部分交通出行需求以经济购买能力为保证，和普通商品或服务无异。但交通出行作为人存活于世的一项基本需要和生存权利，若仅以个体经济支付能力来分配和供给交通出行服务，完全按照市场规则配置资源，则极有可能无法为社会中低收入群体及残障人士提供出行服务，由此将影响部分群体的生存发展，是应当防止出现的状况。交通出行是影响人们维持生存和提升生活质量的重要方面，社会中的每个人都享有使用一系列最基本交通设施或服务的权利。站在全社会的角度，在为所有成员提供交通运输服务时不能忽视那些因支付能力不足而无法实现的交通需要，在市场经济体系中对这些因缺乏支付能力的、影响人们基本生活的出行需要应该由政府通过公共服务的方式来提供或保障。对于因经济支付能力不足而缺乏交通出行保障的群体，应该由政府按照一定的制度安排，在"基本需要"的框架内享受以交通补贴、免费公共交通等形式提供的运输服务。而具体到何种"基本需要"应该由政府兜底，则一般通过政治安排来实现，比如通过集体投票或法定程序来决定哪些基本出行需要应该受到保障，在个体实现有困难时应由政府以公共服务而不是通过市场以私有品的方式提供。在现代社会中，各国政府也是通过这样的程序和做法为其民众提供最基本的交通出行服务，或发放交通费，或补贴提供公共交通出行服务的运营商以换取其服务的低票价。

二　交通出行需求特性分析

交通出行需求被认为是一种派生需求，只有极少量的交通是本源性的。这是因为交通出行一般伴随着某项特定活动的发生而产生。人们从一地至另一地的出行总是为了完成某件事情，如工作、上学、就医、购物、娱乐、走亲访友、旅游等，也有为了享受在交通工具上的特殊体验而出行的，但这种情况不具普遍性。由于派生需求更多时候依附于其本源需求而处于从属地位，因此，出行需求自身的要求经常被本源需求所掩盖。这导致长期以来在认识和分析交通出行需求特性时，更多的是观察到其辅助实现本源需求而表现出的特性，如派生性、波动性、不可储存性等，而交通出行需求自身的特点往往被忽视。这使人们在一开始认识交通出行需求时并非站在"最恰当"的立场位置，由此产生认识上的偏差，妨碍进一步揭示出行需求的固有特性。尽管，出行需求派生于其他事物，但其在实现过程却主要受控于交通运输体系及运行环境，与其本源需求相对独立。正因如此，交通运输活动才能以其鲜明的特性有别于其他经济活动，交通运输行业也与其他行业一样，虽然联系万物却具有相对独立性。从这方面看，需将交通出行需求及其实现过程分离研究，发掘其独特之处，以更科学、全面、深入地把握其存在和发展的规律性，根据其自身规律设置、优化和提升交通出行服务体系，以更好地服务于人的出行。独立地看交通出行需求，具有以下几个特征。

（一）异质性：出行需求是需要细分的集合体

因出行目的、出行距离、出行成本以及支付能力的不同，出行个体在交通出行方式和标准上的选择也不同，从现实情况来看，交通出行需求存在明显的差异性。人们的出行目的千差万别，因目的不同在实现上有所差异，即使同一目的也有轻重缓急之分，这表现在选择不同的出行方式以满足在距离、速度、安全、便捷、舒适等方面的要求。因此，看似同质的交通出行需求，实际上在服务对象、组织方式、时间分布、空间分布、数量变化等方面的不同而具有异质性，在分析交通出行需求时，非常有必要将整体需求做进一步细分，更多关注其个性化特征。

（二）层级性：出行需求受实现能力所限分化为不同层级

以货币衡量城市交通出行成本，步行、自行车、公交车、轨道交通、小汽车等出行方式成本逐渐增加，相应的出行环境和过程体验也在逐步提升，同时各种出行方式对应的出行需求也渐趋差异化。出行距离的长短影响出行个体对出行方式的选择，一般来讲，近距离出行优先考虑步行和非机动车，远距离出行则更多选择现代化的机动交通方式；出行成本对出行方式选择的影响更加明显，经支付能力过滤后的需求表现出更明显的层级特征。从古至今，各种交通运输方式的兴起和发展，正是为了满足不同层次的出行需求，这也从另一侧面表明交通出行需求具有层级特征。因此，真实的交通出行需求曲线应由不同段曲线组成，每段曲线均代表一定条件下（多数情况下为成本）对应的出行需求量，见图3-1。

需要注意的是，与普通商品或服务需求不同，出行需求的异质性决定了曲线的不同段实际上可能对应不同的出行方式。有较高支付或保障能力的需求可以有多种方式选择，而支付能力较低或保障条件不足的中层、低层需求在出行方式的选择上则受到较多局限。因此，从这方面看，出行需

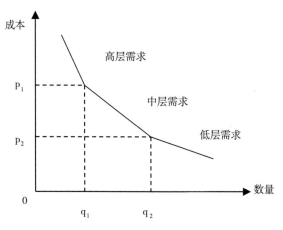

图 3-1　分层的交通出行需求曲线

求在表现上也呈现出分层的鲜明特征。

（三）有限替代性：不同层级的出行需求不能完全替代

出行需求的异质性决定了相互之间并非完全替代，更多的情况是有限替代。交通出行最基本的要求是从起点至终点的可达性，表面上似乎只要达到这一要求的位移服务便可归为一类，然而实际情况远非如此。且不论在技术经济方面有交通方式、出行时间、选择路线、服务环境、运输成本等显而易见的区别，光是个体的主观感受和偏好，就有足够的理由来提供区别化出行服务了。实际上，这已成为目前交通出行服务市场细分的一个重要依据了，如网约车服务商提供的快车、专车、顺风车等不同服务。可见，出行需求是带有具体约束条件的，不同需求的相互替代非常有限。尽管在有些情况下不同的需求可以相互替代，如短距离出行时，步行需求、自行车需求甚至机动车需求都可以相互替代，但随着出行目的地、时间、路线、方式、成本等约束条件发生变化，或人们交通出行习惯和偏好变迁，不同出行需求间的替代将变得不可行。一般来看，较低层级的交通出行需求易被较高层级的机动化出行需求替代，反之则不易实现。习惯了步行、骑自行车上班的人当然愿意乘坐小汽车出行，但让一个习惯于机动车通勤的人放弃当前的方式选择步行或骑自行车，则要困难得多。这是因为小汽车从速度、安全、时间、舒适程度和乘客体验方面与步行、自行车出行相比有大幅度提升，不考虑成本约束条件下，小汽车出行需求完全可以覆盖步行和自行车出行需求，反之则不行，因此替代只能是从上向下兼容。运输经济学理论在分析交通运输需求时也认为只有在方向、数量、行程、速度、价格、交通方式选择六个方面的内容完全一致时，不同的需求才可能完全替代。[①]

（四）完整性：出行需求的满足需要一个完整的出行过程对应

交通出行是一个连接出发地和目的地的完整过程，出行需求对应的是起始点之间的完整位移。未达目的地之前，任何阶段活动的完成都不能代表全程的结束。由于交通方式、距离、环境等方面的限制，限于各种条件的约束和经济社会活动的庞杂性，多数情况下，人的交通出行可能被分割为若干首尾相连的片段，将各片段有效衔接串联为一个完整的出行链，出行链条任何环节的断裂都将导致出行需求无法达成，因此，完整性是交通出行需求的最基本要求。从这点看，交通出行需求从一产生便具有复杂的系统性特征，其实现要求各种交通方式在时间、路线、支付能力等因素方面能形成有效组合的出行链条与之对应。所以，交通出行需求首先需要完整的链式服务过程来保证各个环节的衔接畅通，交通出行从起始地到目的地之间建立的完整运输链条，是"人便于行"的基本保障。事实上，无论是对人的出行还是货物的运输，这种完整的链式服务均是畅通流动、实现运输需求的首要条件。在物流领域，物流服务和供应链的管理便是遵循这一准则运行，事实证明供应链的良好运作可以大大提高物品运转效率并产生巨大经济效益。同样，在交通出行领域，建立完整、高效的交通出行服务链，不仅是满足人们出行需求的内在要求，也是提升社会经济运行效率并产生经济效益的必然路径。

栏目 3-1　出行需求完整性的要求和体现
聚焦京城：北京首开自驾游汽车运输班列

（人民网 2014-09-23 报道）在 2014 年"十一"假期将至，为了满足更多市民自驾游需求，北京铁路局宣布在国庆假期将首次开行北京至杭州往返"自驾游汽车运输班列"，并辅以动车组旅行运输专列。届时，旅客可乘坐动车组，汽车由铁路提供运输班列，分别到达目的地。据悉，这也是国内开行的首条客运和汽车运输捆绑线路。随着国庆长假的临近，不少爱旅行的人们开始计划自驾游，然而，对于打算长途旅行的人来说，漫漫长路却是件费神费力的事。汽车运达杭

---

① 严作人、张戎编著：《运输经济学》，人民交通出版社 2003 年版，第 47 页。

州后，车主可以杭州为中心，前往半径三四百公里范围内的很多景点游玩。另外，考虑到"十一"期间，高速公路免费，可能堵车，托运车辆直接到达目的地或附近，不仅消除了长途自驾的舟车劳顿，还能躲过高速路的道路拥堵，让长途变短途。至于价格成本，北京晨报记者也简单算了一笔账。从北京至杭州，约 1300 公里，全程自驾，按百公里 10 个油、每升油 7.44 元计算，单程油钱在 970 元、高速路费约 540 元，平常往返约 3020 元。而国庆免除高速路费后则往返约 2000 元左右。记者登录两家汽车租赁网发现，在杭州 10 月 1 日到 6 日，租赁十万元级别的马自达 323、别克英朗 GT，日均总租金在 300—600 元的车型，总花费在 2000—3000 元。总体来看，两者成本相比火车运输的费用更高一些。尽管费用稍贵，对于一些热衷于驾驶私家车出游的市民来说，这趟班列还是提供了诸多便利。

上海：2015 年春节私家车可"坐火车"去黄山

（新华网上海频道 2015-01-13 报道）2015 年春节期间将首开上海至黄山往返自驾游汽车运输列车，并辅以旅游专列往返客运服务。上海铁路局首次尝试自驾车班列服务，路线选择了相对较短的黄山。不过，自驾族和车子将分两趟火车，旅客乘坐上海至黄山旅游列车，车子"坐"的是货车。据铁路工作人员介绍，该货运站距离黄山客运站的距离也不算远，自驾者可方便地去取车。2014 年国庆假期，北京铁路局曾首次开行北京至杭州往返自驾游汽车运输班列，并辅以动车组旅行运输专列。当时旅客可乘坐动车组，汽车由铁路提供运输班列，分别到达目的地。这是国内开行的首条客运和汽车运输捆绑线路。最终，北京到杭州开行的"自驾游汽车运输班列"接到需要托运的车辆 60 余辆，主要以大型越野车和 SUV 为主。然而，此举虽然方便了自驾车主，但也引发了争论，有人认为在铁路交通"一票难求"的现状下难免有耗费运能之嫌。另一方面，本来杭州就拥堵的交通，又被铁路运来一批车辆加入其中，是给杭州"添堵"。不过也有观点认为，自驾游汽车运输班列给节日期间的自驾游车主提供一个避开公路拥堵的新选择，这种交通分流，恰恰是符合"不同交通方式相互补充"的交通规律。

评论：交通出行需求的满足必须是建立在完整出行服务过程之上

的,"前后一公里"连接的空缺造成了出行的不便。人们总是在寻求各种途径建立完整的出行链条,就本案例来讲,火车难以完成从家门到景点的所有运输过程,私家车和其他交通方式则可以弥补首尾出行阶段的空缺,而对旅客来讲需要的是全程运输服务的衔接,铁路运输部门主动适应人们的出行需求,推出汽车运输专列帮助出行者克服"前后一公里"的出行不便,尽管在成本上高出全程自驾的费用,但还是受到广大车主的推崇。

(五)成本约束性:实现出行需求的内在要求是节约成本

出行需求的实现过程本身并不创造新的价值,反而需要耗费一定的资源,因此从成本最低化或收益最大化的角度出发,应尽量缩短这一过程,以节约时间成本,进而节约总成本。以完整的出行链条连接起始地,是满足出行需求的最低要求,而随着经济、社会、文化、环境等条件的变化,对出行链衔接的便利性要求也在不断提高,不仅要求顺畅而且要高效,这对降低出行总成本是有利的。出行需求的满足不仅要克服空间距离的分割,实现"零距离"无缝衔接,还要在出行者收入水平增长、出行者时间价值增加的背景下尽量压缩耗时,实现"零等待"顺畅换乘。为出行者节约时间意味着有更多空闲可以投入价值创造活动,于个人和社会均有益。目前,对满足出行需求过程的关注主要放在了"零距离"衔接,强调了空间上的连通性而忽视了时间上的连贯性,对"零时间"换乘则缺乏足够重视。对出行者来讲,出行环节空间上首尾贯通和时间上首尾衔接,不仅是提高交通运输效率、更好满足出行需求的客观要求,更是提升出行者亲身体验增强交通出行方式吸引力的关键。尤其对于较高层级的出行需求群体而言,提升出行过程的便捷性带来的不仅是优质的出行体验,更是提升其工作效率和创造更多闲暇和享受生活的重要途径。就社会整体来讲,在保证一定出行需求的前提下,减少交通对土地、空间、能源、环境的消耗和公共交通方面的财政支出,将有限的经济资源投向边际效益更高的行业或领域,无疑对提升和增加全社会福利大有裨益。因此,从经济角度考虑,交通出行需求的满足应遵循边际效益最大化的原则,要尽量控制和压缩包括社会成本在内的交通总成本。

三 影响交通出行需求的因素

交通出行与人的各种活动联系密切,出行需求的产生不仅受到人自身发展因素（如人口数量、空间分布、年龄结构、生命阶段、生活方式等）的影响，还受到各种经济活动（商务、公务、消费、旅游、就医）和社会活动（社团活动、志愿服务、文体赛事、紧急救援等）的影响。不仅如此，出行需求的实现还受制于交通运输系统构成要素的供给状况，土地开发利用、交通方式供给、运输服务水平、制度规范、市场价格等均可以对交通出行需求产生影响。若将出行需求看作一个函数变量，则该函数的因变量至少应包括人口状况、经济活动、交通选项、土地利用模式、需求管理政策、交通定价和运输服务等多个变量。[1][2] 错综复杂的因素相互交织、相互渗透影响着交通出行需求，这给把握交通出行需求带来很大困难，认识交通需求就像盲人摸象，所触之处总是局部，离贯通全域或鸟瞰全局还有相当距离。根据已有研究结论，影响交通出行需求的因素见表 3-1。

表 3-1　　　　　　　　　　影响交通出行需求的因素[3]

分类	具体方面
人口因素	人口数量及结构、就业率、财富与收入水平、年龄与生命阶段、生活方式等
经济活动	工作数量、商业活动、货物运输、观光活动
交通选项	步行、自行车、公共交通、共乘、小汽车、出租车、远程办公、配送服务
土地利用	开发密度、混合利用、步行可达性、区域连通性、公交服务可达性、道路规划
需求管理	道路使用优先级、价格调整、停车管理、用户信息服务、交通宣传与推广
价格因素	燃油价格和税收水平、车购税和使用费、道路收费、停车收费、车辆保险、公共交通票价
运输服务	时间安排、可靠性、安全性、便利性、舒适性等

四　出行需求层级的划分

在出行需求的几个特性中，异质性是最核心、最突出的特性，正是因

① Paulley, Neil, et al., "The Demand for Public Transport: The Effects of Fares, Quality of Service, Income and Car Ownership", *Transport Policy*, Vol. 13, Issue 4, July 2006.

② Circella, Giovanni, Kate Tiedeman, Susan Handy and Patricia Mokhtarian, *Factors Affecting Passenger Travel Demand in the United States*, University of California, Davis, Georgia Institute of Technology, November 2015.

③ Litman, Todd, "Understanding Transport Demands and Elasticities: How Prices and Other Factors Affect Travel Behavior", *Prices*, May 2012.

为各类出行需求属性差别显著，所以呈现出归属于不同集合的状态，而这种归属则更多受到实现需求能力的疏理而表现出层级化分布的特征。出行需求的这种层级化展现，与人的基本需求和能力发展有着内在的、深刻的联系。下面从人的基本需求出发，分析出行需求与基本需求之间的内在联系。

(一) 动机与人格需求层次理论

在阐释人的基本需要方面，美国社会心理学家亚伯拉罕·马斯洛创立的需求层次理论对人的需要进行了深入的揭示。该理论科学地解释了人的不同需要及变化迁移的规律，被广泛应用于管理学、心理学、教育学、社会学等多个学科和领域，并发挥了积极作用。在该理论中，马斯洛把人的需要从低到高分为五个层次，分别是生理需要、安全需要、归属与爱的需要、尊重需要和自我实现需要。生理需要是指维持人的生存所需的衣食住行以及性的需要，生理需要在所有需要中占绝对优势。假如一个人在生活中所有需要都没有得到满足，那么是生理需要而不是其他需要最有可能成为他的主要动机。一个同时缺乏食物、安全、爱和尊重的人，对于食物的渴望可能最为强烈。安全需要是指人对安全、稳定、依赖、保护，免受恐吓、焦躁和混乱折磨的需要，包括人们对秩序的需要、对法律的需要、对界限的需要以及对保护者实力的要求等。在存在着对法律、秩序、社会权威的真实威胁的社会环境中，对安全的需要可能会变得非常急迫。混乱或极端的威胁会导致大部分人出现退化现象：从高级需要向更加急迫的安全需要退化。归属和爱的需要中对爱的需要包括感情的付出和接受，如果不能得到满足，个人会空前地感到缺乏人际关系，并渴望同人们建立一种关系；归属需要指人们要结群、加入集体、要有所归属的类似动物的本能。自尊需要是指人都有一种获得对自己稳定的、牢固不变的、通常较高的评价的需要或欲望，即一种对于自尊、自重和来自他人尊重的需要或欲望。自尊需要的满足导致一种自信的感情，使人觉得自己在这个世界上有价值、有力量、有能力、有位置、有用处和必不可少。自我实现的需要指的是人对于自我发挥和自我完成的欲望，也就是一种使人的潜力得以实现的倾向。这种倾向可以说成是一个人越来越成为独特的那个人，成为他所能够成为的一切。马斯洛对人的需要的分层见图3-2。

马斯洛认为"人是有需要的动物"，随时均有些需要等待满足，某一需要满足后，此项需要将不再能激励人，转而追求满足更高层次的需要。

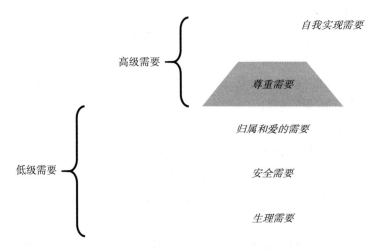

图 3-2　马斯洛对需要层次的划分

马斯洛在其代表作《动机与人格》中写道：

> 我们已经看到，人类动机生活组织的主要原理是基本需要按优势（priority）或力量的强弱排成等级。给这个组织以生命的主要动力原则是：健康人的优势需要一经满足，相对弱势的需要便会出现。生理需要在尚未得到满足时会主宰机体，迫使所有能力为满足自己服务，并组织它们，以使其达到最高效率。相对的满足平息了这些需要，使下一个层次的需要得以出现，成为优势需要，继而主宰、组织这个人。结果，这样的人刚从饥饿的困境中跳出来，现在又为安全需要所搅扰。这个原理同样适用于等级集团中其他层次的需要（即爱、自尊和自我实现）。①

根据马斯洛的理论，人的各种需要之间有如下的关系：一般情况下，五种需要像阶梯一样从低到高，按层次逐级递升，但有时会存在例外。需求层次理论有两个基本出发点，一是人人都有需要，某一层需要获得满足后，另一层需要才出现；二是在多种需要未获满足前，首先满足迫切需要，该需要满足后，后面的需要才显示出其激励作用。某一层次的需要相

---

① ［美］亚伯拉罕·马斯洛：《动机与人格》，许金声等译，中国人民大学出版社 2012 年版，第 35 页。

对满足了，就会向高一层次发展，追求更高一层次的需要就成为驱使行为的动力。相应地，获得基本满足的需要就不再是一股激励力量。五种需要可以分为两级，其中生理上的需要、安全上的需要和归属与爱的需要都属于低一级的需要，这些需要通过外部条件就可以满足；而尊重的需要和自我实现的需要是高级需要，它们是通过内部因素才能满足的，而且一个人对尊重和自我实现的需要是无止境的。同一时期，一个人可能有几种需要，但每一时期总有一种需要占支配地位，对行为起决定作用。任何一种需要都不会因为更高层次需要的发展而消失。各层次的需要相互依赖和重叠，高层次的需要发展后，低层次的需要仍然存在，只是对行为影响的程度大大减小。

马斯洛和其他的行为心理学家都认为，一个国家多数人的需要层次结构，是同这个国家的经济发展水平、科技发展水平、文化和人民受教育的程度直接相关的。在不发达国家，生理需要和安全需要占主导的人数比例较大，而高级需要占主导的人数比例较小；在发达国家，则刚好相反。

马斯洛需求层次理论被广泛应用于管理领域，在管理实践中，根据对需求层次的辨识来制定相应的激励政策，以达到提高效率、实现目标的目的。可以说，只要有需要存在的地方，马斯洛需求层次理论就具有一定的指导意义。

(二) 城市交通出行需求的划分

人生存于社会中，与他人的交往和联系必不可少，交通方面的需要是实现人与人之间社会联系的必备条件。交通出行需求作为人的一种社会需要，是人的基本需要在交通出行领域的映射，也适用马斯洛需求层次理论。人在交通出行方面的需求与人的基本需要一样，也存在着一种层级结构，每层分别代表了不同人群的需要。在城市交通出行领域，不同人群出行需求的差异性更加显著。已有研究文献表明，从经济角度分析，出行需求与出行群体的经济水平和结构有很强的关联性，交通地理环境和基础设施提供了多种选择，但经济支付能力的高低约束了出行者对交通方式的选择。实际情况也表明，一般具有较强经济支付能力的乘客倾向于选择安全性、便捷性、舒适性更好的出行方式。出行需求反映了出行者在质量方面的需要，这些需要体现在多个方面，如乘客通过对不同出行方式的选择以达到其对通达、安全、可靠、快速、便捷、舒适等质量特性的期望。由于一般情况下各类出行需求较固定地对应某种出行方式，而不同出行方式在技术条件、出行环境和主观体验方面又存在等级分层，这使人的交通出行需求呈现出更加明显的分层特征。本研究参照马斯洛需求层次理论对人的各种需要的分析总结，结合不同交通出行方式自身的外在特性，对人们的城市交通出行需求做相应划分，见图3-3。

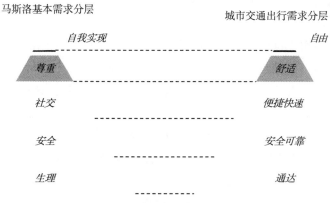

图3-3　交通出行需求层次的划分

对城市交通出行需求各层的解释如下。

第一层次：通达需求。通达需求是指连通不同地理位置，能实现从一个地方到另一个地方的位移。人出行的直接目的就是实现空间变换和位移，任何出行需求的实现都建立在通达性的基础上，通达是满足出行需求的基本条件，也是最低标准。通达性可以满足最低层的出行需求。

第二层次：安全、可靠需求。安全是指在出行过程中要提供出行者人身、财产方面的保障，出行过程中发生事故的概率较低，出行者人身和财产安全不受侵犯；可靠是指出行过程平稳连续无中断，可按预期到达目的地。安全、可靠地完成出行过程，是比通达性更高一层的追求，降低出行过程的风险和不确定性，不仅是实现出行需求的客观要求，也是人们追求的更高目标。

第三层次：便捷、快速需求。便捷是指出行服务覆盖范围广，交通方式中转换乘衔接紧密，运输组织效率和一体化程度高，可以提升出行的便利程度；快速是指出行耗时短，运行速度快，出行延误在可控范围内。便捷快速的出行不仅给出行者个体带来时间成本上的节约，更是整个交通运输系统运行效率和服务效果提升的表现。

第四层次：舒适需求。舒适是指交通运行环境良好，可减少运输过程中精神、体力等方面的消耗，不会让出行者产生因交通工具、运行环境、服务质量等方面不佳而产生生理或心理上的不适。一直以来，人们无论在哪个方面总是朝着舒适化的程度迈进，舒适的出行环境不仅可以给出行者带来良好的体验，更可以愉悦其身心，增加交通出行方式的吸引力。

第五层次：自由需求。自由是指可在现有条件下最大限度地满足出行需求，包括目的地、方式、时间、路线、环境等方面。自由出行的状态下，人的出行需求可以快速转化为现实行动。马斯洛认为经济、社会、生活领域的自由是人们追求的最高层次和境界，交通出行的自由意味着人们较少地受制于交通方式的约束，可以较容易地实现高质量的出行需求。无疑，自由出行需求不仅代表了人在交通出行领域达到最高层次，也从某种方面展示了个体在这一领域内的成就。

（三）城市交通出行需求层级的识别

根据马斯洛需求层次理论，人们低层次的需求满足后迈向更高层的需求，但低层需求仍然存在，只是不占主体地位、不发挥主导作用，这种情况可以理解为多重需求的重叠。人的出行需求虽然在概念上可以明确划分为不同层级，但多种需求存在重叠关系，较高层需求的产生总是建立在满足较低层需求的基础之上，从基层到高层不是迭代而是叠加的关系，如任何层次的出行均要满足最低层通达性的要求。与基本需求变化规律相似，在一定时期内，基于收入水平和社会发展阶段，总有一种出行需求占主体地位，发挥主导作用，可将其看作主导需求。个人的主导需求不仅决定个体的主要出行方式，而且决定着社会整体的主要出行方式。因此，无论对个人或是社会整体而言，满足出行需求首先要解决的是主导需求。

从人类社会发展历史看，从原始社会步行发展到当代社会基于现代化的交通出行，每一时期的发展总有不同的主导出行需求领先于其他方面的需求，相应地也总有一种对应于该需求层次的交通出行方式占据主导地位，从而使该时期的交通出行呈现明显的阶段化特征。从城市交通结构演变阶段看，城市交通从人力、畜力、燃料动力、电力及其他新能源动力驱动的发展趋势看，也存在着这样一种规律性。

在经济社会发展的不同阶段，占主导地位的出行需求是不同的。相关研究表明，交通出行需求与个人消费支出有密切关系，不同结构的消费支出对应着不同的层级的交通出行需求。[①] 在整个社会发展层面，这种对应关系可用个人消费支出结构性指标——恩格尔系数来反映。恩格尔系数是食物支出总额占总支出总额的比重，恩格尔系数越低说明食物类支出占总支出比重越小，人们可以将更多的收入用于食品以外的支出，使生活消费更加丰富，从而生活水平也越高。根据联合国粮农组织的标准划分，恩格尔系数在 60% 以上为贫困，50%—59% 为温饱，40%—49% 为小康，30%—39% 为宽裕，20%—29% 为富裕，20% 以下为极度富裕。结合不同生活水平的消费特征，人的一般需求、出行需求和生活水平存在一定对应关系，见表 3-2。

表 3-2　　　　恩格尔系数与生活水平、基本需求及出行需求的对应

恩格尔系数	20% 以下	20%—29%	30%—39%	40%—49%	50%—59%	60% 以上
生活水平	极度富裕	富裕	宽裕	小康	温饱	贫困
基本需求	自我实现需要	尊重需要	社交需要	安全需要	生理需要	
出行需求	自由选择需要	舒适需要	便捷、快速需要	安全、可靠需要	通达需要	

　　改革开放 40 多年以来，我国城乡居民家庭人均可支配收入持续增长。据国家统计局数据显示，1978—2017 年，以现价计算我国城镇居民家庭人均收入增长 100 倍，农村居民家庭人均收入增长 76 倍，年均增速分别达到 12.5% 和 11.7%。我国居民人均收入变化情况见图 3-4。

　　1978 年改革开放之初，我国总体上还处于贫困级别。改革开放以来，经济发展活力得到释放，频繁的经济活动和交往促成了人员、物资、信息的交流，带动居民流动性的上升、收入水平的增长以及居民生活富裕程度的提升。2003 年，我国居民恩格尔系数平均值为 40%，迈进小康级别；2015 年，平均值为 30.6%，进入宽裕级别；2017 年，平均值为 29.3%，进入富裕级别。2017 年全国居民恩格尔系数比 1978 年下降了 30.7 个百分点，其中城镇居民恩格尔系数为 28.6%，比 1978 年的 57.5% 下降了 28.9 个百分点；农村居民恩格尔系数为 31.2%，比 1978 年的 67.7% 下降

---

① 王建伟：《空间运输联系与运输通道系统合理配置研究》，博士学位论文，长安大学，2004 年，第 81—82 页。

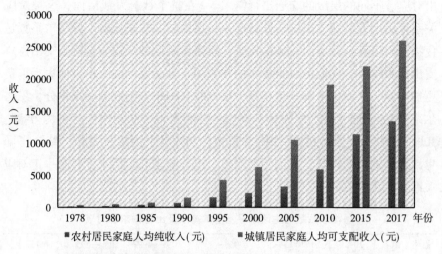

图 3-4　中国居民家庭人均收入变化情况 （1978—2017 年）

数据来源：中华人民共和国国家统计局 （www. stats. gov. cn）。

了 36.5 个百分点,① 见图 3-5。

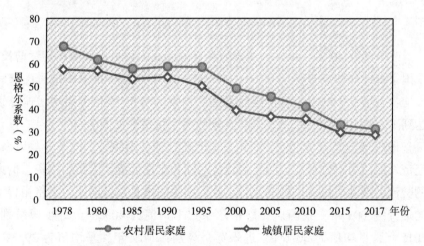

图 3-5　中国居民家庭恩格尔系数 （1978—2017 年）

数据来源：中华人民共和国国家统计局 （www. stats. gov. cn）。

---

① 国家统计局：《居民生活水平不断提高　消费质量明显改善——改革开放 40 年经济社会发展成就系列报告之四》 （http：//www. stats. gov. cn/ztjc/ztfx/ggkf40n/201808/t20180831 _ 1620079.html）。

　　居民生活消费水平不断上升，对交通出行的要求也在不断提高。从恩格尔系数与客运需求层次的对应关系来看，目前我国居民平均生活水平已经达到小康，并向富裕迈进，对应的交通出行需求由"便捷、快速需要"层面进入"舒适需要"层面。1978—2011 年，我国经济发展保持了长达 32 年的高速增长，年均增长 9.87%，目前我国已成为世界第二大经济体并跻身世界上中等收入国家行列。随着经济发展进入"新常态"，经济增长的高速度不可持续，进入降速换挡、结构调整时期，经济增长逐渐由"量"的增加向"质"的提升转变，国民经济各部门的发展将在这一深刻背景进行，交通运输作为国民经济的基础性行业，也面临"供给侧"结构调整和服务水平提升的问题。在城市交通出行领域，人们的交通出行需求日益向个性化、多样化的方向发展，对交通出行不仅追求"走得了"，更追求"走得快"和"走得好"，仅仅总量的富余已不能满足需求的变化，还需要提供更高效率、更高品质的出行服务满足不同层级的需求。

第二节　交通出行供给的再认识

一　交通出行供给的解释

　　交通出行供给是在一定条件下能满足交通出行需求的能力，交通出行供给量是指一定水平上出行服务方愿意而且能够提供的服务数量。交通出行供给不同于一般商品供给，其至少应由三个层次构成：一是交通基础设施与网络的供给，这是各种交通方式赖以运行的基础条件，为整个出行供给体系运行提供基础保障，任何出行方式所提供的服务必须基于交通基础设施和网络而运行；二是交通出行方式的供给，根据各种出行方式所使用的载运工具不同，可分为步行、自行车和机动化出行方式，而机动化出行方式又依据运输组织方式不同可分为摩托车、小汽车（私家车、出租车）、公共汽电车、轨道交通等几种出行方式，各种出行方式和交通基础设施与网络是各种出行服务运行的物质基础；三是交通管理制度的供给，交通管理制度囊括了规划设计、运行规则、服务标准、协调控制等方面的规范、规章和规则，在交通管理制度协调下，各种交通出行服务的供给和运转有条不紊地开展。

二　交通出行供给的特性

（一）交通出行系统在短时间内难以调整，这导致出行服务供给缺乏弹性

交通出行三个层面的供给均需要一定的硬件基础和软件环境，短时间内难以形成，一旦形成，在短期内也不易调整，这使其难以随外界环境变化快速进行调整，建立在交通出行系统之上的出行服务的供给因此也缺乏弹性，不像工业品产能那样，可以随着市场行情波动而快速调节。从形成出行供给服务的要素看，受到地理、经济、社会、技术、工程等各方面因素的制约，需要基础设施、交通网络、载运工具、技术人员、管理制度等多个层面的规划、建设、运行和维护。无论交通出行服务哪个部分，要形成一定能力，均需长期的建设和运行，并经过各种复杂情况的检验，方能形成有效的出行供给。有些基础设施如道路、桥梁等可能受到地理条件和经济因素的双重制约，永远处于短缺状态，因此，出行供给量是绝非在短期内能轻易改变的。此外，制度层面的供给更是缺乏弹性，交通管理的规章、制度、手段、方法、政策的形成不仅是一个探索的过程，而且有时候需要经过一定的政治过程和立法程序，这使其一旦成为管理体制，便会产生一定的惯性，在长时期内相对固定，比交通系统的硬件设施更难以撼动。如，美国政府对交通运输业从严格管制到放松管制，差不多走了一百多年的时间。

（二）交通出行供给的最基础端是政府，出行服务供给受到严格管制

交通系统是一个国家经济、社会、国防等各方面正常运行的基本保障，交通基础设施和网络最终由政府控制，政府可以直接影响交通出行供给的数量，而且事实上交通出行服务受到严格管制，这与一般的商品或服务主要由私人供给、不受管制的情况大不相同。交通系统赖以运行的物质基础——道路等交通基础设施的产权制度安排取决于政府，政府掌握了土地资源的分配权，交通工具在路网中运行的权利和规则也由政府制定，因此，政府是可以直接决定出行供给方式和数量的。另外，交通出行供给管理体制也由官方主导形成，城市交通发展战略、发展模式、发展路径、发展政策这些都不是个体运营主体所能决定的，均是在政府领导和管理框架中形成和制定。世界各国、各大城市的交通出行供给都纳入当地城市发展规划框架内，对交通出行的供给区域、技术标准、运行方式等进行严格限制，使其与国家或地区的发展战略高度融合。因此，交通出行的供给不仅受到交通出行供给要素资源禀赋如土地、资源、人口等方面的制约，更是深受政府公共管理政策的影响，带有鲜明的政府决策的烙印。

（三）交通出行供给是一种能力的储备，具有不可贮存性和不可分割性

交通出行供给并不表现为实物产品的产出，它本质上是一种服务能力的储备，基于交通系统正常运转而存在。交通出行服务能力无法贮存，在交通设施设备与管理体系结合的基础上，只能通过系统建设和运行维护来维持服务能力，交通出行供给在实现出行需求的过程中被消耗掉。交通出行供给必须以整体服务能力的形态出现，只能通过设定能力限值来满足交通出行需求，这造成了交通出行能力的供给无法分割，供给时只能以能力最高峰为上限，由于出行需求有峰谷波动，这使得即使在需求不足时也难以削减供给量，易造成运力资源利用不充分的状况。如，城市轨道交通系统的建设需满足运输需求峰值，一旦形成现实运力，便无法削减。由于交通需求具有波动性，而交通供给又以整体性能力呈现，因此实际中难以达到供需均衡的状况，供需之间更多的是不均衡，短缺和过剩是常态。实际上，经济学家张五常提出，即便是一般性商品，其供需的均衡点也根本不存在。[1] 因此，按照出行需求提供出行供给的思路，在交通运输尤其是城市交通领域或根本不具现实性。

（四）交通出行供给具有有限替代性

交通出行供给依托于各种运输方式，仅从满足最基本通达性需求层面来讲，各种交通方式无疑可以相互替代。然而，交通出行供给的无差别替代可能仅限于此而已。由于不同交通出行方式在技术经济上存在显著差异，所以不同出行服务是存在质量差别的，而且随着出行需求层级越来越高，其投射在出行供给方面的差异便愈发明显。各种交通方式在速度、成本、时间、自由度等方面有技术经济上的差异，在供需对接的过程中，不同的出行供给"自然而言"地会适配相应的出行需求，此时不同出行需求间的有限替代性将投射到对应的出行供给，使不同出行供给的替代在有

---

[1]　张五常：《经济解释（卷一）：科学说需求》，中信出版社 2010 年版，第 57 页。

限的范围内发生。

（五）交通出行供给能力的变动具有不平衡性

由于自然条件、规划设计、服务对象、成本效益等方面的巨大差异，不同区域、方向、方式、等级和主体下的交通出行供给量是不同的，形成不平衡性。交通出行供给不平衡性的根源在两点：一是交通系统建设周期的存在；二是交通系统服务能力的非线性变化。交通系统的建设具有阶段性，任何基础设施的建设并形成运输能力都需要一定的时间，在新运力加入以前，出行供给总量仍然处于先前的水平。由于交通系统基础设施规模在短期内不易改变，所以交通基础设施的服务能力需根据一定时期内交通需求的峰值来设计。这样在实际需求达到设计能力之前供给总量保持固定，在某些供不应求的状况下无法提升出行供给的数量。为克服这一难题，一般在扩充和增加新的供给能力时，考虑新的能力下要保持一定的运力出超，以应对下一次运力能力调整之前的需求上升和过载。交通系统的这种变化具有非常明显的特点，如新建设道路或运输系统，需要考虑未来若干年内客流上升情况，并在设计建造时为其预留增长空间。在这样一个路径下，交通出行供给能力的变化总是沿着"能力富余→运力不足→建设缓解→能力富余"这样的模式波浪式前进，这使出行供给在时间轴上的发展变化呈现出不平衡性。此外，出行供给的不平衡性还体现在空间分布上的不均衡性。在一些情况下，由于地理条件、人口分布、经济布局、城市规划、基础设施、文化传统等因素的差别，城市交通出行供给的区域不平衡性也非常明显，城市中心区的交通设施密度及服务质量明显优于城市郊区，而城市郊区的又优于偏远地区，从城市中心向外呈现出逐渐耗散的态势。

三 城市交通方式及其技术经济特点

交通方式是指居民出行采用的方法或使用的交通工具。一般来讲，居民出行时选择一种或多种交通方式，不同交通方式的组合构成了不同的出行方式，各种可供利用的出行方式能提供的出行服务总量，构成出行供给总量。城市交通出行方式多种多样，最初始的出行方式是步行，随着经济社会的发展和技术进步，更多的机动化方式被创新出来，以满足人们多样化的出行需求。根据交通工具的不同以及交通出行主体社会属性方面的区别，可将城市交通方式分为私人交通和公共交通两大类，私人交通包括步行、自行车、摩托车和小汽车，公共交通包括常规地面公交、轨道交通、大容量快速交通（BRT）和出租车，见图3-6。

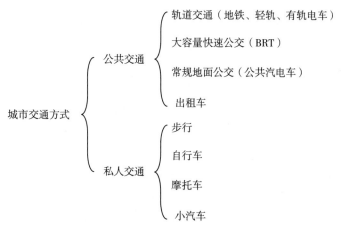

图3-6　城市交通出行方式划分

（一）公共交通方式技术经济特征

除出租车外，轨道交通、公共汽电车等公共交通方式一般都具有较大的载运能力，出行经济性、安全性和舒适性较好，但出行者的自由度受限，在提供"门到门"服务方面不如私人交通。

1. 轨道交通、大容量快速交通。服务对象范围广，载客容量超大，运行速度快，运行准时，运输平稳性好，安全性高，舒适程度好，出行成本适中；线网覆盖范围有限，出行者选择的灵活性和自由度差。

2. 常规地面公交。服务对象范围广，载客容量适中，人均能耗和污染少，出行成本低，运营线路网络覆盖范围比轨道交通大，但在运行速度、安全性、舒适度方面不如轨道交通，出行者自由度受运输线路和运行时刻限制大。

3. 出租车。以小汽车交通方式运行的公共交通系统，具有小汽车出行的特点，运行覆盖范围广，不受距离限制，自由度大，出行舒适性好，出行成本高；运行占用城市道路多，排放污染大。

各交通方式主要技术经济特征见表3-3。

表 3-3　　　　　　各种城市交通方式主要技术经济特征比较

项目	自行车	小汽车	公共汽电车	城市轨道交通	
				轻轨	地铁
人均占地面积（平方米）	6—10	10—20	1—2	0—0.5	
单位能耗（卡路里/人·公里）	0	721—831	180—216	70—100	
人均 CO_2 排放（克/人·公里）	0	44.6	19.4	0	0
死亡率（百分比）	—	1.17	0.082	—	0.005
运量（人/小时）	2000	3000	6000—10000	6000—30000	20000—60000
运输速度（公里/小时）	10—15	20—50	20—40	20—40	40—80
噪声污染	低	高	较高	较低	较低
适用距离	短途	较广	中距离	中长距离	中长距离
出行成本	低	高	中	较高	较高
舒适度	低	高	中	较高	较高
自由度	高	高	低	低	低

（二）私人交通方式技术经济特征

私人交通最大的特点是方便灵活，不受出行时间、交通工具、交通线路的限制，可达性和自由度都很高，能实现"门到门"式的出行。

1. 步行。最基本的交通方式，不消耗燃料，出行显性成本低，但随距离增长耗时增加；受制于人步行范围的限制，出行距离受限，步行本身较安全，威胁主要来自其他交通方式，舒适度受到距离、天气、步行环境等影响较大；适合所有群体出行。

2. 自行车。出行灵活方便、经济耐用、节能环保、不污染环境、成本低、适合大众需求；出行距离不长，一般在 3 公里以内，同时舒适性、安全性、稳定性较差，对路面交通的干扰性也较大；适用范围较大，但部分人群（老弱病残孕幼）不适用。

3. 摩托车。出行速度比自行车快，能源消耗大，且带来一定程度的环境污染，同时由于其稳定性差，在速度较快时易发生事故，给路面交通安全造成较大影响；适用群体有限。

4. 小汽车。服务对象宽泛，适合于任何人群和任意距离的"门到门"式出行，方便快捷，安全性和舒适性好，出行自由度最高，出行成本最高；对能源的消耗大，对城市道路占用多，环境污染较大。

四　交通出行方式的服务对象与功能定位

（一）当下我国城市交通方式的功能与定位

一般情况下，每种交通方式都服务于相对固定的群体，在综合交通体系中承担一定的功能，这是由不同交通方式的技术经济特点决定的。在城市交通中，限于地理条件和各种资源的制约，长期以来，各种交通方式主要依据自身的技术经济特性，在城市交通体系中服务不同的对象。一般对常规地面公交和轨道交通做如下功能定位：轨道交通作为快速大容量交通方式，是城市公共交通的骨干和动脉，其主要提供出行线路方向上的中长距离出行，承担城市交通中绝大部分旅客运量，服务于通勤、公务、娱乐、休闲、看病等多种目的的出行；常规地面公交也承担多种目的的出行，但主要承担中短距离以及轨道交通未覆盖区域的运输，为轨道交通提供接驳服务。各种交通出行方式的功能定位和服务对象见表3-4。

表 3-4　　　　　　　城市交通出行方式功能定位与服务对象

交通方式		运行特点	功能定位	服务对象
公共交通	轨道交通/BRT	覆盖有限，大容量、快速、安全、舒适、准时	公共交通骨干	城市全部人群的通勤、休闲、看病等出行，服务较多中长距离出行
	公共汽电车	覆盖面广，速度慢、舒适性差	公共交通主体	城市全部人群的通勤、休闲、看病等出行
	出租车	覆盖面广，便捷、连续性好，自由度高	公共交通补充	服务于较高收入者及公务、娱乐、看病、休闲等弹性出行，以及流动人口出行
私人交通	步行	短距离、方便、自由	基本出行方式	个体短距离出行
	自行车	中短距离、方便、自由	私人或城市公共交通的补充	个体中短距离出行
	小汽车	任意距离，便捷、舒适、自由	私人交通	个体任意出行

（二）交通出行方式格局与城市交通发展的适应性

从技术特点上看，这样一种分工似乎以最大的合理性安排各种交通方式发挥其优越性，然而，从更深层的意义和全局层面来看其实并非如此。表3-4中，各种交通方式的分工基本上是基于满足最低通达性要求的一种安排。将这样一种交通方式分工格局放在当前城市发展中交通拥堵日益严重的背景下看，其与我国城市当前的主要交通需求是不相符的。对轨道交通方式而言，目前的功能定位和分工主要关注了其具有超大运量和运行速度较快的特点，轨道交通的大运量功能被发挥得淋漓尽致，却牺牲了更高级的舒适性功能，而其舒适性功能对缓解当下城市交通拥堵具有重要意义。

主要关注并利用轨道交通大运量的特点，忽视对轨道交通方式舒适性特点的运用，会导致"高级资源低级使用"的后果。轨道交通运输虽然有容量大、速度快、舒适性的特点，但由于其承担了大量的城市交通出行，尤其是在早晚高峰运输时段，众多乘客蜂拥而入之时，轨道交通的舒适性不仅荡然无存，就连运行的安全性也受到影响，乘客出行体验跌至"冰点"。与此同时，与轨道并行的庞大常规地面公交系统会因轨道交通转移吸引走一部分乘客而流失客源，在轨道交通拥挤不堪之际地面公交乘客却面临流量下降的局面，这实际上造成了轨道交通与常规地面公交之间的无效竞争。这一点从北京市 1986—2007 年公共交通出行变化的比例中就可以看出来，前后 20 年间北京轨道交通线路增加了许多里程，但公共交通分担率却徘徊不前，公共交通出行方式的供给并没有吸引更多的乘客选择公交出行。由此可见，城市交通出行方式的功能定位必须结合交通出行需求状况科学设计，才有利于促进城市综合交通体系的和谐发展。

(三) 城市交通方式供给与交通出行需求的适应性

城市交通需求具有层级特征，以无差别的交通供给满足交通需求，必然难以供需均衡。将交通供给侧代表出行供给的各交通方式按照一定特性进行分层，使各种交通方式能与交通需求分层相对应，达到一种结构对应的"啮合"状态，交通方式的供给与交通需求的适应性才能达到最优水平。从我国当前恩格尔系数水平来看，随着收入和生活水平的提高，人们的交通出行需求早已越过了满足通达性的要求，我国城镇居民的主导交通需求已经向"便捷""舒适"层面过渡，客观上需要提供大量与该需求层次相对应的交通出行供给服务。马斯洛需求层次理论认为，当一种较低层次的需求得到满足后便不再能起到激励作用，对更高层次的追求便成为下一阶段需要满足的核心。就是说，在解决通达性问题后，城市交通应该更多地满足人们对便捷、快速、舒适乃至出行自由的追求。轨道交通方式运量大、速度快、舒适性好，在舒适性的出行成为人们主要需求的背景下，轨道交通应该积极作为，主动对接舒适性层面的出行需求。

　　从国内大城市的现实情况看，城市交通出行的供给与需求之间并不适应。北京市多条轨道交通线路开通后承担的客运量比例逐渐增加，说明轨道交通具有较强的吸引力。但是，总的公共交通出行比例没有显著提升，这表明轨道交通吸引了常规地面公交的客源。与此同时，城市交通出行结构中小汽车出行比例快速增长，这部分出行比例受轨道交通影响并不显著。轨道交通技术经济特性对满足较高层交通需求有天然优势，在社会主要出行需求转向舒适性需求层面时，轨道交通应该能发挥重大作用，但从当下情况来看并未如期，究竟为何？分析原因，盖因轨道交通出行方式不能满足舒适性出行需求之故，其根源在于当下各种交通出行方式定位失准。轨道交通本可以满足舒适性的出行需求，却在发挥大运量方面表现过头，过多的载客影响到车厢乘坐环境的舒适性，这种情况下轨道交通实际上丧失了能提供舒适性出行服务的功能。高端出行需求得不到满足时转向小汽车交通方式，导致道路交通状况恶化。

五　城市交通方式服务功能的重新定位

（一）交通方式服务功能重新定位的现实意义

　　当前，我国正进入决胜全面建成小康社会的新时代，党的十九大报告指出，"我国社会主要矛盾已经转化为人民日益增长的美好生活需要和不平衡不充分的发展之间的矛盾。我国稳定解决了十几亿人口的温饱问题，总体上实现小康，不久将全面建成小康社会，人民美好生活需要日益广泛，不仅对物质文化生活提出了更高要求，而且在民主、法治、公平、正义、安全、环境等方面的要求日益增长"。在城市交通领域，交通需求与供给的发展也存在不平衡的矛盾，这对矛盾虽然根源于人民群众快速增长和变化的需求，但在当前的城市交通出行格局下被进一步加深，解决不好将导致更加严重的交通拥堵问题。而对城市交通出行方式重新定位和发展，有利于缓解该矛盾，对实现城市交通可持续发展有重大意义。

　　按照出行需求分层重新明确各种交通出行方式的功能和定位，能更有效地契合交通需求。在重新定位各种交通方式后，将形成差异化的交通出行供给，这种差异化既是满足不同交通需求的客观要求，也是提高交通出行供给效率的必然途径。在差异化供给下，不仅有利于进一步发挥轨道交通等大容量快速交通便捷、快速、舒适的优点，提升整个交通系统运转的效率，而且更能充分体现出行时间—成本效益原则，使出行效益与出行成本相匹配，优化交通资源配置的效率。

（二）交通方式服务功能的重新定位

长期以来，随着经济社会的发展和科技的进步，人们对交通出行的环境要求在不断提升。在城市交通以步行和马车为主的年代，可达性成为人们出行需求的主要内容。随着人们生活水平的提升，人的出行需求提升，追求更加便捷、舒适、自由的出行。需求侧的变化要求供给侧做出适应和调整，在此情况下，应根据不同层级需求的特点，重新定位各种交通方式的功能和服务对象，使不同的交通需求可以找到与之对应的交通出行方式的供给。随着我国经济社会发展向更加富裕的程度和水平提升，人们的基本需求从社交需要向尊重需要迈进，对应的城市交通出行需求也从便捷、快速层次向舒适层次上升。在此背景下，各种交通出行方式也应随之进行调整，此时，对交通方式功能重新定位时所参照的重点不宜再局限于通达性和出行距离，而应突出在出行舒适性方面区别。

目前我国各大城市的主要交通问题是，通勤高峰时段小汽车出行比例过大，小汽车挤占了大量的公共道路资源，使道路通行能力下降，从而造成道路交通拥堵，不仅影响交通出行，而且对城市发展提升带来极大负面作用。理想的情况是，若能吸引小汽车通勤族放弃自驾出行，改乘公共交通，就可以大幅减少通勤时段的小汽车数量，从而减轻道路交通压力。这样一来，可为常规地面公交提供更多的道路资源，使车辆运行更加通畅，提升整个路面交通的效率，从而疏解交通拥堵，让所有通勤的市民都享受到实惠。这一理想目标的达成，可从重新划分城市交通出行方式功能和定位入手，逐步深入推进。

一般地，小汽车通勤族多数是白领，经济条件较好，这部分群体出行需求已经越过追求通达性的阶段，更在意出行的便捷性、快速性、舒适性，所以他们要求的交通出行环境要舒适、车速要快，由于其收入较高，因此对票价的耐受力也更高一些，可以承担较高运价或出行成本。显然，常规地面公共交通的技术经济特性难以满足小汽车通勤族这方面要求，这就决定了一般的公交通系统难以对其产生吸引，所以必须发展一种专门的公共交通方式来满足他们的需求。从现有交通方式来看，优选轨道交通，其次是 BRT，再次是专线公共汽车。然而，现实状况是，轨道交通方式主要被定位于大容量快速公交，主要发挥运量大、速度快、时间准的特点，显然，这样的定位更多考虑了运量和运距，而对交通出行需求分层的客观存在认识不够。意识上的落后必然导致体系设计上的落后，并进而导致城市交通运行效率的低下。这一切需要首先从思想认识上改变，重新认识和划分交通方式的功能并进行科学定位。

结合我国当前交通出行需求变化，和各交通出行方式的技术经济特性，可做如下安排。常规地面公交定位于满足较低需求层级的出行需求，这部分出行群体受经济支付能力水平制约，主要追求通达性，对出行体验要求不高，在出行时间上也不紧迫，契合常规地面公交的技术经济特性；轨道交通、大容量快速公交满足较高层出行需求，这部分出行群体在出行时间方面有较严格的要求，便捷化程度要求高，同时追求舒适的出行体验，轨道交通和大容量快速公交可以较好地满足该层需求；小汽车、出租车出行方式满足最高层的自由出行需求，追求自由出行的群体不愿受诸多约束，且具有很高的经济支付能力，可以做到即时出行，小汽车出行方式能给予其最大的自由度。将城市交通出行方式按照交通需求层次重新定位排序，可以更有效地契合不同层次的需求，见图3-7。

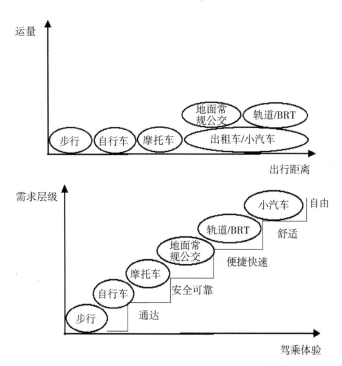

图3-7　城市交通出行方式功能定位参照系的变化

第三节　交通出行供需分析的政策意义

交通出行需求体现出来的不同特征要求供给与其对应，以更好地满足需求，这是促使供需匹配提升交通要素资源配置的必然要求。科学认识出行需求特性，对采取科学的交通出行供给政策有指导意义。

一　异质性和层级化的需求要求差异化供给与之匹配

不同层次的出行需求存在差异性，满足需求时应采取差别化的供给。出行需求的层级化源于人的基本需要分层，人的主要需求随着个体收入水平增长和社会发展水平提高而变迁。本质上，交通出行需求仍是人的需要的一个具体方面，不同群体的交通需求体现了各自占主导地位的需要，因此，不同层级的交通出行需求关注的重点不同，很大程度上是不能合并考虑的。但是，现实中在分析交通需求时，经常忽视这种差异性，合并不同类的交通需求量，将其作为总需求来考虑问题。这往往导致用总量来掩盖个体特征，强调总供给量的满足，而忽视个性化需求，这严重脱离现实状况。在满足城市交通出行需求时，强调总量而忽视结构性差别，以总量供给匹配差异化的需求，并不能解决问题，总量出超而结构错位的矛盾仍然存在，难以消除。要解决这一矛盾，需要从供给侧寻找出路，充分重视出行需求因质地不同而产生的结构性差别，以差别化的出行供给满足不同层次的需求，使交通出行不仅总量适配而且结构匹配。差异化的出行供给，不仅体现在时空分布上，更体现在服务水平上。

二　满足需求的供给属性接近时更容易相互替代

特性接近的需求更容易相互替代。经济学理论中替代品之间不存在质的差别，具有相同的效用，因此可以相互替代。表面上，交通需求都相似，都是为了完成人的出行和位移，但实际上具体的交通需求有多个方面的属性（时间、方向、距离、方式、路线等），即使具有接近的技术属性，在需求的层次上也会有所区别，因此，任何一个具体属性方面的差异都将导致需求异质。在某些情况下，就最基本的通达性层次而言，交通需求之间是可以替代的，但是在不同层次的需求之间，替代性是逐渐减弱甚至消失的。交通需求的有限替代性特点投射在满足需求的交通供给上，使交通供给也具有这个特点，当一种交通出行方式供给不足时，需要寻找和既有供给方式和水平非常接近的交通出行供给，才能有效对接和满足需求。因此，在为某种交通出行需求的供给寻找替代方式时，不仅要考虑不同交通方式在技术经济特性方面的相似性，更要考虑其在满足同一层次需求时的相似性，否则供需难以匹配。如，对已经上升到较高层次的出行需求而言，仅能满足较低层次出行需求的交通出行方式是难以满足的，因为需求属性和供给属性并不一致。

三　满足需求时要求完整的链式出行供给与之对应

一次完整的交通出行过程涵盖了从起始地到目的地的全过程位移。限于各种条件的制约，一般很难由一种交通方式单独完成这一过程，交通出行往往被分割为多个片段，由各种交通方式拼凑衔接完成。在城市交通出行环境中，需要各种交通方式相互协调、相互配合，以满足人们的出行需求。因此，各种交通方式能否有效衔接便成为出行能否顺畅的关键。这种衔接应包括两层含义：一是硬件设施的连通，应做到"无缝换乘"，各种基础设施和交通方式应建立良好的互联互通，空间上设施连通，便于出行方式的转换，这是最基本的要求；二是出行服务的一体化，应做到"一单解决"，无论中间有多少中转换乘环节，尽量通过一定的制度安排和管理协调形成一站式解决方案，让不同方式的供给在服务流程和服务水平上有效对接，形成"无缝衔接"的链式服务，覆盖整个交通出行过程。类似与货物运输的多式联运，打造交通出行的链式服务解决方案，不仅可以提升出行的便利性，为出行者节约交通方式转换的交易成本，更可以促进城市交通体系运转效率和交通出行服务水平的提升与进步。这要求在设计和提供城市交通出行服务时，尽量能将碎片化的出行过程片段有效衔接起来，以连贯的出行服务供给满足出行需求。

四　需求的满足受成本—收益原则制约

成本—收益原则适用于任何情况下的抉择，出行需求的满足也不例外，同样要考虑效益与成本的对比。不同的时空条件下出行者的单位时间价值不是匀质的，① 越是收入高的人单位时间价值越高，其对出行时间节约越多也就意味着收入增加越多，因为节约的时间可以转化为现实的收入。不同收入的城市出行群体，其对交通方式的选择内在地受到其收入水平的影响，一方面是因为收入是交通成本的最高预算线，需要从收入中拿出一定比例用于支付交通成本，收入的水平与可承担的交通出行成本水平直接相关；另一方面是因为对不同交通方式的选择及带来的时间价值节约量必须与能转化的收益相匹配，否则不具有经济性，不论是对个体还是对整个社会都是非理性的。一般情况下，收入低的群体选择较高交通出行成本的方式显然不理性（紧急状况除外）。从这个意义上讲，无论是个体还是社会，交通出行需求的满足要充分考虑成本—收益的对比，而不是一味追求高标准、便利化、舒适性和自由度，任何交通出行需求的满足都应在成本允许的范围内，而这个成本不应超过交通出行带来的收益。需要注意的是，此处的成本应为经济成本的概念，包括但不限于货币和时间，只要造成了利益的损失或投入一定的代价，都是经济成本的范畴。

第四节　交通供需的协调

一　对供需匹配的认识

经济学理论认为，理想的市场状态应是需求与供给达到均衡时的状态，此时需求的量正好等于供给的量，供需双方力量均等，市场处于动态平衡，达到市场出清。实际上，市场均衡点难以达到，甚至有经济学家认为均衡点根本是不存在的，均衡点只是分析者头脑中想象出来的理想点，市场永远在供不应求和供过于求两种状态下进行动态切换。当需求量大于供给量时，市场上有多余的需求量不能满足，出现供不应求的状况，此时商品或服务短缺；当需求量小于供给量时，市场有多余的供给量无法消化，出现供过于求的状况，此时商品或服务过剩。短缺状态下僧多粥少，消费者为争得商品，可能产生排队、哄抢、寻租等拥挤消费的现象；过剩状态下需求量不足，生产者难以售出多余的商品，不可避免产生商品滞

---

① 荣朝和：《交通—物流时间价值及其在经济时空分析中的作用》，《经济研究》2011 年第8 期。

销，造成资源浪费。无论是短缺还是过剩，资源都得不到有效配置，应该尽量避免出现此种情况。

二　交通供需不匹配产生严重后果

在交通出行领域，需求与供给不匹配时也会带来过剩或短缺，而且产生的后果和影响更加广泛与深远。交通供不应求时，大量的出行需求得不到满足，其影响的不仅是交通需求本身，更重要的是，由于交通需求是一种派生性需求，其本源需求的实现也会受到影响，如影响到出行者生存权利的保障和生活质量水平的提高。交通出行作为人生存的一项基本权利，其实现应该受到最低限度的保证。正因如此，世界各国政府均普遍地把保障居民的交通出行作为政府应实现的民生目标之一。我国政府在十多年前提出"村村通公路"工程，就是为了打破农村经济发展的交通瓶颈，解决9亿农民的出行难题。当前，在各大城市发展规划中，均把保障市民的交通出行作为一项民生工程来建设。在交通供过于求时，大量基础设施建设和交通工具的投入会因运量不足而闲置，产生巨大的浪费。无论是拥挤，还是闲置，都会带来巨大的资源浪费。我国交通需求与供给的总体发展历程经历了一个由运力供给紧张到基本适应的阶段。就城市交通供需来讲，城市化进程持续推进、城市继续发展，人口涌入带来交通出行需求的旺盛增长，总体状况是供给短缺，交通供给难以满足海量的交通出行需求，尤其是高峰时段内的需求，在出行需求过量的情况下，对城市道路高强度使用，导致交通拥堵问题产生，进而成为制约城市发展的严重问题。

交通拥堵不仅仅降低交通系统本身的运行效率，还会让出行者浪费更多的时间和金钱，并且对城市生态环境造成严重影响，产生多方面的外部性。根据一项北京 2010 年交通出行的研究报告显示，每天因交通拥堵影响的出行量达 1381.8 万人次，平均每天延误 66 分钟/人次。若以北京市全市职工年平均工资测算，每天的损失高达 3.24 亿元；若以年人均 2000个工作小时测算，全市因拥堵产生的时间价值损失高达 809.7 亿元。另外，交通拥堵导致车辆行驶时间增加，燃料消耗增多；在拥堵路段行驶时需频繁启停车辆，更加剧了燃料的消耗。据测算，北京市每年的燃料浪费可达到 722.9 万升，按当年油价平均至每辆车损失达 348.4 元/月。交通拥堵还带来了一系列的对生态环境的影响，包括温室效应、大气污染和交通噪声等。研究结果显示，由于交通拥堵，北京每天多排放二氧化碳

1.67万吨，氮氧化物、颗粒物和二氧化硫9.5吨，北京每年由于交通拥堵造成的额外生态环境污染损失为45.2亿元，这还不包括目前很多尚不能量化的损失，如加剧热岛效应、废弃物污染和对城市自然生态的影响等。

三　交通供给侧问题分析

在我国城市化、机动化还在快速发展的进程中，交通供需不匹配是城市交通的一种"经常状态"。当前国内各大城市在处理供需之间的矛盾时，习惯上在供给侧施力，但从实际效果看并不合意，存在问题分析如下。

（一）过分倚重增加供给

相对城市交通供给，交通需求的增长更加迅猛。道路通行能力代表了交通供给，而对机动车的使用则代表了交通需求。交通供给主要体现在交通设施、路线、交通工具、交通管理等硬件和软件深度融合之上的服务能力，这种服务能力不仅要建立在基础设施等硬件的建设上，更体现在软硬件协同之上的服务能力和水平的提高，要受到土地、规划、技术、资金、管理水平等多方面条件的制约，这造成了交通供给的变动高度缺乏灵活，相对固定。而交通需求则主要由人的因素决定，影响人们活动的经济发展、社会变革、环境保护、法律法规、文化体育、传统习惯、价格成本等因素均会对交通需求的生成和变动产生明显的影响，交通需求产生快且多变，现实中表现为修建道路的速度永远跟不上路上车辆的增速。可见，交通供给的变动无论如何也跟不上交通需求的变动，以缺乏弹性的交通供给适应灵活多变的交通需求，无论思路还是方法上都不可取。相对于海量和多变的出行需求，交通供给永远处于短缺状态。然而，在当前城市交通问题研究和实践中，过分强调供给不足，力图通过修建大量的道路设施解决问题。

（二）抹杀不同需求差别，交通方式供给单一

在满足不同的交通出行需求时，需求间的差异经常被忽视。一种情况是忽视机动化出行以外的需求。从不同交通方式承担的出行需求来看，在我国城市交通管理中，受关注最多的是小汽车出行需求，而经常被忽视的是步行、自行车出行需求。我国城镇化和机动化进程快速而汹涌，在快速膨胀的过程中，扩大城市规模最快捷的路径是建设城市新区和扩建道路网

络，为满足城市新区建设和开发要求，在交通出行方面最先考虑的则是机动车尤其是小汽车的出行需求，步行、自行车出行需求的权重被降低。这样一来导致机动车通行空间挤压非机动车和行人空间，结果是路越修越宽而非机动车道和人行道越来越窄，城市的发展越来越不适宜人的活动。我国部分城市交通出行调查数据显示，很大一部分居民的交通出行都在5公里以内，使用自行车或者步行完全可以解决，但使用小汽车出行的比例远远高于自行车和步行，这其中很大一部分原因在于缺乏行人和自行车运行的空间。另一种情况是强调用单一的出行供给满足所有需求。从交通需求层次来看，较高层的舒适性、自由性交通需求最易被忽视。在交通供给中，常采取"公交优先"的思路和策略满足交通需求，即建设更多路线、投放更多车辆，以无差别的运力扩充来满足旺盛的交通需求。然而，现实数据表明，在城市公共交通运能增加的同时，公交出行分担率并非同时上升，反而小汽车出行占比持续增长，显然，有很大比例的群体出行时并不选择常规的公交出行服务，这其中折射的问题值得反思。在个体收入及生活水平的提高、消费观念日趋多元的背景下，与过去相比，人们在选择交通出行时也更趋多元化，这是由自身的需求决定的。不同需求层次的群体在选择出行方式时会表现出这一差异性，这要求交通出行供给要多样化，注重不同交通需求在"质"的方面的差别，供给总量满足并不能弥补结构缺失。

（三）交通政策政出多门，影响后果研究不足

在城市交通管理中对政策后果估计不足是当前面临的一个重要问题。城市交通管理政策多种多样，既有经济政策又有行政政策，而城市交通涉及的管理部门又较多，不同部门的管理资源、方法和手段又有区别，政出多门的状况不可避免地导致政策间的相互干扰甚至作用抵消。如，交通政策和经济政策相互干扰和影响，城市交通治堵的目标是要减少道路上行驶的小汽车，但对小汽车车辆购置税减半征收的政策又激励人们购买和消费更多的小汽车；在燃油价格较高时，城市客运出租车享受政府的燃油补贴，客观上形成人们出行选择出租车的激励，也增加了道路上小汽车的交通量和行驶量。另外，行政方面的一系列需求管理政策也导致其他更严重的问题，如：限购政策限制了公民消费的正当权利，天津、杭州等城市"突击"出台限购政策使政府的公信力降低，不利于营造法治环境；限行政策只针对私家车而不涉及公车，明显有失公允，且限行又刺激了家庭购

买第二辆车的行为，不但没解决问题反而使情况恶化；在网络经济快速发展的背景下，公众出行的拼车、合乘和新兴的"网约车"受到道路运输管理部门严格的管制，限制了交通出行方式多元化的发展。诸如这些问题的存在，充分反映了当前的交通治堵政策缺乏系统的规划和设计，治堵政策政出多门、各自为政，相互之间作用抵触，难以形成合力。

本章小结

交通需求和交通供给是分析城市交通问题时首先要面对的问题。交通需求尽管派生于其他需求，但其实现过程相对独立，并具有除派生性以外的其他一些特性，如异质性、层级性、有限替代性、完整性和成本约束性，深入了解这些特性，尤其是交通需求分层的特性，有助于科学认清当前城市交通需求现状。交通供给是城市交通的另一面，受构成要素方面的制约，城市交通供给缺乏弹性，且不同交通方式的供给难以替代。客观上，交通需求和交通供给之间需要匹配，以达到供需平衡，但实际上交通需求和交通供给间的不均衡是常态，背离太多时产生严重交通问题。因此，人们总是在寻求交通供需的平衡，并制定政策促使这一目标的达成。然而，这并非一件容易的事情，协调供需的过程中各种政策的合力并非总能达到理想状态，经常导致因"治堵"而"致堵"的局面。在制定城市交通需求管理政策时，需深入分析交通供需双方的特性，遵循其变化的客观规律来制定政策和采取措施，才能达到预期目的。

第四章

交通需求价格弹性分析

第一节 弹性的概念

一 出行需求的弹性

经济学中弹性的概念最早由英国新古典学派经济学家阿尔弗雷德·马歇尔提出，用于计量一个变量的改变将在多大程度上影响其他变量。弹性的概念可以应用在所有具有因果关系的变量之间，经济学理论中一般最常用的弹性是价格弹性。价格弹性指的是相对于作为自变量的价格变动百分之一时，因变量（需求量或供给量）变动的百分比水平。为了研究多个因素变化对供需量变动的影响，有时也将自变量设为价格以外的其他变量，以研究其对最终需求量或供给量变动带来的影响。

出行需求的价格弹性是指出行需求量变动百分比与出行价格（或成本）变动百分比的比值，价格弹性反映了出行需求量的变化对出行价格变动的敏感程度，一般用价格弹性系数表示。根据弹性的不同计算方法，可以分为点弹性和弧弹性，如下所示。

（一）点弹性

当需求曲线上两点之间的变化量趋于无穷小时，需求的价格弹性要用点弹性来表示。需求的价格点弹性表示需求曲线上某一点上的需求量变动对于价格变动的反应程度。点弹性的计算如下：

$$E_d = \frac{dQ}{dP} \times \frac{P}{Q}$$

（二）弧弹性

弧弹性是表示需求曲线上两点之间的需求量的变动对于价格的变动的反应程度。弧弹性是需求曲线上两点间的弹性，计算公式如下。

$$E_d = \frac{\Delta \log Q}{\Delta \log P} = \frac{\log Q_2 - \log Q_1}{\log P_2 - \log P_1}$$

其中：Q、ΔQ 为需求量及其变化值；P、ΔP 为价格及其变化值；

在计算弧弹性时，由于价格变化的方向不同，即使同样两点，也可能得到不同的弹性值。为了消除由于方向迥异带来的弧弹性计算结果的不同，一般采用中点法计算，公式如下：

$$E_d = \frac{Q_2 - Q_1}{P_2 - P_1} \times \frac{P_1 + P_2}{Q_1 + Q_2}$$

其中：(Q_1, P_1)、(Q_2, P_2) 为需求曲线上对应两点的坐标。为了便于分析，弧弹性一般取计算结果的绝对值，正、负号分别代表同向、异向变动。

价格是使用物品的直接感知成本，广义的交通出行价格由货币成本、旅行时间、旅行的不适感及旅行的风险性几部分组成。出行需求囊括了出行频率、路线、方式、时间、等级等方面的差异，因此，需求弹性也可以通过出行价格以外的出行者个体收入、出行时间、出行方式、服务频率、服务等级等因素衡量，分别用各个变量代替出行价格，便可得到相应的收入弹性、时间弹性、交叉价格弹性等，如下：

$$E'_d = \frac{Q_2 - Q_1}{\eta_2 - \eta_1} \times \frac{\eta_1 + \eta_2}{Q_1 + Q_2}$$

其中：η_2、η_1 可以是收入、时间、相关商品或服务价格（成本）等。

二　弹性的变化

根据弹性理论中需求量与价格变动的关系可知，弹性 E_d 的取值不同时，分别对应不同的情况，具体如下：

$E_d = 0$，需求完全无弹性，需求量不随价格的调整而发生变动，价格对需求量无影响；

$E_d = \infty$，需求完全有弹性，在某个价格上，有多少需要多少；

$E_d = 1$，需求单位弹性，需求量的变动随价格变动的幅度一样，同幅度升降；

$0 < E_d < 1$，需求缺乏弹性，需求量的变动幅度比价格变动幅度小；

$1 < E_d < \infty$，需求富有弹性，需求量的变动幅度比价格变动幅度大。

另外，对于交叉价格弹性，还有以下意义：

交叉价格弹性 $E'_d > 0$，两种商品为竞争（或替代）关系；$E'_d < 0$，两种商品为协作（或互补）关系。例如，小汽车出行和停车是互补关系，二者联合起来和公交出行形成竞争关系，因此，其中存在这样的逻辑，自驾出行成本上升将减少停车需求量，并增加公交出行需求量。在分辨交通出行方式间是否存在竞争或替代关系时，主要依据各种交通方式对应出行需求的交叉弹性系数。交叉弹性系数不仅可以表明两者是竞争还是互补关系，其绝对值大小也能反映出竞争或互补关系的强弱，这对准确把握不同交通方式的关系、分析影响交通需求变化的因素有重要参考价值。在城市交通出行领域，交通票价、出行成本、出行时间、出行方式选择的变化不仅对一种交通方式产生影响，也会对其他交通方式带来影响。掌握各种交通出行方式需求弹性变化的规律，通过调节影响弹性变化的因素影响出行需求，是科学制定出行需求管理政策的有效途径。

第二节　交通需求弹性的影响因素

交通出行需求主体广泛多样，尽管表面上看来每种出行需求都有相似性，但实质上每种交通需求都不是同质的。不同需求层对应的群体收入不同、偏好不同、消费结构不同，其出行需求表现出更多的个性化特征，这些个性化特征成为区分各种出行需求的主要标志，反映在弹性方面，不同交通出行需求对价格、收入、时间变动的弹性非常明显。交通出行需求的满足对应的是一个完整的链式服务，构成链条的每个环节的价格或成本都是整个运价的组成部分，每个环节价格或成本的变化也会影响交通出行需求。具体来讲，影响出行需求弹性的因素包括以下方面。

一　运输价格

价格的变动直接影响需求数量，这种影响是最直接的。具体到交通出行需求，不同方式的运价或出行成本对出行需求产生不同的影响。公共交通票价上升时乘客必然会减少，小汽车出行成本上涨时人们会考虑减少出行，或以其他更廉价的方式替代。以小汽车出行需求为例，各项费用开支的变动会对小汽车出行需求产生不同的影响。国内外研究表明，对小汽车使用者来讲，固定的车辆购置费和注册费影响其购买车辆的类型和数量，燃油价格和排放收费影响车辆的使用，公路收费影响行车路线和目的地的选择，高峰时段或拥堵时段收取交通拥堵费则促使出行者改变出行时间，也可以影响出行方式选择和总出行需求量的生成水平。这些影响分别对应于特定领域或项目的交通定价或费用，随着费用或价格的调整，所产生的影响也在发生变动，如提升居民住宅区停车收费水平会影响车辆保有量，而基于可变时段的停车费则会影响出行生成的时间。影响小汽车出行需求弹性的各种因素及影响内容见表4-1。

表4-1　　　　　　　　　　　　不同类价格对交通行为的影响[1]

影响内容	费用项目					
	购置注册费	燃料价格	固定通行费	交通拥堵费	停车收费	公交票价
车辆保有量（用户改变车辆拥有量）	√				√	√
车辆类型（驾驶者选择燃油经济性更好的或可替代燃料车辆）	√	√				
路线选择（驾驶者改变行驶路线）			√	√	√	
出行时间（峰谷时间的变化）				√	√	
出行方式（选择不同的出行方式）		√	√	√	√	√
出行目的地（选择可替代性的出行目的地）		√	√	√	√	√
出行生成（减少或合并出行）		√	√	√	√	
土地利用（工作与居住场所的改变）			√		√	√

　　针对消费支出的心理会计研究表明，价格因素如何产生影响，与用户对收益或价值的认定，以及是否采用经济刺激手段提供折扣、额外收费和收费频率有关。用户通常用货币衡量他们的收益，在收益与损失等值时觉得损失的价值更大。一些研究表明，用户感觉损失的价值可以达到等值收益的2.25倍。[2] 驾车者宁愿为停车付2.25倍的价格而不愿获得与停车费等量的现金折扣，[3] 这意味着如果使用停车位，他将支付更多费用。

---

[1]　Litman, Todd, "Transit Price Elasticities and Cross-Elasticities", *Journal of Public Transportation*, Vol. 7, No. 2, June 2004.

[2]　Thaler, Richard H., "Mental Accounting Matters", *Journal of Behavioral Decision Making*, Vol. 12, No. 3, September 1999.

[3]　Shoup, Donald C., "Evaluating the Effects of Cashing Out Employer-paid Parking: Eight Case Studies", *Transport Policy*, Vol. 4, No. 4, October 1997.

二　出行目的

有充分的证据表明，某些类型出行的价格弹性远高于其他种类的旅行，如消费性出行需求弹性要高于生产性出行需求弹性。在城市交通出行中，休闲、购物、娱乐等消费性的出行需求价格弹性要高于公务、商务一类的生产性出行需求弹性。这可从最终支付票价的主体那里分析出合理原因，对公务性和商务性需求而言，价格支付主体是政府或企业，这些出行一般是为了完成较为重要的事务，具有一定的刚性，支付主体经济承受能力充足，可以忍受较高的出行价格。而休闲购物娱乐等消费性需求则不具有刚性，同时价格由出行者个人承担，这受个人收入或支出水平的限制，因此，票价的微小变动都可能会引起出行行为的调整。在城市交通出行中，生产性的通勤客流一般选择公共交通或小汽车交通，休闲、购物、娱乐交通客流一般选择较为舒适的小汽车交通，从国内外已有的研究数据来看，公共交通的弹性水平一般要小于小汽车交通。

三　替代品的质量和价格

价格弹性可以随着备选线路、交通出行方式的服务质量和经济可承受性而变动。例如，收费公路有平行免费路段存在时更具有价格弹性，在依靠小汽车出行的区域内，公交服务质量较低时小汽车出行就缺乏价格弹性，因为公交服务不具有足够的吸引力，难以对小汽车出行需求产生替代。替代出行服务的质量影响交叉弹性，交叉弹性也可以反映替代出行服务的水平，如：小汽车出行弹性可根据小汽车和公共交通出行时间分类，也可根据小汽车出行成本和公交票价分类，而家庭汽车和人均车辆保有量的弹性则可以通过社区公交服务质量来衡量。

四　价格的定义和范围

概念范围狭窄的交通出行比具有宽泛概念的交通出行弹性更大，因为用户有更多的选择。"高峰时期特定路段的出行需求"通常比"交通走廊上全部个体出行需求"更有弹性，因为特定时间、特定路段上更高的驾驶出行成本有可能导致出行者选择可替代的路线、目的地、交通方式和出行时段。相对总的出行价格或成本，出行需求对其各个组成部分（燃料费、停车费和通行费）的变化缺乏弹性，因为其每个部分仅代表了出行总成本的一小块。各种交通出行方式的使用者常面临完全不同的付费方法，因此，他们对出行价格的感觉可能与实际花的钱不同，这也会影响到他们对票价变动的反应灵敏度，从而使弹性不同。一方面，小汽车出行者通常对他们出行的全部真实价格知之甚少，因为他们是根据短期边际成本这一有限概念做出决定的，而短期边际成本中并不考虑车辆注册、折旧、维修、轮胎等费用，也即是说大多数成本是隐性的，他们难以感觉到，一般只根据显性成本做出决策。另一方面，公共交通出行者在一开始便要购票，这会令其非常强烈地感觉到支付了出行成本，所以对公交票价变化的感觉更加直接。国外学者在研究了公共交通季票（可整批购买特定线路上的运输服务）和旅行卡（可整批购买特定交通网络上的运输服务）对乘客的影响后得出结论，旅行卡的价格弹性比传统现金支付方式的弹性低得多，① 这说明出行需求对直接支付的显性费用变化反应更加灵敏。

五　弹性对应的时期

不同出行时期和时段的出行需求弹性大小不同，工作日出行和节假日出行相比有不同的弹性，高峰期和平峰期也存在显著差别。高峰期的出行者争分夺秒节约时间，此时段内的交通出行明显缺乏弹性，交通拥堵时可以灵活安排出行时间的人会另择时段，这些出行者因选择较多而不必拥挤在路途上。除了出行时点不同需求弹性有别以外，研究设定时期的长短不一也会对出行需求弹性产生明显的影响。长期内出行者显然有更多的选择和机会，可以进行调整，所以长期内出行需求比短期内更富有弹性。而面对价格的变动，出行者在特短时期、短时期和长时期不同框架内行为方式可能大不相同。在出行成本或运输服务价格变动的特短期内，人们的出行习惯难以马上做出调整，在行为惯性的作用下会继续保持一阵。但在较长时期内，人们会根据自己的需要和价格水平调整自己的出行需求，或找到替代的方式。如果人们预期未来汽车出行成本较低，他们更可能利用小汽车出行并在城市郊区安家落户；但如果预期驾车成本会大幅度增加，他们可能会选择一个更优惠的替代方式，如更换居住地点到公交站点和商业中心附近以便步行就能到达，在长期内这些选择都是可能的。因为这方面的原因，价格的影响要持续好多年才显现。各种研究显示，短期弹性（一

---

① ［英］肯尼斯·巴顿：《运输经济学》，冯宗宪译，商务印书馆 2002 年版，第 66 页。

般定义为 2 年以内）一般是长期弹性（10 年以上）的 1/3,[1] 同时大幅度的价格变化比小幅度的价格调整更缺乏弹性。

六　出行者的收入水平

低收入群体对应的出行需求对价格变化的敏感度要高于高收入群体，低收入群体的出行需求弹性大于高收入群体。虽然交通出行是一种正常商品，收入水平越高需求量越大，但这样的情况并不适用于所有运输方式，也不适用于所有的场合，因为交通出行服务本身就是一个大的集合，里面囊括了各种层次和水平的服务，情况千差万别，很难用非常具体的特征来总括。一般来讲，出行者收入水平增加对小汽车的保有量的增长有正面影响，但却对公共交通的利用产生负面影响。大部分公共交通服务提供最基本的交通出行服务，这种服务可以满足人的基本出行需求，但更多也就仅此而已，就像人在食不果腹时只能用咸菜充饥，虽然解饿但缺乏营养。一方面，随着人们收入水平的提高，出行需求层次也会迈上台阶发生变化，经济学理论表明在消费量相对固定的前提下，消费预算线的扩张容许消费更高品质的商品和服务。尤其是当收入水平提高后，公共交通出行服务因乘车环境、便捷性、舒适性、自由性等方面的限制，而不能提供与出行者需求层次对应的运输服务时，人们自然会追求能更好满足这些要求的出行方式——小汽车出行，此时对公共交通出行服务的需求便会降低，同时对应的需求量也会减少。另一方面，随着收入的增加，拥有汽车更加容易也更为普遍，这时公共交通运输服务在多数情况下会成为"次等商品"，对公共交通服务的需求反而会下降。这就像人们在收入水平提高后更青睐去消费有营养的食品，而不是吃更多只能充饥的咸菜。

七　其他运输服务的价格

任何一种交通出行需求，都会受到其竞争对手或合作伙伴提供出行服务的价格变化的影响，在各种公共交通之间、公共交通与私人交通之间存在交叉影响。出行者的购买力不能跨越更高层次的出行服务价格时，高层次的出行需求就不能成为主要需求，此时，出行者关注更多的是通达性，但在通达

① Dargay, Joyce, and D. Gately, "The Demand for Transportation Fuels: Imperfect Price-reversibility?", *Transportation Research Part B Methodological*, Vol. 31, Issue 1, Febuary 1997.

性这一层次上，各种交通方式又均能满足，这时便会产生竞争。当一种交通出行方式的运价发生变动时，会对另一方式的出行需求量产生影响。一般来讲，各交通出行方式间可以产生部分替代，一种交通方式票价降低时必然会对其他交通方式的客流产生吸引，只是由于两者替代程度不同，这种吸引力的强弱有所区别。在两种交通方式服务品质接近时，其互相价格的变动会对对方产生明显影响，此时出行需求的交叉价格弹性更大。

第三节　城市交通需求弹性水平

国外从 20 世纪 80 年代就开始对交通需求弹性开展了广泛而深入的研究，基于大量调查数据进行建模分析，获得了可用于指导城市交通规划实践的经验性研究数据，这些数据对制定交通发展规划、预测交通客流、制定需求管理政策有重大指导意义。同时，政府层面也比较重视交通需求弹性规律在政策方面的应用。如，澳大利亚政府部门建立了交通需求弹性数据库，列出了各种交通方式的需求弹性值，用于指导一般性的交通规划实践。可以说，交通需求弹性不仅为人们认识交通需求变化规律提供了重要方法和工具，也为人们利用交通需求影响因素实施需求管理来提升运行效率改善交通状况提供了有效抓手。

国内在交通需求弹性方面的研究则比较薄弱，一是由于研究交通需求弹性需要积累大量的时间序列数据进行建模分析，而国内交通运输指标统计数据匮乏，尤其是缺少价格方面的较为具体的统计数据，缺乏弹性分析的基础数据，难以支撑该方面的研究；二是我国引入交通需求管理的理念较晚，而且在实践管理方面更多地关注了行政、技术、法律等手段的运用，经济手段运用较少且相关研究主要集中在行政收费方面，对直接影响交通需求的价格和成本规制政策研究较少，以上两项原因导致了我国在城市交通需求弹性及其变化规律和应用方面的研究基础薄弱。

在当前国内外各类研究中，对城市交通需求弹性的研究，一般用客流量（ridership）、车辆行驶量（VMT）、运输量（traffic volume）等参数作为因变量代表交通出行需求，用票价（transit fare）、出行时间（travel time）、收入（income）、年龄（age）等作为自变量代表影响交通出行的因素进行分析，并根据研究时间的不同划分为短期（short-run）和长期

（long-run）、高峰期（peak hour）和平峰期（off-peak hour）。城市交通需求弹性因因变量和自变量的选择不同而多种多样，每种弹性都反映了影响需求变化的一个方面的因素，与一般商品弹性相比，交通需求弹性更像是一束弹性值的集合。

一　城市公共交通需求弹性变化特征

此处的城市公共交通系统是指由公共汽车（bus）、城市轨道交通（urban rail transit）、大容量快速公交（BRT）组成的城市公共客运服务系统。城市公交系统为城市居民提供通勤、就医、上学、娱乐、购物等交通出行服务，成为城市居民生活的重要构成部分。20世纪90年代以前，虽然国外开展了多项针对城市公交需求弹性的研究，但仍未形成定论。主要原因在于各个公交系统具有很强的特殊性，世界上没有两个完全相同的公交系统，各项研究均在特定前提和条件下开展，其结论要么仅适用于某条特定线路，要么仅适用于某种特定方式，这使公交系统的需求弹性缺乏一般性的结论。20世纪90年代是交通出行需求弹性研究的黄金期，美国、英国、澳大利亚等国家的学者均开展了大量研究，尽管研究对象具有鲜明的个性化特征，但经过大量经验数据的积累和分析，仍可以看出交通需求弹性变化的一些特征。公共交通出行需求弹性研究的对象广泛，得到的结果多样，一方面说明了交通出行需求影响因素多变、机理复杂，另一方面也说明了交通出行需求的异质性更突出，相关弹性都是具体的、有针对性的。

城市居民对城市公交系统的出行需求主要体现为客流量指标人，客流量大小反映了其需求水平的高低。众所周知，商品或服务价格上升导致需求量减少，公交票价上升必然会降低系统客流量，但票价浮动产生多大的影响很难把握。一般情况下，城市公交系统在高峰期承担了大部分居民的通勤出行，由于公务、商务性的通勤客流在时间、线路、交通方式、地点选择等方面具有刚性，而能代替城市公交出行的步行、自行车、小汽车等其他交通出行方式在时间、便利、经济性方面又不具有优势，这使得乘客出行选项并不多，因此对票价变动反应并不迅速。而在非高峰期，城市居民的出行多为购物、娱乐等选择性出行，在时间、路线、方式、地点方面有较大选择性，当常规地面公交的票价变动时，出行者可以及时调整出行，因而需求对票价变动的弹性较大。美国公共交通运输协会（American

Public Transit Association）在 20 世纪 90 年代开展了一项研究，选取全美
52 个公交系统进行研究，涵盖了典型城市和乡村地区，利用统计分析模
型和经济理论分析，得出了地面公交系统票价弹性的一般性结论，并用于
交通客流预测。研究发现，一般情况下，公共汽车票价上升 10% 将导致
4% 的客流损失，即城市常规地面公交服务的票价弹性为-0.4。人口较少
城市的公交票价弹性大于人口较多城市，一百万人口以上的城市公交票价
弹性为-0.36，而一百万以内人口的城市公交票价弹性则为-0.43。而且，
在高峰期的弹性比非高峰期的弹性明显要小，高峰期为-0.23，非高峰期
为-0.42，具体见表 4-2。

表 4-2　　　　　　　　　城市常规地面公交票价弹性系数

人口	类型				
	平均弹性	高峰期	非高峰期	高峰期平均	非高峰期平均
人口≥100 万人	-0.36	-0.18	-0.39	-0.42	-0.23
人口<100 万人	-0.43	-0.27	-0.46		

数据来源：Pham, Larry, and Jim Linsalata, Effects of Fare Changes on Bus Ridership, 1991,
American Public Transit Association（www.apta.com）。

　　美国、欧洲、澳大利亚的交通研究机构和学者分别对其公共交通需求
票价弹性系数进行了研究，虽然绝对水平存在差异，但反映出的基本变化
特点和趋势一致。公共汽车票价短期弹性值一般在 0.29 左右，且公共汽
车的票价弹性小于轨道交通票价弹性，见表 4-3。

表 4-3　　　美国、欧洲、澳大利亚公共交通需求价格弹性系数比较

弹性类型	美国		欧洲		澳大利亚
	短期	长期	高峰期	非高峰期	短期
公共汽车	-0.28	-0.55	-0.19	-0.29	-0.29
轨道交通	-0.65	-1.08	-0.37	-0.43	-0.35

数据来源：Goodwin, Phil B., "A Review of New Demand Elasticities with Special Reference to
Short and Long-Run Effects of Price Changes", *Journal of Transport Economics and Policy*, Vol. 26,
No. 2, May 1992; Mayeres, I., "The Efficiency Effects of Transport Policies in The Presence of Exter-
nalities and Distortionary Taxes. in: The Automobile", *Journal of Transport Economics & Policy*,
Vol. 34, No. 2, May 2000; Luk, James, and Stephen Hepburn, *New Review of Australian Travel De-
mand Elasticities*, 1993, Australian Road Research Board（www.arrb.org.au）。

从表 4-3 中的票价弹性系数可以看出，轨道交通的票价弹性系数位于公共汽车票价弹性的 1.2—2.4 倍，这表明相对公共汽车乘客来讲，轨道交通乘客对轨道票价的敏感性更强。而且，在长期内，公共汽车和轨道交通票价弹性值都高于短期，尤其是轨道交通，其票价弹性超过 1，变得富有弹性。

国内学者对城市常规地面公交系统需求弹性也进行了研究。张明海（2004）分析了上海市 1985—2003 年的公交乘客流量和票价数据，采用 OLS 方法测算了需求价格弹性，得到上海市城市公交的价格弹性为 -0.107，即当票价上升 10%，公交乘客流量下降 1.07%。上海城市常规地面公交的弹性小于国外，这是因为城市交通系统不够发达，居民出行可选方式较少，对票价的变化缺乏可调整的空间和回旋余地，因此常规地面公交需求弹性较小。

从不同的考察时期看，短期（short-run）（一般为 1 年）和长期（long-run）（一般为 5 年及以上）的公交需求弹性系数也不相同。公共交通需求的长期票价弹性更大，这主要是因为人们在短期内不会有调整行为，而在长期内会根据票价重新选择出行方式；从交通方式看，轨道交通票价弹性大于公共汽车，而且长期内更富有弹性，见表 4-4。

表 4-4　　　　　　　　公共汽车在不同时期内的需求弹性

时期	6 个月	0—6 个月	0—12 个月	4 年多	5—30 年
平均弹性值	0.21	0.28	0.37	0.55	0.65

数据来源：Goodwin, Phil B., "A Review of New Demand Elasticities with Special Reference to Short and Long-Run Effects of Price Changes", *Journal of Transport Economics and Policy*, Vol. 26, No. 2, May 1992。

除了票价弹性外，还可以从出行时间、收入水平等其他方面衡量城市公交需求的影响因素及波动幅度。Booz Allen Hamilton 基于票价、车内时间等因素求得城市交通需求弹性，见表 4-5。

表 4-5　　　　　　　　乘客交通需求弹性值

弹性分类		小汽车	公共汽车	轨道交通
市内乘客	票价	-0.47	-0.58	-0.86
	车内时间	-0.22	-0.60	-0.60

续表

弹性分类		小汽车	公共汽车	轨道交通
市际乘客	票价	-0.45	-0.69	-1.20
	车内时间	-0.39	-2.11	-1.58

数据来源：Booz Allen Hamilton, *City Rail Fare Elasticities*, Independent Pricing and Regulatory Tribunal, 2008, www. ipart. nsw. gov. au/files/CityRail%20fare%20elasticities%20-%20Booz%20-%20website%20final%20document%20%20June%202008. PDF。

从表 4-5 可以看出，整个公共交通（公共汽车和轨道交通）市际乘客的票价弹性和车内时间弹性比市内乘客的更大。对公共汽车而言，乘客车内时间延长比票价上涨会导致更多乘客流失，乘客宁愿支付更高的票价也不愿浪费更多的时间在车上，尤其是在市际乘客群体中。可见，提升公共汽车的运行速度和效率，比降低票价更能吸引乘客。对轨道交通而言，市内乘客更关注票价高低，市际乘客更关注行程时间的节约。由此可见，提升各种交通方式的运行速度以缩短行程时间对吸引客源非常关键。而对城市轨道交通来讲，由于提速空间有限，乘客受到票价调整的影响要比受到运行时间变动的影响更大。

澳大利亚政府建立了官方的交通需求弹性数据库，根据数据库中的各类弹性值，乘客因在年龄、收入水平、是否有车、出行目的、出行时间、出行距离等方面不同，对票价变动反应的灵敏程度也不同，不同群体的票价弹性系数存在差异，见表 4-6。

表 4-6　　　　　　　　　　　　不同乘客的票价弹性

乘客分类		票价弹性
年龄	全部公交乘客	-0.33—-0.22
	≤16 岁	-0.32
	17—64 岁	-0.22
	>64 岁	-0.14
收入水平	<5000 美元	-0.19
	>15000 美元	-0.28
是否有车	有车群体	-0.41
	无车群体	-0.10
出行目的	工作	-0.10—-0.19
	购物	-0.32—-0.49

续表

乘客分类		票价弹性
出行时段	高峰期	-0.04—-0.32
	非高峰期	-0.11—-0.84
出行距离	距离<1.6km	-0.55
	距离>4.8km	-0.29

数据来源：David Gillen，"Peak Pricing Strategies in Transportation，Utilities，and Telecommunications：Lessons for Road Pricing"，*Curbing Gridlock*，1994，TRB（www.trb.org）。

在美国和英国开展的一些研究还得出了不同性别、不同社会经济统计学指标分类以及不同线路类型下的公共交通需求票价弹性。这些研究发现，在城市公交系统中，年轻人的弹性值大于老年人，男性的弹性值大于女性，有驾照人群的弹性值高于无驾照人群，公共汽车与小汽车有接驳的弹性高于无接驳的，体力劳动者的弹性高于脑力劳动者，见表4-7、表4-8。

表4-7　　　　不同年龄阶段的城市公共交通价格弹性

年龄分段	票价弹性		
	丹佛	特伦顿	平均值
1—16岁	-0.32	-0.31	-0.32
17—24岁	-0.30	-0.24	-0.27
24—44岁	-0.28	-0.08	-0.18
45—64岁	-0.18	-0.12	-0.15
65岁及以上	-0.16	-0.12	-0.14

数据来源：Lago，Armando，Patrick Mayworm and Jonathan McEnroe，"Transit Ridership Responsiveness to Fare Changes"，*Traffic Quarterly*，Vol.35，No.1，January 1992。

表4-8　　　　伦敦公共交通在不同时期内的价格弹性

分类	价格弹性	分类	价格弹性
男性	-0.59	无驾照	-0.32
女性	-0.39	有驾照	-0.80
公交与小汽车无接驳	-0.48	非体力劳动者	-0.46
公交与小汽车有接驳	-0.75	熟练的体力劳动者	-0.56
		其他体力劳动者	-0.55

数据来源：Dargay，Joyce，and Mark Hanly，*Bus Fare Elasticities*，ESRC Transport Studies Unit，University College London（www.ucl.ac.uk），1999；Dargay，Joyce，Mark Hanly，G. Bresson，M. Boulahbal，J. L. Madre and A. Pirotte，*The Main Determinants of the Demand for Public Transit：A Comparative Analysis of Great Britain and France*，ESRC Transport Studies Unit，University College London（www.ucl.ac.uk），2002。

二　私人交通需求弹性变化特征

私人交通包括步行、自行车、摩托车和小汽车交通，鉴于步行和自行车交通的需求弹性与主要经济变量关系松散，摩托车在数量方面难以达到一定规模（由于技术或政策限制方面的原因）并对城市交通问题产生影响，本研究重点对城市交通拥堵产生重大影响的小汽车交通及其需求弹性进行分析。

小汽车从购买到使用各环节指标的变化都反映了用户对其需求的状况，因此对小汽车交通的需求可以从车辆保有、车辆行驶、车辆停放、燃油消耗等多个角度进行分析，车辆价格（购置与注册费用）、使用价格（燃油费、路桥费、停车费、排放费）、出行耗时（出行时间投入）等因素的变化都会对小汽车出行需求带来影响。

（一）小汽车保有量对收入的弹性

家庭情况、收入、位置、燃油价格等影响车辆的保有（vehicle ownership）。收入对小汽车保有量的影响是明显的，一般随着家庭收入增加车辆保有量上升，但增速会趋缓。Johnson 和 Schipper（1997）研究发现，人均车辆保有量的燃料价格弹性为-0.1，收入弹性为1.0，其他税收弹性为-0.06，人口密度弹性为0.4，[1] 收入增长带动汽车保有量同步上升。Dargay（2007）发现车辆保有量增速随着就业和收入水平增长而增长，但很少随着其下降而下降。一般地，家庭购买的第一辆车受社会经济因素（就业和收入）影响多，而第二辆车主要跟当地的交通条件有关。[2] 如果步行和骑自行车的交通环境较差，自驾的时间又快于公交，那么大部分家庭会倾向于购买更多的车辆。国际统计数据显示，人均年收入在3000—10000美元（2002年美元价格）区间时，汽车保有量和行驶里程的增速可达到收入增长的两倍左右，汽车保有量会以一个较高的增长率趋向饱

---

① Johansson, O., and L. Schipper, "Measuring the Long-run Fuel Demand of Cars: Separate Estimations of Vehicle Stock, Mean Fuel Intensity, and Mean Annual Driving Distance", *Journal of Transport Economics & Policy*, Vol. 3, No. 1, September 1997.

② Dargay, Joyce, and G. M. Sommer, "Vehicle Ownership and Income Growth, Worldwide: 1960-2030", *The Energy Journal*, Vol. 28, No. 4, 2007.

和，在人均年收入达到 16000 美元（2003 年美元价格）的水平时趋于平稳。[1]

Glaister 和 Graham（2002）发现燃油消耗对收入的长期弹性值为 1.1—1.3，小汽车出行对收入的长期弹性值为 1.1—1.8。[2] Goodwin 等人（2003）对收入和汽车出行情况进行研究后发现，车辆保有量和燃油消耗对收入增长的短期弹性为 0.40，长期内超过 1；交通量对收入增长的短期弹性为 0.20，长期弹性约为 0.50。McMullen 和 Eckstein（2011）分析了 1982—2008 年美国多个城市的数据，发现汽车出行对收入的长期弹性系数为 0.263。[3] 根据 Goodwin、Dargay 和 Hanly（2003）等人测算，燃油价格提高 10% 后，车辆保有量短期内减少 1%（弹性为 -0.10），长期内减少 2.5%（弹性为 -0.25）。Goodwin（2003）等人还对短期和长期内的燃油消耗、行驶里程和保有量需求弹性做了测算，得到不同时期内需求弹性值的变化范围，见表 4-9。

表 4-9　　　　　　　　　交通出行需求的其他弹性

因变量	平均弹性	
	短期	长期
燃油消耗量（总）	-0.25	-0.64
燃油消耗量（单车）	-0.08	-1.10
行驶里程（总）	-0.10	-0.29
行驶里程（单车）	-0.10	-0.30
车辆保有量	-0.08	-0.25

数据来源：Goodwin, Phil, Dargay, Joyce, and Hanly, Mark, "Elasticities of Road Traffic and Fuel Consumption with Respect to Price and Income: A Review", *Transport Reviews*, Vol. 24, No. 3, May 2004。

其他一些研究显示，收入水平的变动对交通需求波动影响更加明显，Selvanathan（1991）对澳大利亚的票价弹性和收入弹性做了比较，还收集

[1]　Kopits, Elizabeth, and Maureen Cropper, *Traffic Fatalities and Economic Growth*, The World Bank Development Research Group Infrastructure and Environment, 2003.

[2]　Graham, Daniel J., Glaister, Stephen, "The Demand for Automobile Fuel: A Survey of Elasticities", *Journal of Transport Economics and Policy*（*JTEP*）, Vol. 36, No. 1, January 2002.

[3]　Mcmullen, B. Starr, and N. Eckstein, "The Relationship Between VMT and Economic Activity", *Gross Domestic Product*, November 2011.

了英国和澳大利亚 1960—1986 年的数据进行分析，将私人交通、公共交通、通信行业的收入弹性和价格弹性做了比较，见表 4-10、表 4-11。

表 4-10　　　　　澳大利亚交通需求收入弹性和价格弹性比较

州名	收入弹性	票价弹性
新南威尔士州	1.50	-0.88
维多利亚州	0.78	-0.57
昆士兰州	1.96	-0.81
南澳大利亚州	1.33	-0.38
西澳大利亚州	1.68	-1.15
塔斯马尼亚岛	1.11	-0.70
澳大利亚	1.44	-0.90

数据来源：Selvanathan, E. A., and Saroja Selvanathan, "The Demand for Transport and Communication in the United Kingdom and Australia", *Transportation Research B*, Vol. 28, Issue 1, February 1994。

表 4-11　　　　　英国、澳大利亚需求弹性比较（1960—1986 年）

分类		收入弹性	价格弹性		
			私人交通	公共交通	通信服务
英国	私人交通	2.11	-0.53	0.07	0.08
	公共交通	0.98	0.19	-0.41	0.03
	通信服务	1.19	0.57	0.09	-0.12
澳大利亚	私人交通	2.27	-0.55	0.15	0.04
	公共交通	0.80	0.49	-0.73	0.07
	通信服务	0.50	0.31	0.18	-0.60

数据来源：Selvanathan, E. A., and Saroja Selvanathan, "The Demand for Transport and Communication in the United Kingdom and Australia", *Transportation Research B*, Vol. 28, Issue 1, February 1994。

从发达国家的数据可以看出，相比出行需求的价格弹性，其收入弹性要大得多，如果私人交通（主要是小汽车交通）代表了较高层级的出行需求，那么说明收入的增加对人们出行需求等级的提升是显著的。另外，从表 4-10、表 4-11 中私人交通和公共交通交叉价格弹性来看，私人交通价格上升会导致公共交通客流量的增加，而公共交通票价的上升对私人交通客流量的增加影响甚微。

除了交通方式自身的价格因素外，交通环境、成本水平、商业设施条件的差异也会导致小汽车交通需求弹性的差异。美国南加州大学教授Giuliano 和 Dargay（2006）比较了美国和英国的情况后发现，[①] 英国居民车辆保有量低且出行较少是因为其实际收入较低和车辆使用成本（特别是燃油税）较高，但这并不意味着其没有更好的出行选择，因为英国有更好的公共交通服务（步行、自行车、公共汽车等）可选，而且本区域内的商业设施也较多。

（二）小汽车使用对燃料价格的弹性

燃油价格对小汽车使用的影响是多方面的。油价上涨会导致燃油消耗量下降，短期内通过减少车辆总里程和行车速度以节省燃料，而拥有几辆汽车的家庭则选择更省油的汽车出行；长期内则通过提高车辆燃油经济性（降低单位公里的油耗）和选择更具有可达性的土地使用模式来应对油价的上涨。油价上涨时，司机通过提高燃油效率（单位燃油消耗产生的动力）来提升车辆性能（功率和型号），而不是在同样功率下减少燃油消耗来提高燃油经济性。美国 1982—1995 年的数据显示，若燃料价格上升10%，则短期内车辆行驶里程减少 1.5%，燃油经济性提升 1.5%；长期内车辆行驶里程下降 3.2%，燃油经济性提升 6%，总的燃料消耗减少9.2%。燃料价格上升虽然短期内对行驶里程和燃油经济性影响不明显，但长期内比较显著，而且长期内对燃油消耗量的影响接近单位弹性。也有学者对美国和 OECD 国家的数据进行了对比分析发现，小汽车使用需求的短期燃油价格弹性为 0.2—0.5，在美国长期弹性系数变化范围为 -0.24—-0.80，在 OECD 国家则为 -0.75—-1.35。Goodwin（1993）测算的小汽车使用燃油价格弹性与此接近，短期为 -0.27，长期为 -0.7。随后Goodwin 等人（2003）在后续研究中发现燃油价格上涨 10% 将导致四种情况：（a）车辆行程短期内（1 年）约下降 1%，长期内（5 年）约下降3%。（b）燃油消耗量短期内约下降 2.5%，长期内约下降 6%，这里燃料消耗下降比例超过车辆行程是因为司机购买更省油的汽车，开车更小心。同时，还会产生（c）车辆燃油效率短期内约上升 1.5%，长期内约上升4%。（d）车辆保有量短期内下降不到 1%，长期内约下降 2.5%。可见，

① Giuliano, Genevieve, and J. Dargay, "Car Ownership, Travel and Land Use: A Comparison of the US and Great Britain", *Transportation Research Part A (Policy and Practice)*, Vol. 40, Issue 2, February 2006.

燃油价格不仅影响车辆购买决策，而且影响总的车辆行驶里程，并且在长期内影响更加显著。

根据近年来的研究成果，车辆出行对燃油价格的弹性系数值的变化分布情况见表4-12。

表 4-12　　　　　　　　　　　小汽车燃油价格弹性值研究汇总

研究者（年份）	范围与时间	弹性值分布范围
Espey（1996）	美国，1936—1986 年	短期-0.26，长期-0.58
Goodwin, Dargay, Hanly（2004）	美国和欧洲，1929—1991 年	短期-0.25，长期-0.60
Glaister, Graham（2002）	美国、欧洲，20 世纪后半叶	短期-0.20—0.30，长期-0.60—0.80
Lipow（2008）	美国、欧洲，20 世纪后半叶	短期-0.17，长期-0.40
Small, Van Dender（2005）	美国州一级面板数据，1966—2001 年	1966—1996 年，短期-0.09，长期-0.41 1997—2001 年，短期-0.07，长期-0.34
Hymel, Small, Van Dender（2010）	美国州一级面板数据，1966—2004 年	短期-0.055，长期-0.285
Agras, Chapman（2001）	美国，1982—1995 年	短期-0.23，长期-0.92
Li, Linn, Muehlegger（2011）	美国，1968—2008 年	-0.235
Hughes, Knittel, Sperling（2006）	美国，1975—2006 年	1975—1980 年，短期 [-0.21, -0.34] 2001—2006 年，短期 [-0.034, -0.077]
Boilard（2010）	加拿大，1970—2009 年	1970—1989 年，短期 [-0.093, -0.193]，长期 [-0.762, -0.450] 1990—2009 年，短期 [-0.046, -0.091] 长期 [-0.085, -0.256]
Komanoff（2008-2011）	美国，2004—2011 年	-0.04（2004 年），-0.08（2005 年） -0.12（2006 年），-0.16（2007 年） -0.29（2011 年）

（三）小汽车使用对道路收费的弹性

有些情况下司机必须为行驶在某个特定路段或区域缴纳通行费，这类费用为道路通行费。除道路通行费外，还有为减轻城市交通拥堵而征收的拥堵费。交通拥堵费在高峰时段向通行车辆收取，其目的是减少拥堵路段或区域内的小汽车交通量，使其与非高峰时段达到平衡。与其他费用相比，驾驶人对道路收费变化的反应较为敏感，收取道路拥堵费后交通量会下降。欧洲一些主要城市和新加坡收取道路拥挤费的效果表明，交通量对道路收费的弹性为 -0.2—-0.3，即收费上涨 10% 可减少 2%—3% 的交通量。伦敦自 2003 年征收交通拥堵费以来（由最初的 5 英镑增加到 2005 年的 8 英镑），私人小汽车总交通量减少 38%，所有机动车（包括公交汽车、出租车和卡车在内）交通量减少 18%。相比经济学家的估计，交通规划专家预计小汽车使用对道路收费的弹性更高。Odeck 和 Svein Brathan（2008）研究了挪威的 19 条收费公路后发现，短期内小汽车交通量平均弹性为-0.54，长期内平均弹性为-0.82，公众在了解了收费使用的用途和去向后会更加支持收费。[1] 而对大多出行者来说，他们通过改变出行时间、出行线路和出行方式应对交通拥堵费。Luk（1999）研究新加坡的情况后估计，交通拥堵费的弹性在-0.19—-0.58，平均为-0.34。[2] Arentze等（2004）调查后发现，道路收费最可能促成人们通勤次数、出行路线和出发时间改变，只有很少部分转移到公共交通或在家工作。[3] 他们提出特定路段交通量对收费的弹性值为 -0.35—-0.39，包含出行时间和路线的变化在内，对交通走廊上所有车辆的弹性值为 - 0.13— - 0.19。Washbrook（2002）在研究了一些长距离的通勤后发现，经济刺激是减少汽车出行的最好策略，来回程 3 美元的收费将减少 25% 的小汽车通勤量，而 5 美元的停车费将减少 20% 的小汽车通勤量。[4]

道路收费对小汽车出行需求的影响除了因收费额度不同以外，收费制式的变化也可以产生不同的效果。基于平均公里数的收费将减少全社会出行量并促使出行向非机动化转化；高峰期收费主要影响通勤出行量，使出

① Odeck, James, and S. Brathen, "Travel Demand Elasticities and User's Attitudes: A Case Study of Norwegian Toll Projects", *Transportation Research Part A*, Vol. 42, Issue 1, January 2008.

② Luk, J. Y. K., "Electronic Road Pricing in Singapore", *Road & Transport Research*, Vol. 8, No. 4, December 1999.

③ Arentze, Theo, F. Hofman, and H. Timmermans, "Predicting Multi-faceted Activity-travel Adjustment Strategies in Response to Possible Congestion Pricing Scenarios Using an Internet-based Stated Adaptation Experiment", *Transport Policy*, Vol. 11, No. 1, January 2004.

④ Kevin Washbrook, *Lower Mainland Commuter Preference Survey*, School of Resource and Environmental Management, Simon Fraser University (www.sfu.ca), 2002.

行时间和出行方式混合变化，并促使人们在家工作的时间增加。May 和
Milne（2000）通过城市交通模型比较了按警戒线收费、按里程收费、按
时间收费和按拥挤程度收费的不同情况，提出了要实现交通需求管理目标
（如交通量下降 10%）的不同费用控制界限。在实现同等目标的前提下，
基于时间收费最有效，其次是按里程收费、按警戒线收费和按拥挤程度收
费，见表 4-13。

表 4-13　　　　　　　　　　交通量下降 10%的道路收费预测

道路收费类型	收费单位	减少出行量 10%的收费
按警戒线收费	便士/路口	45
按里程收费	便士/公里	20
按时间收费	便士/分钟	11
按拥挤程度收费	便士/分钟延迟	200

数据来源：May, A. D., and D. S. Milne, "Effects of Alternative Road Pricing Systems on Network
Performance", *Transportation Research Part A*, Vol. 34, Issue 6, August 2000。

（四）小汽车使用对停车费的弹性

驾驶者对停车费非常敏感，因为这部分费用需要直接支付。与其他
实际支付的费用相比，停车费对车辆出行的影响更大，一般为其他费用
效果的 1.5—2 倍。即，每趟出行增加 1 元停车费，减少的车辆出行量
与油价上涨 1.5—2 元产生的效果相当。一些研究表明，小汽车出行对
停车费的弹性一般是-0.1—-0.3，因人口、地理、出行决策和出行特
征等因素的不同而有所区别。城市道路停车咪表数据统计分析显示，停
车时间比停车次数的价格弹性更大，停车次数对停车费用的弹性为
-0.11，停车时间对停车费用的弹性为-0.20，这表明司机通过缩短停车
时间来减少停车费支出。从停车次数来看，非工作性的出行比工作性的
出行对停车费的弹性更大。Washbrook、Haider 和 Jaccard（2006）对加
拿大温哥华和不列颠哥伦比亚区域的道路收费和停车收费进行了研究，
分析不同停车激励政策对人们单独驾车的影响，不同收费组合下的单独
驾车出行比例见表 4-14。

| 表 4-14 | | 组合收费下的单独驾车比例 | | | | （单位:%） |

分类		停车费				
		$ 0	$ 1	$ 3	$ 6	$ 9
通行费	$ 0	83	80	74	62	49
	$ 1	78	75	68	55	42
	$ 3	68	65	56	43	30
	$ 6	56	52	43	31	21
	$ 9	50	46	37	26	17

数据来源: Washbrook, Kevin, W. Haider, and M. Jaccard, " Estimating Commuter Mode Choice: A Discrete Choice Analysis of the Impact of Road Pricing and Parking Charges", *Transportation*, Vol. 33, Issue 6, November 2006。

从表 4-14 可以看出，实行单独停车费和单独通行费的政策，远没有二者结合的效果明显，仅仅收取 9 美元通行费或 9 美元停车费，单独驾车出行约下降一半；而两项政策一起实施，在 9 美元的水平上单独驾车出行量可以减少 80% 以上。

从长期看，停车费影响人们对车辆的使用方式，减少对小汽车的使用需求（出行次数和出行里程），且增加车辆合乘人数，并在一定程度上促使人们使用公交、步行、自行车作为交通出行替代方式。根据 Trace （1999）的研究，对通勤出行来说，停车费上涨 10% 将减少汽车出行和停车需求 0.8%，分别增加汽车合乘、公交出行、步行和自行车出行需求 0.2%。[1]

停车费和其他汽车费用一样，还可以影响人们的出行目的。增加特定区域的停车费可以减少对该区域停车设施的使用，但这可能仅仅是改变了汽车的停放地点。停车费上涨时可能会使非法停车现象增加，北京 2011 年上调停车费后非法停车增多就是一例。然而，若能在整个区域执行严格的停车管理和疏导政策，并给予人们更多的出行选择，那么增加停车费后小汽车出行会有明显的下降。对某些类型的出行，停车费还可以减少其停车时间或在商业设施内的停留时间。

国外一些公司会为员工提供免费停车的福利，这种政策客观上鼓励了独自驾车通勤的行为，对缓解城市交通是不利的。但若由免费停车变为收费停车，则会对员工的出行状况产生显著影响。若同时增加一些交通需求

---

① Trace, *Elasticity Handbook: Elasticities for Prototypical Contexts*, Prepared for the European Commission, Directorate-General for Transport, Contract No. RO-97-SC. 2035, 1999, www. hcg. nl/ projects/trace/trace1. htm.

管理政策，并提升公共交通服务质量，会促使员工选择公共交通方式出行，使独自驾车通勤数量下降 20%—40%，并促进汽车合乘，提升小汽车出行效率。一组在加拿大和洛杉矶的研究数据充分说明了这一点，见表 4-15。

表 4-15　　　　　　　　停车收费对通勤出行的影响　　　　　　　（单位：%）

交通方式	加拿大			洛杉矶		
	免费	收费	变动	免费	收费	变动
独自驾车	35	28	−20	55	30	−27
汽车合乘	11	10	9	13	45	246
公共交通	42	49	17	29	22	−24
其他方式	12	13	−8	3	3	0

数据来源：Feeney, B. P., "A Review of the Impact of Parking Policy Measures on Travel Demand", *Transportation Planning and Technology*, Vol. 13, April 1989。

（五）小汽车使用对出行时间的弹性

提高行车速度、通过缓解或转移拥堵减少行车延迟会使出行距离增加，增加某种方式的相对速度会吸引同一交通走廊中其他方式的客源。一些研究提出"持续出行时间假设"，即认为一部分人倾向于保持每天的出行时间为固定的长度（一般为 70—90 分钟），从而估算出出行速度弹性为 1.0。[①] 英国运输经济学家研究得出短期和长期的交通量时间弹性分别为 −0.5 和 −1.0，所以提高行车速度 20% 会在短期内增加 10%、长期内增加 20% 的交通流量。Goodwin（1996）的一项研究获得了出行时间的短期和长期弹性，乡村道路上比城市道路上的车辆出行的时间弹性更大，见表 4-16。

表 4-16　　　　　　　　　汽车出行时间弹性

区域	短期	长期
城市道路	−0.27	−0.57
乡村道路	−0.67	−1.33

数据来源：Goodwin, Phil B., "Empirical Evidence on Induced Traffic", *Transportation*, Vol. 23, No. 1, February 1996。

---

① Mokhtarian, Patricia L., and C. Chen, "TTB or not TTB, that is the Question: A Review and Analysis of the Empirical Literature on Travel Time (and Money) Budgets", *Transportation Research A*, Vol. 38, Issue 9-10, November-December 2004.

在一些汽车保有量较高的城市（平均千人车辆拥有量>450辆），出行时间对不同目的的小汽车出行影响的侧重点是不同的，见表4-17。

表4-17 小汽车长期出行时间弹性

出行目的	驾驶人	乘客	公共交通	慢行交通（步行、自行车）
通勤	-0.96	-1.02	0.70	0.50
商务	-0.12	-2.37	1.05	0.94
教育	-0.78	-0.25	0.03	0.03
其他	-0.83	-0.52	0.27	0.21
总计	-0.76	-0.60	0.39	0.19

数据来源：Trace，*Elasticity Handbook*：*Elasticities for Prototypical Contexts*，Prepared for the European Commission，Directorate - General for Transport，Contract No. RO - 97 - SC. 2035，1999，www. hcg. nl/projects/trace/trace1. htm。

总体来看，无论何种出行目的，出行者对出行时间的变化都有很高的灵敏度，尤其是通勤出行和商务出行的乘客，小汽车出行时间若增加，很容易导致这部分乘客选择公共交通或慢行交通等其他方式。

三 交通需求交叉弹性变化特征

需求交叉弹性为衡量一种商品需求量受其替代品或互补品价格变化产生的影响提供了工具。需求交叉弹性为负值说明两种商品是互补关系，否则为替代品。各种交通方式间存在一定的替代性，但由于交通方式间存在的层次性差异，使不同交通方式代表的需求仅能在一定程度上实现。

英国学者对伦敦的交通需求弹性进行了研究，获得了城市轨道和公共汽车的需求票价弹性，见表4-18。

表4-18 伦敦周一到周五的城市交通需求票价弹性

交通票价	客流弹性	
	公共汽车	轨道交通
公共汽车	-0.56	0.30
轨道交通	1.11	-1.00

数据来源：Graham，Daniel J.，and S. Glaister，"The Demand for Automobile Fuel：A Survey of Elasticities"，*Journal of Transport Economics and Policy*，Vol. 36，No. 1，January 2002。

根据该研究，伦敦轨道交通和公共汽车之间的交叉弹性系数为正，说明它们之间有竞争，其中一种方式票价的下降会吸引另一种方式的客流量下降，乘客会随着票价的变动在两种交通方式间转移。

除了公共交通票价变动以外，小汽车出行成本的变化也可以引起公共交通与小汽车交通需求的变化。Hensher（1997）研究了公共汽车、轨道交通、小汽车之间的交叉弹性，见表4-19。

表4-19　　　各种交通方式的直接和交叉弹性（1970—1978）

票价或成本	客流弹性		
	轨道交通	公共汽车	小汽车
轨道交通	−0.218	0.057	0.196
公共汽车	0.067	−0.357	0.116
小汽车	0.053	0.066	−0.197

数据来源：Hensher, David A., "Chapter 10. Establishing a Fare Elasticity Regime for Urban Passenger Transport", *Journal of Transport Economics and Policy*, Vol. 32, 1998。

McMullen 和 Eckstein（2011）分析美国各城市 1982—2008 年的数据发现，人均小汽车出行需求相对公交乘客的弹性值为−0.0228，即随着公交客流量增加，小汽车出行呈下降趋势。[1] Currie 和 Phung（2008）基于澳大利亚的数据提出公交乘客对燃油价格的弹性为 0.22，相比普通公交和短距离出行，在高品质公交（快速公交、轨道交通）和长距离的出行中弹性值更高。[2] Trace（1999）报告中分析了公共交通客流在各种状况下的燃料费、停车费弹性，其中燃油价格上涨 10%将使公交客流在短期内提升 1.6%，长期内提升 1.2%（这种对燃油的弹性变化比较特殊，因为司机在油价上涨后会购买更省油的车辆）。美国国会预算办公室（2008）发现，当汽油价格上涨 20%后，有平行轨道线路的高速公路交通量将在工作日下降 0.7%，周末下降 0.2%，但在那些缺少平行的轨道交通线路的高速公路上则没有变化。

可见，各种交通需求的交叉弹性比较小，这是因为不同方式间的替代性有限，尤其是在那些缺少选择的路段和区域，交叉弹性的值更是可以忽略不计。另外，在公共交通与私人交通方式之间，公共交通票价的变化能

[1] Mcmullen, B. Starr, and N. Eckstein, "The Relationship Between VMT and Economic Activity", *Gross Domestic Product*, 2011.

[2] Graham Currie and Justin Phung, *Understanding Links Between Transit Ridership and Automobile Gas Prices: U. S. and Australian Evidence*, Transportation Research Board 87th Annual Meeting, 2008.

引起小汽车需求的明显变化，而小汽车交通成本则对公共交通客流影响有限，这种明显的单向替代性显示出人们出行需求上的本质区别。

四　交通需求弹性变化规律研究

（一）公共交通需求弹性变化特征

从已有的研究成果来看，尽管城市公共交通的需求弹性千变万化，每种交通系统在不同条件下的交通需求变化都呈现不同特点，但城市公共交通需求的变化还是有一些规律可循。

1. 从交通需求弹性值变化范围来看，取值都在 0—1

根据经济学理论对弹性的解释，弹性值在区间（0，1）说明缺乏弹性，这表明总体上公共交通出行需求对价格变化不敏感。分析原因，一方面，公共交通服务是城市居住人口出行的一项基本需要，公交出行需求与人们的工作生活密切相关，接近于生活必需品的范畴，而生活必需品由于替代产品匮乏，比较缺乏弹性；另一方面，公交出行票价基本上是机动化出行中成本最低的了，公交出行需求可以看作最低层级的机动化出行需求，向下替代容易而向上替代较难，因为承担不了公交票价的人也难以承担更高层级交通方式的票价，所以公交乘客面对票价的调整时缺乏更多选择，从而公交出行需求缺乏弹性。

2. 从变化趋势来看，长期弹性水平一般为短期弹性水平的 2—3 倍

由于不同交通需求具有明显的差异性，不同需求之间并非能完全替代，公共交通出行服务短期内调整票价时，乘客难以及时找到替代的交通出行方式而必须继续依赖该出行方式，客流量相对价格变化反应迟钝，此时弹性值较小，具有价格黏性；而长期内则可以通过调整出行方式、线路、时间等因素以应对票价变动带来的影响，所以交通需求弹性在长期内相比短期具有弹性。然而，尽管长期内出行需求对价格富有弹性，但根据众多实证调查研究，公共交通出行需求的长期弹性多数情况下不超过 1，这说明公共交通的需求在长期也是绝对缺乏弹性的。

3. 出行时间的选择也是影响交通需求大小的重要因素，高峰期均比非高峰期缺乏弹性

高峰期的城市交通出行需求一般比较缺乏弹性，主要为通勤出行，这类出行一般在时间上有刚性，且有较强支付能力作保证，因此对票价变动的反应不敏感。非高峰期的出行一般为可选择性出行，在时间、路线、方

式、目的地等方面有较大的选择余地，容易找到替代方式，所以需求弹性相对较大。

4. 城市交通中轨道交通需求弹性大于公共汽车交通需求弹性

轨道交通需求比公共汽车交通需求的弹性值大，说明轨道乘客对票价变化的反应更加灵敏。其主要原因在于，相比轨道交通出行，选择常规地面公交的出行服务比轨道交通出行更具生活必需品特征，作为满足生存和生活需要的基础服务，无论价格如何变动，常规地面公交承担的这部分出行需求是人们生存的必要条件，因此价格对该项需求的影响因素较小，这一点从表 4-6 中收入低于 5000 美元人群的弹性值（-0.19）明显小于收入大于 15000 美元的弹性值（-0.28）中可以看出来。从非票价弹性看，公共汽车乘客的时间弹性系数要高于票价弹性系数，说明乘客更加看重车辆运行时间的节约而不是票价的降低，提升常规地面公交的吸引力应更多地从公交系统运行效率、运行时间、服务水平等方面着手努力，这样才能吸引到更多的客源。所以，对公共交通系统来讲，吸引客流时，票价固然是一个需要考虑的重要因素，但可考虑的因素并非局限于此，运输服务品质和水平也是影响乘客出行需求的重要因素。

5. 交通需求收入弹性大于票价弹性，收入对交通需求的影响比票价更大

乘客收入水平的提高不仅提升了其对票价的承受力，更会促进其交通出行需求的升级，这是由人需要的内在演变规律决定的。因此，公共交通票价，尤其是公共汽车票价变动对乘客流量的影响远不及收入水平变动影响深远。多项研究结果也表明，常规地面公交乘客更在意票价以外的因素（如车上停留时间的长短），服务质量的提升才是乘客更加关注的内容。乘客出行需求呈现出明显的多样化特征，不是提升通达性（如增加网络覆盖面积）就能解决的问题，还要求城市交通出行服务的供给结构和品质也随之调整和提升。

(二) 私人交通需求弹性的特征

相对于公共交通，私人交通需求弹性有以下三个方面的特征。

1. 私人交通出行需求比公共交通更富有弹性

从各种研究结果来看，以小汽车为代表的私人交通需求弹性值比公共交通需求弹性值高，这是因为小汽车出行者一般比公共交通乘客有更多的出行方式可供选择，在个体收入、燃油价格、道路收费、停车费、出行时

间等因素变化时，小汽车出行者可以在不同的车型配置、路线规划、出行时间、停车时间以及其他诸多方面选择多种组合策略以应对变化。而公共交通系统则由于运行时间、线路、票价等不由出行者决定，因此其只能被动适应，难以采取多种选择或策略应对，所以缺乏弹性。

2. 私人交通需求弹性影响因素比公共交通更复杂，且往往具有复合效应

从前面的分析可以看出，小汽车交通需求针对某一因素变化做出的反应有时不是单一的。如燃料价格上涨一方面激励出行者选择排量小的车辆以减少燃油消耗支出，或通过减少出行次数、促进合乘来节约出行费用；而另一方面油价上升又刺激汽车节油技术不断发展进步，燃油经济性更好的车辆被开发出来，从而使汽车行驶更长的距离，这使得油价上涨对出行需求的负向拉动被汽车技术进步对出行需求的正向拉动抵消。各种正向、负向作用力影响交织在一起，使问题变得更加复杂。另外，停车费的上涨不仅会减少驾车出行次数，还会导致汽车合乘比例的上升，并促进在家工作比例的上升。

3. 因考察对象不同，私人交通需求弹性大小传递的信息各有侧重

一般情况下，影响车辆保有量的主要因素是收入和人口密度，影响平均燃油消耗量（燃油经济性）的主要是油价，影响年平均出行距离的主要是人口密度，影响燃油需求量的主要是收入、人口密度和油价，影响小汽车出行的主要是收入和人口密度，道路收费和停车收费对减少单车通勤和增加合乘有明显促进作用，而出行时间则对所有驾车出行的人都产生明显影响。

第四节 交通需求弹性分析的意义及政策启示

一 交通需求弹性分析的意义

若以增加收益为既定目标时，在商品（或服务）富有弹性时，可通过提价增加总收益；在商品（或服务）缺乏弹性时，可通过降价增加总收益。若以调控需求量为既定目标，在单个商品富有弹性时，可通过提价减少需求量，通过降价增加需求量；也可以利用交叉弹性反映的两种商品价格与需求量变化关系，通过调整一种相关商品的价格来影响目标商品的

需求量。由于不同种类的弹性对需求量变动的影响是不同的，了解交通需求的弹性变化规律对科学制定和实施交通需求管理政策有重大意义。

首先，可以通过观测弹性值的变化发现影响交通出行需求的主要因素，这为制定针对性的措施来引导交通出行需求提供了方向参考。从上文分析可知，价格水平、付款方式、区段因素、时间投入均能影响交通出行需求，而且这种影响均可通过相应的弹性值进行量化，这可为制定相应的交通需求管理政策提供参考。

其次，就价格弹性来说，不同交通出行方式需求弹性值范围不同，公共汽车、轨道交通、小汽车交通等方式的弹性大小一方面反映了其乘客对票价变动反应的灵敏程度，另一方面也可为通过调整交通定价来影响交通客流提供理论依据和实践指导。在某种交通方式客流量负荷过大时，可通过提升或降低某种交通出行方式的票价来转移一定量的乘客，从而平衡或均分该交通方式客流压力，缓解过度拥挤的压力，而弹性数值的变化幅度可为票价政策的作用方向和力度提供参考。

二　交通需求弹性研究的政策启示

在我国城市交通管理政策相关研究中，鲜见交通出行需求弹性方面的探索，出行需求弹性本身的数值变化规律及其蕴藏和传递的相关信息尚未得到充分发掘。在我国当前城市交通需求管理和交通定价体系中，对各种交通方式出行服务的定价主要基于局部成本效益指标的分析，以某种交通方式运营主体自身的盈亏为约束条件，而忽视了各种交通方式作为一个整体应达到的目标。各种交通方式共同构成城市交通出行服务体系，互相影响互相作用，一种交通方式的需求和价格波动不仅影响其自身的运行，而且会对整个城市交通产生影响。毕竟，不同交通方式之间还存在一定程度的替代性和互补性，局部变动必然影响整体。结合上文总结的交通出行需求弹性变化特征，结合我国当前城市交通面临的拥堵问题，作出以下分析。

（一）城市公共交通间的客流分布不均衡，依据不同交通出行需求弹性，可通过调整票价或出行成本影响出行需求，使出行客流发生变化达到预期目标

当前城市交通中一个突出问题是公交出行比例不高，而且各种公交系统之间还存在争抢客源的现象，轨道交通弹性变化值较大，而且其与公交汽车的交叉弹性为正，两种交通方式之间有竞争关系，可以通过调整票价

政策使公共交通客流在常规地面公交和轨道交通之间发生转移。一般来看，轨道交通自身的需求价格弹性系数不高，系数值最大在 1 左右。弹性为 1 时是单位弹性，即票价上升 10%，乘客也下降 10%。根据弹性与总收益变化的规律，在缺乏弹性时（弹性在 0 到 1 之间），涨价尽管会减少客流，但票价上升带来的效益会抵消客流下降带来的损失，所以票价总收入还是会上升的，运营效益会上升。而且，经过提价过滤后剩下的客流，都是支付能力较强的乘客。这部分乘客追求的不仅是通达性服务，在舒适性、便利性方面有更高的追求，其对应的出行需求层级较高，对出行环境要求较高。另外，分流后的轨道交通运输服务品质也大大提高，与该部分乘客的期望接近。

（二）小汽车交通需求富有价格弹性，可通过调整小汽车出行成本来影响出行量，缓解其对城市道路交通产生的压力

小汽车保有量的主要影响因素是收入，收入增长会刺激小汽车保有量的上升。我国正处于居民收入持续增长的阶段，目前人均 GDP 还不足 1 万美元，根据国际经验小汽车保有量还处于上升通道中。我国政府提出的民生发展指标要求人均收入增速不低于国民经济增速，所以在可预见范围内，我国人均收入仍会持续上升。各种因素都朝着推高小汽车保有量的方向发生作用，可以预计，我国小汽车保有量还将持续增长，旺盛的消费需求还将持续一段时间。一些城市实施的小汽车限购政策虽然表面上能压制短期保有量的增速，对小汽车出行需求形成刚性约束，但高层级出行的需求增长并未消失，仍在积蓄和增加，反而在这种压制下获得了加强。这种上升的需求是客观发展的结果，是社会进步向上的表现，应正面回应和解决，不应消极压制。在小汽车出行需求的各种弹性值中，出行需求价格弹性最大，城市内的小汽车出行者对停车费和通行费变动反应比较敏感，这些费用的上升会明显减少小汽车出行量。因此，可以根据小汽车出行需求弹性变化规律，制定小汽车出行成本调整政策，通过调节驾车者比较敏感的费用构成和成本水平，引导人们在合理的时间和区域内科学地使用小汽车，或者将旺盛的小汽车出行需求疏导至可替代的其他交通出行方式。

本章小结

交通出行需求受到多种因素的影响，这种影响可通过需求弹性系数反

映出来。一般地，任何一种交通方式短期内出行需求均缺乏弹性，而长期富有弹性，这是因为短期内出行者面对各种变化不能及时调整，长期内则有多种选择可用，经验数值显示长期弹性为短期弹性的 1.5—2 倍。从当前国内外研究来看，城市交通出行需求接近于一种生活必需品，总体上缺乏价格弹性。对不同城市交通方式的价格弹性而言，不同交通方式的弹性值有明显区别，常规地面公交需求弹性最小，轨道交通次之，小汽车出行则具有较大弹性，这表明不同出行群体对价格或成本的反应是存在差别的。从影响出行需求的其他因素来看，小汽车出行的收入弹性、时间弹性、交叉弹性均大于轨道交通和常规地面公交。各种交通方式的需求弹性不同，这给实施交通需求管理政策调整出行需求量提供了理论指导。结合我国经济社会发展的趋势和城市交通出行发展的阶段来看，我国小汽车出行需求还将持续上升。然而，有限的城市交通资源无法承载小汽车出行持续增加给交通带来的压力，必须为旺盛的小汽车出行需求寻找合适的出路和替代方式。这需要采取交通出行需求管理策略和手段调整小汽车出行需求，而各种小汽车出行影响因素的弹性变化值为科学制定需求管理政策提供了重要参考。无疑，弹性较大的影响因素成为政策着力点的优先选项，小汽车出行成本、常规地面公交票价、轨道交通票价都可以成为采用经济手段实施需求管理的政策工具。

第五章

交通价格与成本

第一节 对价格机制的认识

一 价格的作用

价格是经济学理论研究的核心问题，经济学家对价格及其机制的研究一直在不断深入。亚当·斯密在《国富论》中提出，如果交易是自愿的，那么除非双方都认为自己能够从交易中获利，否则交易不会发生。美国著名经济学家弗里德曼也指出，"正如没有哪个社会可以完全依靠命令原则来运作一样，也没有哪个社会可以完全依靠自愿的合作来运作"①，社会经济体系的运转在价格传递的信息下有条不紊地进行着，价格正是实现整体社会交易有序进行的核心因素。价格产生于买卖双方的自由交易，价格体系协调着千百万人的活动，在每个人追求自身利益的过程中，都会客观地使别人的状况变得更好。在价格体系的指引下，既不需要中央指令，也不需要人们之间彼此沟通就能引导人们完成各种交易，并使整体福利得到改善。正如人们购买商品时，并不知道是谁参与了生产的具体环节，但这并不妨碍人们正常地、自由地交易和消费。价格体系在正常发挥作用时运转得如此有效和良好，以致人们在多数情况下并没意识到它的存在。直到因为某些因素使价格体系运行受阻并产生不良后果时，人们才切实认识到价格机制正常发挥作用的重要性。经济学理论阐明，建立并保持价格机制的正常运转是使资源配置达到最优的必由之路。

在经济学理论分析中，多数情况下研究的是价格的变动及其影响。新

---

① [美] 米尔顿·弗里德曼、罗丝·弗里德曼：《自由选择》，张琦译，机械工业出版社 2008 年版，第 11 页。

古典经济学理论认为，价格变动反映着供需双方关系的变化，市场价格由需求曲线与供给曲线共同决定，均衡价格反映了二者达到平衡时的状况。在价格受到市场以外力量的干扰时，会产生不同的后果。以价格管制为例，若设定的最高限价低于均衡价格水平，购买者对商品的估价大于管制价格，必定蜂拥而至，产生供不应求的状况，此时市场上的商品会产生短缺；若管制设定的最低限价高于均衡价格水平，供给者提供商品的成本小于管制价格，出售商品有更多的利润可图，供给者在价格信息的带动下会增加商品的生产和供应，由于多数消费者对商品的评价低于管制价格，不会购买，供过于求必然产生过剩，造成滞销局面。这一过程和结果清晰地反映了市场中价格的作用。在此处，可明显观察到价格具有的传递信息和影响购买决策的作用。然而市场中价格的作用并非止步于此，经济学家弗里德曼认为，价格在市场中发挥的作用至少包括三点，即传递信息、提供激励和收入分配，作为自由派的经济学大师，他的这一观点被普遍接受。弗里德曼以商品的生产和销售为例，阐述了价格的这三个作用。他指出，无论何种因素引起商品需求的增加，这种信息会沿着供应链向上游传递，零售商增加对批发商的订货，批发商增加对生产厂家的采购，而厂家会向原料供应商订购更多的原料。生产厂家为了使原料供应商供应更多，就提高价格，而原料供应商为了实现产出更多的目标，需要增加劳动力投入和原料采购。这个过程如同涟漪一样在商品生产和交易的链条上传播扩散，所传递的核心信息就是对该商品的需求增加了。而在信息传递的过程中，重要的部分被保留，并被关心和利用它的人所用以获得利益。供应商、生产商、劳动者等各个环节的参与者关心这些信息，是因为可以以更高的价格和更多的数量完成交易并获得更多收益。这样，市场信息的变动便通过价格的变动得以传递，并自然而然地将利益相关者"组织"在一起，实现价格传递信息的功能。在信息传递过程中，各方接收者会自动根据价格变动调整个体的行为。如商品价格上涨会促使消费者思考如何减少或高效率使用，劳动力和原料价格上涨会促使厂商开发更有效率的生产技术和方法。价格传递信息的过程中不但使各环节参与者改变行为，而且激励其找到更合适的途径应对这一变化，这便是价格的激励作用。价格的分配功能则与前两个功能紧密相连，在激励人们改变行为时获得应有的收益。人们在寻找、筛选、利用价格信息并调整自己的行为时，必然获得相应的收益，否则没有人有动力去对价格传递的信息做出反应。

二　交通价格的作用

交通运输活动作为国民经济活动的一部分，是经济正常运转和社会发展进步必不可少的重要组成。与有形商品一样，交通运输领域也存在大量运输交易行为，并受市场规律支配。交通运输中有需求方（乘客或用户）、供给方（政府、企业或个人）、交易对象（运输服务）、价格（票价或成本），在交通运输市场中价格机制也发挥传递信息、提供激励和收入分配的作用。与一般商品交易不同的是，交通运输领域的交易更加多样化，既有纯粹的市场交易（买卖双方完全由市场组织，竞价交易、价高者得的运输服务），也有政府管制下的交通运输服务（享受政府提供的低价或补贴的城市公共交通服务），还有完全按照行政命令配置交通运输的免费服务（如为老年人、残障人士提供的交通出行服务、救灾运输等）。有些交通运输服务看似并不受价格的影响，但无论哪种方式下，价格机制都在发挥作用，而区别则在于是否全部依据价格传递的信息配置资源，是否把可用的交通资源都做了最有效率的安排。

在西方运输经济学理论中，按交通运输系统组成部分价值转移方式的不同，将其做了三个层次的划分，分别是最基层的运输基础设施系统、中间层的载运工具系统以及表层的运输服务系统，每个层次都构成了一个运输系统子市场。每层子市场的服务对象和价值转移与补偿方式不同，表层和中间层面向用户提供运输服务或载运工具，具有私人商品的性质，在配置资源时多通过市场组织实现；最下层的运输基础设施提供公共服务，性质接近公共产品，多采用政府供给的形式。在不同层次的运输市场中，价格均在发挥作用，只是不同类型市场中，价格的一部分功能被屏蔽掉，不像自由市场上一样能将传递信息、提供激励和价值补偿的作用全部发挥出来。在交通运输的不同子市场中，交通运价表现为价格或成本，其所起的作用是不同的。

（一）在自由的交通运输服务市场中价格机制正常发挥作用

在以市场交易为主的运输服务市场，运价与一般市场体系中的价格发挥作用完全相同。运价传递交通运输服务供需双方市场变动的信息，激励运输市场的参与者以更有效率的资源安排参与市场交易和竞争，寻求利益的最大化，运价也作为运输服务的价值补偿方式发挥作用。所以，在自由交易的运输服务市场中，价格变化传递着资源配置的方向和信息。当运价上升时，需求方的出行者减少不必要的旅行，或缩短出行距离，供给方则千方百计增加交通运输服务的供给，满足人们出行需求的同时增加企业的收益和利润；而运价下降时，会有更多的潜在运输需求转化为现实需求，供给方则出于节约成本的考虑会缩减供应数量，并通过各种营销手段吸引乘客以增加收益减少亏蚀。运输价格机制在发挥作用时，运价的波动对交通供需双方的行为产生激励，使其按照最有效的方式供给或消费运输服务。交通运输服务市场中的表层市场和中间层市场的价格基本反映了市场资源供给的状况，传递供需变化的信息，形成增加或减少交通运输服务供给的激励。

（二）在有政府力量干预的运输基础设施市场中价格机制作用受限

交通运输行业作为国民经济发展的基础性、先导性行业，交通运输基础设施的建设不仅承担了供给运输服务要素的功能，还承担了支撑国土开发、经济发展、加强社会联系的功能，在国民经济和社会发展中发挥先行官的作用。在现代政府管理中，交通运输基础设施的规划、建设和发展一般优先于其他行业和领域。因此，交通运输基础设施的发展往往领先一步，并且大多情况下是根据行政程序而非市场机制来配置交通资源。交通运输基础设施的供应以政府投资并以公共服务的方式提供（此处的公共含义是指提供共用的平台），以支撑上层系统的正常运转。运输基础设施市场中更多是利用行政手段对资源进行配置，交通资源通过政府的财政预算安排来配置，政府投资决策依据不仅仅考虑经济因素，还要考虑其他方面。由于这一决策过程并不像上层运输服务市场那样有无数个决策者参与，所以实际中运输基础设施市场中的价格并非形成于市场机制，而是产生于行政程序。虽然，交通运输基础设施成本（该市场的价格）最终会进入上层市场用户的运输价格或成本，但建设成本并不对运输基础设施资源的配置起决定作用，在这里，运输基础设施成本是交通资源配置的结果而非原因。可见，在交通基础设施市场中，是缺乏健全的价格机制的，交通资源的配置往往并不能充分反映供需关系。行政程序配置资源的弊端无须多说，造成的后果也显而易见。常见的情况是，在交通运输基础设施过剩的地方造成闲置和浪费，在短缺的地方产生拥挤和过度使用，运输基础设施的供给和使用总是难以根据市场的情况进行适时调整。在缺少价格机制的交通运输基础设施服务市场中，真实的供求信息难以传递至市场的参与者，从而不能形成正确的激励，这种价格更谈不上交通资源的价值补偿了。

城市交通中，基础设施的供给尤其短缺，如何使有限的交通资源得到最合理有效的安排，不仅是提升城市交通运行效率的要求，更是促进城市交通资源合理配置、实现可持续发展的必由之路。人类社会发展的历史证明，市场化的方法和手段无疑是配置资源的最有效制度安排，面对资源配置问题，在缺乏市场机制的领域和环节建立相应的机制，充分发挥价格的激励和引导作用，是最有效和最可能的途径。

三　交通价格与成本

（一）正常市场中价格与成本保持内在一致

价格在市场交易中形成，市场供需双方力量达到均衡时形成市场均衡价格，此时的价格反映了市场中商品或服务的供需状态。从价格形成的技术层面讲，需求曲线和供给曲线的交点决定了市场价格的水平，成本则是供给方已经付出的各种要素投入的总代价。成本与价格的形成机理不同。在价格形成与供需双方的交易中，成本完全由供给侧的投入代价所决定。供给曲线代表了生产者提供商品的意愿和能力，这种意愿能力的大小，则是由成本来决定的，因此，供给曲线的高度即代表着在该点产量上商品成本的水平。在信息和资源充分流动的市场中，价格由供需双方力量共同决定，而价格的变动又反馈给供需双方市场上的信息。在市场出清时，均衡价格应该包括全部的供给成本，这样的价格才是真正反映了全部供给要素投入的真实价格，其传递的信息才是反映了资源利用和分配状况的。

（二）价格缺位时由成本传递信息

城市交通领域中不是在所有场合都存在供需双方的交易，所以有时难觅市场价格，这时与供需关系密切的是成本而不是价格，成本水平的高低可以影响供需双方的力量对比。如，在交通方式票价浮动时，在步行和小汽车出行的供需力量对比中，若出行成本高到一定程度，相应的需求量会减少，人们会选择其他方式出行，反之则会增加。因此，在价格缺位的情况下，成本会部分发挥价格的功能，调节供给并传递相关信息。

（三）城市交通供需由价格和成本共同发挥作用

市场是配置资源最有效率的机制和方式，市场机制的正常运转离不开价格的作用。在城市交通中，所有的交通方式构成一个大的市场，而具体的交通方式又形成了一个个细分领域，然而不是每个市场中都有健全的价格机制，价格或缺位或扭曲，难以使市场运转向高效率方向前进，极易导致供需结构失调的状态，而供需失衡正是交通拥堵产生的根源。因此，要消除拥堵，就要在价格缺位的情况下，在交通领域建立模拟市场机制运行的信息传递和资源调配运行机制，促进供需均衡，这种模拟机制的建立，需要交通价格和成本共同发挥作用。

第二节　交通出行成本

一　交通出行成本的概念和构成

（一）成本的解释

成本为获得某事物而付出的代价。成本因选择而起，当人有所选择和放弃时，便会产生成本。最能全面反映成本概念的是机会成本，在多种可行方案中进行选择时，被舍弃的最高的价值便是本次决策的机会成本。根据支付代价形式的不同，机会成本由两部分构成，一部分是显性成本，需要用货币支付；另一部分是隐性成本，以货币以外的时间、劳务等其他方式支付。显性成本的支付直接减少货币财富，人们对显性成本的理解深入人心，而隐性成本的偿付则不直接减少货币财富，所以常被忽视。

成本影响人的决策，这是因为人在进行抉择时总要对比所获收益和成本代价，根据结果决定选择。因此，成本总是具有指向性，可以归依到具体的对象。理论上，无论是显性成本还是隐性成本，最终都应进入决策函数，与收益进行配比。相比隐性成本，显性成本更明确和具体，更容易归依到成本对象，而隐性成本则不像显性成本那么容易追溯。这一方面是因为习惯上人们常用货币度量成本，以非货币形态的一些隐性代价转化为货币代价时有一定难度，在量化方面存在困难；另一方面是由于有些隐性成本的支付是在不知不觉中发生的，如时间等，而这些未必能为决策主体察觉。由于隐性成本的这个特点，使其在决策时经常被忽略掉，在这样的情况下进行决策，其结果显然是不科学的。

除了隐性成本会影响人们决策的科学性以外，还有一种成本也会使决策走偏，那就是外部成本。如果把个人承担的成本看作内部成本的话，那么外部成本就是那些应该承担而未承担的成本。外部成本由外部性引起，当人们的选择对旁观者福利产生影响而无任何补偿时，便会产生外部性。

外部性分为正外部性和负外部性，分别对应旁观者福利的增加和减少两种情况。当某种行为有正外部性产生时，施加影响的一方总是千方百计要享受到该行为带来的好处，并尽力使这种益处归个人享用，所以正外部性会逐渐消失。如发明家为自己的发明创造申请专利，用户必须付费才能使用。当某种行为有负外部性产生时，旁观者的损失被发出行为的一方损害，需要行为发出方对旁观者进行利益补偿，出于自利的动机，在缺乏强有力约束的情况下，行为主体不会主动承担责任。所以，在正外部性逐渐内部化为一定收益的同时，负外部性产生的影响不会自然消失，正因如此，外部性作用最终就仅剩下负外部性了。因此，在分析某项选择、商品或行为所对应的成本时，还应在机会成本中再加进外部成本，才能反映真实成本的构成。

（二）广义交通出行成本

出行成本可定义为从起始地至目的地的一次出行过程所付出的总代价。广义的出行成本就是机会成本的概念，包括了一切为出行而付出的代价。从出行成本构成上看，一次出行包含了多方面的资源投入，既有用货币支付的燃料费、通行费、停车费、车票等显性成本，也有因出行而耗费的时间价值隐性成本；既有出行者承担的内部成本，包括购置交通工具、使用交通设施、购买交通服务、出行时间价值损失等支付的费用或承担的代价，也有由个体产生但最终由社会或他人承担的外部成本，包括交通拥挤、环境污染、生态破坏等。

在出行成本中，内部成本中的显性成本更易被确认和计量，而隐性成本和外部成本由于相对隐蔽或难以考虑周全而不易被感知。所以，在多数情况下，人们计算出行成本时仅考虑到内部成本，这样的成本实际上是一种狭义的出行成本，仅仅反映了个体支付的能感知到的显性成本的一部分。要全面反映出行活动占用的资源和消耗，则需要用到广义出行成本的概念。广义出行成本包含了内部成本和外部成本，可以全面反映出行行为的代价。

对于外部性成本来讲，由于外部性复杂多变，人们对外部性的影响和确认总是受制于认识水平的提高和技术手段的进步。有些外部性成本尽管可以感知到，但仍然难以精确计量，这给外部成本的确认和归依带来非常大的难度。从这个意义上讲，尽管广义出行成本从内涵上给出了全面的解释，但实际上不可能从外延上全部找出对应的成本项目和数据。任何时候都不可能完整地挖掘出机会成本尤其是外部成本的全貌，只能随着知识的积累和技术的进步而无限接近。因此，从成本外延的角度来讲，广义出行成本也不是一成不变的，它自身也有一个不断扩充和完善的过程。基于目前对交通出行的研究和认识，其广义出行成本构成见图 5-1。[①]

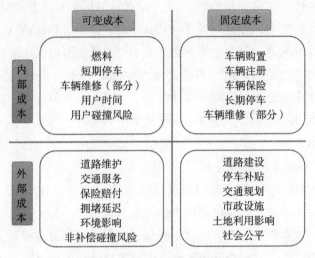

图 5-1　广义出行成本的构成

（三）交通出行成本的分类

1. 内部成本与外部成本。根据承担主体不同，广义出行成本可分为内部成本和外部成本。内部成本也叫个人成本，这部分成本完全由出行者个人承担，既包括以货币支付的车辆购置、燃油、停车、维修、保险等费用，也包括个人出行时间的耗费。外部成本因出行行为产生，但并不由个人承担，由社会和他人承担。外部成本包括了环境污染、交通事故、交通拥堵及城市发展等方面的投入和费用。根据道路交通流的特性，在车流量超过一定限值时，道路交通密度加大，车辆间的互相干扰增加，行驶速度降低，路面会变得拥挤，道路通行能力下降，道路服务水平降低。由此带来整个路段车辆油耗上升、出行耗时增加、尾气排放多等问题，这些问题最终可以量化为一定的货币成本。由于道路交通处于拥堵状态时，全体出行者都蒙受负面影响，增加出行成本，因此，在出行个体贡献了一部分

---

① 马嘉琪、白燕：《基于出行成本管理的城市交通拥堵治理策略》，《综合运输》2010 年第5 期。

"拥堵"时，产生的边际成本要高于其实际承担的成本，未承担的部分通过各种方式和渠道转嫁给了他人。如尾气排放增加加剧了大气污染，这个后果由城市的所有居民承担；车速下降延长了出行时间，这个后果由路面交通参与者承担；道路服务水平下降，全体出行者都感受到出行体验的降低。应该由出行者承担的"真正成本"和"负担成本"之间的差额部分就是外部成本。从成本的追溯原则来看，个体出行产生的费用当然应该由个体承担，这不仅是谁使用谁负担原则的体现，更是建立有效交通秩序和科学激励机制的必备条件。

2. 固定成本、变动成本与混合成本。根据价值转移方式不同，广义出行成本可分为固定成本、变动成本和混合成本。不同种类资源投入的价值消耗转移方式是不同的，有些资源需一次性投入，总成本消耗与出行量多少无关；有些需分次投入，总成本随着出行次数或出行距离的增加而增加；还有一些则是介于前两种类型之间，一定范围内保持不变，突破一定界限则增加。在这些出行成本中，固定成本包括车辆折旧、车辆保险、道路设施建设等，变动成本包括燃油费、通行费、出行时间投入等，混合成本包括停车费、环境污染等。

3. 货币成本与非货币成本。根据成本费用支付形式不同，广义出行成本还可以划分为货币成本和非货币成本。发生货币成本时，需要出行者以货币支付其对资源占用的代价，包括交通工具的购置、燃油、保险、停车、维修等。货币成本费用项目大多在市场交易中完成，需要以货币购买。非货币成本则主要是时间成本、环境污染成本，这些成本虽然确实发生，但要么交易主体不明确，要么可以躲避掉，其基本特征是不用货币偿付，市场交易中不包括这些项目。

需要注意的是，在以不同维度划分成本项目时，统一成本项目可以表现为不同的形态，这并不意味着成本的性态不稳定，而是由于分析角度的差异，并不影响成本固有的特性。根据以上分析，广义交通出行成本可分类见表5-1。

表5-1　　　　　　　　　交通出行成本分类

序号	成本	内容解释	内部/外部	固定/变动	货币/非货币
1	车辆保有	与车辆使用不成比例的车辆拥有费用	内部	固定	货币

续表

序号	成本	内容解释	内部/外部	固定/变动	货币/非货币
2	车辆运行	用户支付的与车辆使用成比例的费用	内部	变动	货币
3	运行辅助	不由用户支付的车辆使用费	外部	固定	货币
4	出行时间	出行占用的时间	内部	变动	非货币
5	内部事故	由用户承担的车辆事故费用（免赔额）	内部	变动	非货币
6	外部事故	不由用户承担的车辆事故费用	外部	变动	货币/非货币
7	内部停车	用户承担的停车费	内部	固定	货币
8	外部停车	不由用户承担的停车费	外部	变动	货币
9	交通拥堵	新驶入路段的车辆给其他用户造成的影响和交通延迟	外部	变动	货币/非货币
10	道路设施	不由用户承担的道路建设、维护、运行费用	外部	变动	货币
11	土地价值	用于修路土地的机会成本	外部	固定	货币
12	市政服务	用于车辆交通的公共服务	外部	变动	货币
13	公平选择	减少的出行选择，尤其是对于弱势群体	外部	变动	非货币
14	空气污染	机动车辆尾气排放污染治理费用	外部	变动	非货币
15	噪音污染	机动车噪声污染治理费用	外部	变动	非货币
16	资源消耗	消耗燃油和其他自然资源的外部成本	外部	变动	货币/非货币
17	屏障影响	机动车与非机动车和行人的隔离	外部	变动	非货币
18	土地利用	低密度、机动化主导的土地利用引致的经济、环境和社会成本	外部	固定	货币/非货币
19	水污染	机动车、道路对水体的污染	外部	变动	非货币
20	废物处理	机动车废弃物处理的外部成本	外部	变动	非货币

二　城市交通出行成本的量化

（一）国外对城市交通成本的研究

广义出行成本中的显性成本直接表现为货币形态，可以直接计量；而隐性成本和外部成本则因大多是非货币支出和非直接发生的费用，在估算时不仅要进行种类和范围的甄别，还要在影响程度上进行细致深入的研究，最终才能获得近似数值。那些隐蔽性、非货币形态的成本，给测算广义出行成本带来重重困难。随着人们认识的加深，对外部性的认识和防控手段也在发生变化，人们总是想方设法降低或消除外部性的影响，出行的外部成本范围和数值也在变化，这更增加了成本测算的难度。尽管如此，基于现有的认识水平和技术手段，还是可以估算一部分外部成本的数值。在交通出行外部成本的研究方面，美国和欧洲开展了卓有成效的研究。

2008 年欧洲基于多项研究成果发布了《外部性手册》，从交通拥堵、交通事故、空气污染、交通噪声、气候变化、其他环境影响、基础设施使用七个方面对不同路面车辆行驶工况进行了阐述，为制定减少交通外部性影响的内部化政策提供参考。[1][2][3] 欧盟国家各种交通出行方式产生的外部成本情况见图 5-2。

在欧盟各国交通出行方式中，除拥堵成本以外的其他外部成本中，公路客运的外部性最大，其次是航空客运，外部成本最小的是铁路客运。无论对哪种交通方式而言，都对环境变化产生了影响，且这种影响并未由用户承担，成为该种交通方式的外部成本。在公路客运方式中，交通事故成本占了较大比例，尤以摩托车和小汽车比较突出；公路交通工具引起的气候变化是仅次于交通事故的第二大外部成本，空气污染也是公路客运外部性相较于其他方式比较突出的一方面。航空客运的外部成本主要集中在对气候变化的影响，铁路客运的外部性主要是在其他对环境产生间接影响的方面，如能源生产、车辆制造与回收、基础设施建设运营维护等过程中造成的资源消耗与环境污染。

为科学认识和评价交通发展模式对经济社会带来的影响，制定更科学的交通运输政策，减少交通运输的外部性，提升交通运输系统的运行效率，促进经济社会可持续发展，美国也开展了多项交通运输外部性成本的研究。在 1997 年，美国开展了一项针对圣地亚哥市交通出行成本的研究，深入分析了不同交通方式的成本构成及影响。随后在后续研究中又进行了深化，对不同交通方式、不同区域、不同时段条件下广义出行成本的状况

① Maibach, M. , et al. , "Handbook on Estimation of External Costs in the Transport Sector", *Ce Nl*, Vol. 37, January 2007.

② Huib van Essen et al. , *External Costs of Transport in Europe‑Update Study for* 2008, Delft, September 2011.

③ Artem Korzhenevych, Nicola Dehnen, *Update of the Handbook on External Costs of Transport*, European Commission, January 2014.

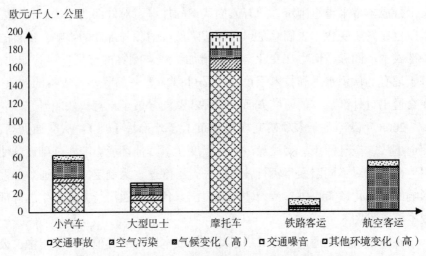

图 5-2　欧盟各种交通方式出行外部成本（不含拥堵成本）

数据来源：Maibach, M., et al., "Handbook on Estimation of External Cost in the Transport Sector. Produced within the Study Internalisation Measures and Policies for All External Cost of Transport (IMPACT) version 1.0", *Genèses*, Vol. 1, No. 1, 2007; Huib van Essen et al., *External Costs of Transport in Europe-Update Study for* 2008, Delft, September 2011; Artem Korzhenevych, Nicola Dehnen, *Update of the Handbook on External Costs of Transport*, European Commission, January 2014.

进行了比较和分析。

美国各种交通方式的出行成本特点如下：一是显性成本和固定成本占比低。大部分交通方式中变动成本和固定成本构成的显性成本占出行总成本的一半都不到，而且在机动化交通出行如小汽车、厢式客车、摩托车的显性成本中，固定成本的比例明显占优，超过了变动成本。二是隐性成本以时间成本为主。隐性成本中出行时间成本在每种方式中都占有相当大的比例，其中以步行方式的时间成本最大，其次为摩托车，除了远程办公方式外，机动化交通方式出行的时间成本不低于固定成本的比例，其中汽车共乘方式（搭顺风车）除时间成本外几乎无其他成本项目。三是外部成本主要集中在机动化交通中，公共交通的外部成本主要是市场化的成本，而摩托车、小汽车等私人交通方式的外部成本主要是非市场化的成本。美国不同交通出行方式成本构成见图 5-3。

根据出行所处的区域和时间不同，出行成本也有差异。这是因为一部分成本是随交通环境而发生变化，如车速、交通量、平均收入、污染水平等因地而异，环境不同成本水平也不同。以机动车出行为例，平均来看市

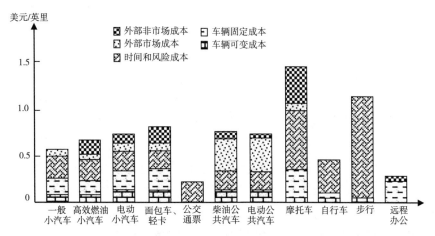

图 5-3　美国不同交通方式出行成本构成比较

数据来源：Litman，Todd，*Evaluating Active Transport Benefits and Costs*：*Guide to Valuing Walking and Cycling Improvements and Encouragement Programs*，Victoria Transport Policy Institute，2016，www. vtpi. org。

区高峰时段的交通出行成本最高，其次为市区非高峰时段，最低为乡村地区，其中的主要差异在非市场化的外部成本部分，见图 5-4。

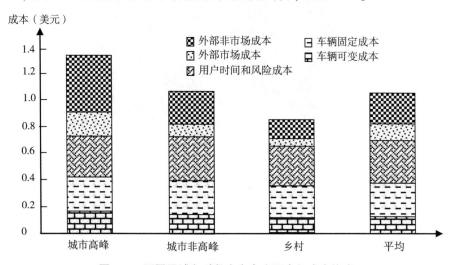

图 5-4　不同区域和时段小汽车交通出行成本构成

数据来源：Litman，Todd，*Evaluating Active Transport Benefits and Costs*：*Guide to Valuing Walking and Cycling Improvements and Encouragement Programs*，Victoria Transport Policy Institute，2016，www. vtpi. org。

　　具体到小汽车出行方式，其出行总成本中内部可变成本占了 37%，内部固定成本占到 28%，外部成本占到 35%。内部固定成本主要为车辆保有成本和固定停车费，内部可变成本主要为运行成本（燃油、维修等）、部分事故损失、出行时间、道路设施费用等，若去掉出行时间等隐性成本，内部可变成本的比例将进一步减少。研究表明，对出行决策产生较大影响的成本为显性变动成本部分，即出行者支付的货币成本。从小汽车出行成本结构可以看出，总成本构成中很大一部分为个体未承担的外部成本（35%），这部分成本实际上可以看作是出行者享有的一种"收益"，这个"收益"的存在促使形成"多享用少付费"的激励机制。在很大一部分成本不由出行者承担的情况下，这等于增加了小汽车出行的效用。只要外部成本不进入个人决策成本函数，就存在鼓励自驾出行的激励，这可以解释为何各种限制小汽车出行的政策常常失效。美国小汽车平均出行成本构成见图 5-5 和图 5-6。

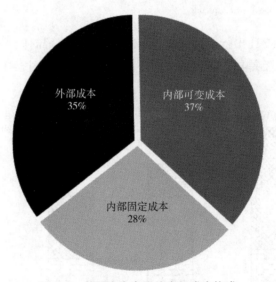

图 5-5　美国小汽车平均出行成本构成

（二）国内对城市交通出行成本的研究

　　国内学者对城市交通出行成本也开展了相关研究，在广义成本构成上与国外研究接近，但对出行成本的测算结果差异较大。限于交通出行统计数据的短缺，国内研究基本上以不同城市零散的小规模调查数据为基础，基础数据薄弱导致出行成本测算结果差异显著，见表 5-2。

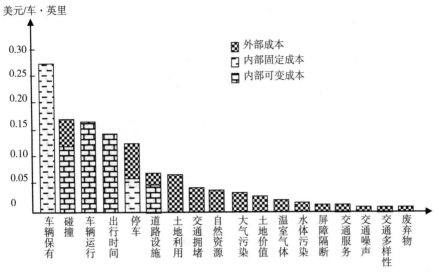

图 5-6　美国小汽车出行成本分布

数据来源：Litman，Todd，*Evaluating Active Transport Benefits and Costs：Guide to Valuing Walking and Cycling Improvements and Encouragement Programs*，Victoria Transport Policy Institute，2016，www. vtpi. org。

表 5-2　　　　　　　　　　**城市交通出行成本研究**

研究者	年份	城市	交通方式	成本构成	测算结果
高婷婷 胡永举	2006 2009	哈尔滨	所有方式	（1）使用者成本 （2）基础设施成本 （3）出行时间成本 （4）外部成本	单位：元/人·公里 （1）步行：0.445 （2）自行车：0.649 （3）公交车：0.649 （4）摩托车：1.853 （5）小汽车：2.002 （6）出租车：1.694
何建中	2009	北京	小汽车	（1）内部出行时间成本 （2）环境污染成本 （3）交通事故成本 （4）车辆使用成本 （5）道路基础设施成本 （6）拥挤外部成本	单位：亿元，括号内为占 GDP 百分比 总成本：649.150（9.426%） （1）出行时间成本：242.356（3.519%） （2）环境污染成本：18.148（0.264%） （3）交通事故成本：9.667（0.140%） （4）车辆运行成本：176.670（2.566%） （5）道路基础设施：21.978（0.319%） （6）拥挤外部成本：180.331（2.619%）

续表

研究者	年份	城市	交通方式	成本构成	测算结果
范雪婷	2011	广州	小汽车	（1）内部出行时间成本 （2）车辆使用成本 （3）道路基础设施成本 （4）拥挤、延误外部成本 （5）环境污染成本 （6）交通事故成本	单位：元/车·公里 总成本：7.02 其中，出行时间：2.38 车辆使用：1.36 基础设施：0.18 社会成本：3.10
范雪婷	2012	广州	小汽车 公交车	（1）社会成本 （2）拥堵成本 （3）污染成本 （4）交通事故成本	单位：元/人·公里 （1）小汽车：2.3006 其中，拥堵：0.24，污染：2.06，事故：0.0006 （2）公交车：1.4844 其中，拥堵：1.48，污染：0.004，事故：0.0004
孙峰涛 杨涛	2013	南京	电动自行车 公交车 出租车 私家车	（1）使用成本 （2）时间成本	单位：元/车·公里 （1）电动自行车5.47 其中，时间：5.04，使用：1.02 （2）公交车：9.32 其中，时间：9.14，使用：2.68 （3）出租：30.12 其中，时间：7.16，使用：24.16 （4）私家车：27.7 其中，时间：6.31，使用：22.39
张媛媛	2013	重庆	公交车 轨道交通	（1）使用者成本 （2）社会成本	单位：元/人·公里 （1）公交车：5.2769 （2）轨道交通：2.4382
陈艳玲	2013	南京	公交车 地铁 小汽车	（1）提供者成本 （2）使用者成本 （3）社会成本	单位：元/人·公里 （1）公交车，总成本4.363 提供者：0.117，使用者：3.986，社会：0.260 （2）地铁，总成本2.686 提供者：0.194，使用者：2.405，社会：0.087 （3）小汽车，总成本：5.776 提供者：1.753，使用者：1.210，社会：2.813

　　不同城市在经济社会发展水平、综合交通发展阶段和运行环境、交通出行结构等方面不同，在出行成本上的差异在所难免。从以上各类成本结构来看，基本上能反映出行成本构成的一般特点。以小汽车出行为例，从

国内研究数据来看，个人承担的内部成本占比在 20%—65%，社会承担的外部成本占比在 35%—80%，这与美国小汽车出行成本中外部成本占比结构接近。

三　出行成本影响出行决策的机理

（一）出行成本对出行决策的影响

在交通出行环境和其他不变的前提下，决定选择出行方式的主要因素是出行成本。利用出行成本来调节交通出行量，是世界各国经常采用的交通需求管理手段。如，通过调节车辆购置成本、停车费率、燃油价格、通行费用等成本项目的水平，促使出行者重新选择出行方式，使城市出行结构趋于合理。然而，出行成本各项目如何影响出行决策，以及应根据这些影响构建何种调节激励机制来引导人的出行，却是一个广受争议的问题。出行成本费用项目的存在形态、承担主体、支付方式等情况各异，影响出行决策的机理不同，因此，调节不同的成本项目引发的后果也就不同。根据已有的研究结论，在各类成本中，内部成本对出行决策的影响最大，因为这类成本直接由出行者承担，进入出行决策函数。同时，由于人们心理与偏好的不同，在内部成本中又以货币支付的成本对出行决策影响比较明显。以小汽车出行为例，不同成本项目对出行决策的影响是不同的：内部可变成本直接影响出行决策；内部固定成本影响车辆所有权，但不影响出行决策；外部成本对个体出行决策无直接影响，见表 5-3。

表 5-3　　　　　　　　出行成本项目影响出行决策的方面

对出行影响	直接影响出行决策	影响车辆购置	不直接影响出行决策
成本项目	燃油费、通行费 出行时间、停车费	车辆折旧 车辆保险	尾气排放、汽车噪音、地面震动 交通事故、出行延迟、交通设施 交通管理、交通补贴、车辆牌照

数据来源：杨忠伟、刘晓明：《城市交通出行成本对出行结构的影响》，《交通运输系统工程与信息》2012 年第 4 期。

从表 5-3 可以看出，燃油费、通行费、停车费等直接影响出行决策，可通过调节这几项货币成本直接影响出行决策，这可以成为交通需求管理的重要手段和途径。车辆价值的大小影响车辆购置决策，一旦车辆购置完备，则该部分成本便成为出行决策的沉没成本，无论是否出行，这部分成本都不对出行决策行为产生影响。而车辆保险一般作为法律强制要求的相对固定的费用支出，一旦发生也不会对出行决策产生影响，与车辆购置成本相同，成为沉没成本。

从第四章对交通运输需求弹性影响因素的分析可以了解到，燃油价格、车辆通行费、交通拥堵费、停车费、出行时间等因素的变动，会引起出行量的显著变化，而且随着时间的流逝，在长期内这种变化将更富有弹性。因此，在交通需求管理政策中，可以较多地利用这些费用项目调节出行需求。而且，可将各种费用调节政策有机结合，其对出行的影响效果更加明显。

由于大部分外部成本并未直接进入个体承担总成本的范围，所以不能对出行决策产生显著的影响。尽管一些外部成本如交通事故损失、出行延迟、交通补贴等与个人承担的出行成本有内在联系，但其产生直接影响的程度非常有限，所以外部成本对出行决策近乎没有影响。

（二）出行成本影响出行决策的作用机理

从交通出行成本构成看，主要是由外部成本、固定成本和非市场成本构成，出行者能感知到的部分明显低于其全部。由于市场成本以货币形式表现，便于衡量，因此用户在决策中对直接市场成本关注较多，而外部的、固定的、长期的、非市场的和间接的成本则常被忽视，因为这类成本大多数情况下以非货币成本形态存在，无须支付。根据前文对国内外出行成本的分析，小汽车出行成本中很大一部分是时间成本，对时间成本的忽视经常导致小汽车出行总成本被低估。加之小汽车出行成本中有较高比例的固定成本，而这部分成本在购车环节已经支付，虽然经过折旧的方式进入总成本，但并不需要用货币支付，实际上已经成为沉没成本。另外，就小汽车固定成本的性态而言，折旧按时间提取，在一段时间内固定不变，车辆使用越多单位平均里程上的出行成本越低，存在使用上的规模经济性，这在客观上形成了一种对增加使用的激励。由此，在外部性成本不影响决策和固定成本形成多使用激励的双重作用下，小汽车出行量必然上升乃至泛滥。法国交通专家 Mayer 研究发现，对单车通勤出行者提高出行成本或价格的政策是最有效的，通过一定方法显化和内化其出行成本，将个人的车辆保有成本与出行决策有机关联起来，使个体的自利选择与集体理性发展相一致，激励个体根据成本状况自主决策是否要购车及选择小汽车出行，让个体在对比权衡中决策，对形成良性的交通发展机制至关重要。

　　鉴于固定成本、非市场成本、外部成本对出行决策的影响，调整出行成本的交通需求管理政策应按如下原则构建激励机制和制定相应措施。

　　1. 尽量降低出行成本中固定成本占比，防止制定推高固定成本占比的政策。由于固定成本与出行量关系不大，所以出行成本中固定成本占比较高时，不利于实施需求管理。应将固定成本通过一定途径转化为变动成本，使其与出行量高度相关，从而对出行决策产生直接影响。以小汽车出行为例，固定成本主要为车辆购置成本和保险成本，由于固定成本不影响出行决策，所以通过提高车辆购置成本来减少出行的政策存在较大问题。对城市交通拥堵产生直接影响的是存量小汽车的行驶量，对已经购置车辆的群体而言，表现为车辆折旧的购置成本已经沉没，不影响存量车辆的使用。尽管限购可以控制小汽车保有量增速，减轻总量过多的压力，但与缓解迫在眉睫的交通拥堵相比，降低存量小汽车的使用强度并影响潜在用户的购车决策会更加有效。提高小汽车购置成本或限购并非良策，一是部分人群因购车时间滞后而受到政策限制无法购买有失公平，因为难以从法理上证明先购车的群体比后购车的群体在使用小汽车出行上有优先权；二是提高购车门槛使供给更加短缺，将推高存量车辆的价值，这将使车辆使用中固定成本的比例更高，且会对已有的存量车辆形成多使用的经济激励；三是随着人们收入水平的增加，支付能力提高会相对降低购车门槛，使提高购置成本的政策逐渐失效；四是外部强制行政政策下的干预结果一般效果不如人意，政策受众创新对策后行政管制结果会大打折扣甚至失效。

　　2. 通过一定制度安排将外部成本内部化，影响出行决策。外部成本的存在使得个人成本和社会成本发生背离，本该由个人承担的成本因市场失灵而无法归依到个人，这不仅不合理而且形成反向激励，由于外部成本无法进入个人决策参考范围，最终使社会资源配置不能效率化。城市交通出行产生大量的外部成本，尤其是小汽车的过量出行导致交通拥堵，不仅降低了通行效率，造成所有出行者旅程时间延迟，而且车辆在低速行驶下油耗加大，排放的尾气中会产生固体悬浮微粒，以及一氧化碳、二氧化碳、碳氢化合物、氮氧化合物等有害气体，对城市环境产生危害，影响人们的身体健康。通过一定的制度安排，如以"庇古税"形式加入税收或附加费，可使一部分外部成本内化，让出行者自己承担大部分成本，增加其出行的成本约束力，形成长效的内部激励机制，对降低出行量或优化出行结构大有裨益。

3. 尽可能将所有成本显化并转化为货币成本，增加决策相关成本的范围。非货币成本影响出行决策的作用较弱。尽管部分非货币成本也构成了广义出行成本，但这部分成本没有通过货币显化，所以对出行决策的影响是非直接的，如出行时间成本。人们在进行边际分析和决策时，以实际支付的代价计算分析，多数情况下并不将隐性成本计入其中，这使非货币成本"有实无名"。非货币成本显化后需要出行者实际支付，一方面会内化一部分外部成本，另一方面需要用货币支付时会增加其在出行决策中的权重，从而促使个体重新权衡抉择出行方式和时机。

第三节　城市交通出行成本研究

城市交通出行成本影响人们对出行方式的选择，了解小汽车出行成本的结构和水平，并把握各种交通出行方式当前的出行成本比价关系，不仅是通过定价引导以缓解交通拥堵为目标的前提，更是建立科学的城市交通定价体系的基础。鉴于小汽车交通对城市交通拥堵产生的重要作用，下文分析着重围绕小汽车出行成本展开。

一　小汽车交通出行成本建模与水平测算

小汽车出行所发生的机会成本包括内部成本和外部成本，内部成本由显性成本和隐性成本构成。显性成本是燃料、停车费等需要用货币支付的成本，以及交通设施使用成本；隐性成本主要是出行时间成本等。外部成本主要是拥挤成本、污染成本、事故成本、城市发展损失成本等，外部成本也是由小汽车出行造成，但由他人或社会承担，并未进入出行者个体成本函数。外部成本的范围很广，由于认识水平和技术手段的欠缺，还不能发掘出所有的外部成本，只能是明确一部分计入一部分。随着各种条件的变化，外部成本也在逐渐内部化，逐步进入市场交易中。目前研究认为，小汽车出行造成的外部成本主要包括拥挤成本、污染成本、事故损失和城市发展损失等。污染成本主要由车辆燃油消耗排放造成，而燃油价格中已经包含了燃油税，可以认为这部分外部成本部分得到了弥补；事故损失主要通过保险公司赔偿，车主也通过缴纳保险费的形式进行了部分补偿；城市发展损失方面因土地利用等造成的损失难以测算和归类，而城市发展概念宽泛且服务对象众多，由于交通造成的外部成本本来就难以测定，具体到小汽车更是难上加难，因此这部分成本尚不能明确。交通拥挤方面，大量小汽车上路造成交通拥挤毋庸置疑，由拥挤产生的成本也容易确定对象，这部分成本范围具体，对象明确，测算更具现实意义。鉴于以上分析，本研究将小汽车造成的拥挤成本作为主要的外部成本，测算小汽车出行的总成本。小汽车出行成本结构见图 5-7。

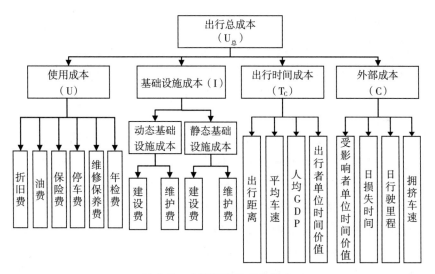

图 5-7 小汽车出行成本构成

车辆使用成本是指由出行者直接承担的以货币支付的成本，使用成本都是显性成本，且均由使用者承担，所以也是内部成本。主要包括车辆购置、使用、维护方面的一些费用，如折旧费、油费、保险费、停车费、维修保养费、年检费等。使用成本各项目的影响因素如下：车辆折旧取决于车辆购置价和使用年限，实际中小汽车的使用年限一般为 10 年，一般按直线法进行折旧；油费主要由车辆行驶里程决定，随行驶里程增加；保险费与汽车的购置费用和理赔历史有关，车价越高该项费用越高；停车费与公共停车场的收费标准和停放时间有关，越靠近城市中心区的公共停车场，停车收费标准越高；维修保养费与车辆的购置费用有关，车价越高该项费用越高；年检费是车辆管理部门的车辆安全性能检测收费，一般为固定费用。

交通设施成本是指服务于机动交通的道路基础设施成本，根据不同类别，可分为动态基础设施成本和静态基础设施成本。动态基础设施成本主要指道路设施的成本，包括道路的建设、养护管理等成本；静态基础设施成本主要指停车设施的成本，包括路边停车设施和公共停车场的建设与运维费用等。交通基础设施一般由政府以公共产品的形式供给，无须出行者直接用货币支付（但是最终要以赋税的渠道负担），对个体出行者来讲是隐性成本。交通基础设施成本可以根据建设费、维护费及使用年限等数据进行计算。

出行时间成本是指整个出行耗费的时间代价，将出行时间折算成一定的货币量即为出行时间成本。在计算出行成本时时间成本往往被忽视，因为这部分成本具有非货币化的特点。但实际上时间成本是很重要的一个成本项，出行时间是大多数通勤者在选择出行方式时考虑的主要因素。一般情况下，出行时间的价值与出行者的收入水平呈正相关的关系，即高收入者的单位时间价值要高于低收入者的单位时间价值。严格地讲，每个出行者的收入水平不同，其时间价值是不等的，但在衡量相同类型的出行时间成本时，只能采用较大人群范围基础上的平均值。

外部成本主要是拥挤成本。拥挤成本是因小汽车大量驶入道路，使道路通行能力下降产生交通拥堵，拥堵使其他道路使用者付出额外代价才能完成出行，这部分额外代价就是拥挤成本。拥挤不仅给人的出行带来时间上的延迟和损失，也造成货物流通的迟滞，由于道路拥堵使物流效率降低，运送中的货物因此产生更多的时间价值损失，这些损失最终由全社会承担。

（一）小汽车交通出行成本建模

根据以上对小汽车出行成本构成的分析，构建总成本模型如下：

$$U_{总} = U + I_1 + I_2 + T_C + C$$

式中：$U_{总}$为小汽车交通出行总成本，单位为元/人·公里；U为使用成本，单位为车/年；I_1为动态基础设施成本，单位为元/人·公里；I_2为静态基础设施成本，单位为元/人·公里；T_C为出行时间成本，单位为元/人·公里；C为外部成本（日拥挤成本），单位为元/人·公里，见表5-4。

表 5-4 小汽车出行成本构成

使用成本（U）	基础设施成本（I）
$$U = \frac{\sum_{i=1}^{k} m_i}{M}$$ U——使用成本，车/年； k——使用费的种类； m_i——每辆车第 i 类固定使用费用，元/辆； M——平均行驶里程数，公里	$$I = I_1 + I_2 = \frac{C_1 + C_2}{365 \cdot T_1} + \frac{C_3 + C_4}{365 \cdot T_2}$$ I——基础设施成本，元/人·公里； I_1——动态基础设施成本，元/人·公里； I_2——静态基础设施成本，元/人·公里； C_1——动态基础设施的建设费，元/公里； C_2——动态基础设施的维护费，元/公里； T_1——动态基础设施的使用年限，年； C_3——静态基础设施的建设费，元/公里； C_4——静态基础设施的维护费，元/公里
出行时间成本（T_C）	外部成本（C）
$$T_C = \frac{L}{V} \cdot Vot$$ T_C——总出行时间成本，元/人·公里； L——出行距离，公里； V——平均速度，公里/小时； Vot——出行者所在地单位时间价值，元/小时，计算如下： $$Vot = \sum_{i=1}^{k} \frac{\overline{GDP_i}}{240 \cdot 8 p_i} \cdot P_i$$ GDP_i——i 城市人均国民生产总值，元 k——影响区的分区； P_i——影响区的总人口数，人； p_i——第 i 区的人口数，人	$$C = A \cdot Vot \cdot T \cdot M$$ C——外部成本（日拥挤成本），元/人·公里； A——小汽车交通出行的价值系数； Vot——出行者所在地单位时间价值，元/小时； M——城市的总从业人口数， T——日损失时间，小时；其中，日损失时间的计算公式如下： $$T = \frac{L}{V_C} - \frac{L}{V}$$ L——日行驶里程，天； V_C——拥挤时的速度，公里/小时； V——正常情况下的行驶速度，公里/小时

（二）小汽车交通出行成本测算——基于宁波市的数据

本研究调查收集了宁波市的相关数据，并进行了分析和测算。课题组于 2012 年 3 月和 2013 年 7 月开展了宁波市居民私家车出行成本问卷调查，共获得 298 个有效样本。同时，从宁波市公安交通警察局、宁波市交通运输委员会、宁波市统计局等部门获得了交通车辆管理基础数据、交通基础设施成本相关数据，以及宁波市国民经济发展的相关数据，相关指标取值见表 5-5。

表 5-5 宁波市交通基础设施相关费用

费用项目	单位	数值
动态基础设施建设费	元/公里	2000

续表

费用项目	单位	数值
动态基础设施维护费	元/公里	1066
动态基础设施的使用年限	年	8
静态基础设施建设费	元/公里	1000
静态基础设施维护费	元/公里	439
静态基础设施的使用年限	年	10
小汽车交通出行的价值系数	—	$3.948 \cdot 10^{-8}$

数据来源：宁波市公安局交通警察局。

　　根据小汽车交通出行成本测算模型，代入各项指标的数据测算，获得宁波市小汽车交通出行的各项成本。结果显示：宁波小汽车出行平均距离11公里，平均每车乘客2.67人；使用成本0.93元/人·公里，占出行总成本的27.1%；基础设施成本为0.314元/人·公里，占出行总成本的9.1%；出行时间成本为1.066元/人·公里，占出行总成本的31.1%；外部成本为1.12元/人·公里，占出行总成本的32.7%，具体见表5-6。

表5-6　　宁波市小汽车交通出行成本及相关数据（2013年）

项目分类	明细分类及信息	单位	数值	单位成本（元/人·公里）	占总成本比例（%）
车辆使用	折旧费	元/年	23856.16	0.93	27.1
	燃油费	元/年	13265.45		
	保险费	元/年	5672.24		
	保养费	元/年	2781.26		
	停车费	元/年	2472.73		
	维修费	元/年	1075.02		
	年检费	元/年	394.85		
	平均行驶里程数	公里/年	20000		
	平均乘客人数	人/车	2.67		

续表

项目分类		明细分类及信息	单位	数值	单位成本（元/人·公里）	占总成本比例（%）
基础设施成本	动态基础设施费用	动态基础设施建设费	元/公里	2000	0.21	6.1
		动态基础设施维护费	元/公里	1066		
		动态基础设施的使用年限	年	8		
	静态基础设施费用	静态基础设施建设费	元/公里	1000	0.10	3.0
		静态基础设施维护费	元/公里	439		
		静态基础设施的使用年限	年	10		
出行时间成本		出行距离	公里	10.3	1.07	31.1
		平均行驶速度	公里/小时	57.2		
		宁波市单位时间价值	元/小时	29.59		
外部成本		小汽车交通出行的价值系数	—	$3.948 \cdot 10^{-8}$	1.12	32.7
		宁波市单位时间价值	元/小时	29.59		
		日损失时间	小时	0.216		
		宁波市总从业人口数（老三区）	人	4821700		
总出行成本			元/人·公里		3.43	100.0

从表 5-6 数据可以看出，在宁波市小汽车交通出行成本中，外部成本占了较多的比例，由出行者直接承担的成本主要为使用成本，仅占到总成本的 27.1%，而外部成本则占到 32.7%。美国小汽车出行外部成本约占出行总成本的 35%，我国国内占比约在 35%—80%，本研究测算的外部成本占比与国内外同类研究测算的比例接近，见图 5-8。由于本研究中的外部成本只测算了拥挤成本，若加上污染成本、事故成本等其他外部成本，小汽车出行的外部成本占比将更高。

二 城市交通方式出行成本比较

通过交通定价引导出行者放弃自驾，选择轨道交通和常规地面公交，需合理设定小汽车、轨道交通、常规地面公交的出行价格或成本，形成具有一定梯度的交通出行价格体系，以不同的价格级差实现对交通需求的引导。在构建层级化的交通定价体系之前，先分析一下当前各种交通方式的

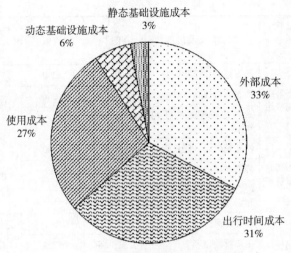

图 5-8　宁波市小汽车交通出行成本结构

比价关系及形成的激励。

　　根据经济学理论，理性人决策依据的是边际收益与边际成本的对比。交通出行决策中，是否选择某种出行方式，取决于其边际收益与边际成本的对比是否优于其他方式。出行的边际收益可以用出行效用来衡量，不同出行环境给出行者带来不同的效用。为便于分析，此处将问题简化，即无论选择何种出行方式，只要完成了出行过程，其产生的效用值是相等的，那么对出行方式的选择就决定于出行成本的高低。出行方式的成本越低，其被选中的概率就越高。出行成本中，各具体项目由于归依对象不同，其对出行决策的影响程度是不同的。根据前面的分析可知，内部的、显性的、变动的成本对决策的影响明显比外部的、隐性的、固定的成本影响大。就小汽车出行来讲，直接影响出行者决策的成本是车辆使用成本，基础设施成本、出行时间成本、拥挤成本或由外部人员、社会承担，或因无须以货币支付而不产生直接影响。以宁波市为例，尽管小汽车出行的总成本为 3.43 元/人·公里，然而由个人负担的使用成本仅为 0.93 元/人·公里，若去掉车辆折旧、停车费等与行驶量无关的固定成本后，与出行距离有关的燃油费、维修费等变动成本仅为 0.27 元/人·公里。在出行决策受显性直接成本影响大的情况下，与其他交通方式相比，小汽车出行在收益和成本的对比具有明显的价格优势，见表 5-7、图 5-9。除此之外，相比其他出行方式，小汽车出行舒适便捷自由度高，具有明显的非价格优势，在此情况下，小汽车必然成为出行优选方式。

表 5-7　　　　　　　　宁波市交通出行显性直接成本比较　（单位：元/人·公里）

方式	距离（公里）							
	1	3	5	7	9	11	13	15
小汽车	0.27	0.81	1.35	1.89	2.43	2.97	3.51	4.05
公共汽车	2	2	2	2	2	2	2	2
轨道交通	2	2	3	3	4	4	5	5
出租车	11	11	15.8	20.6	25.4	30.2	35	39.8

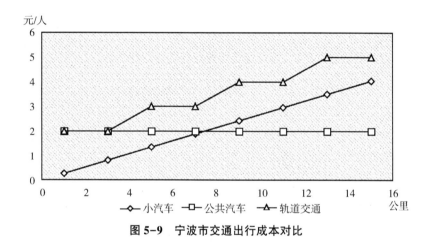

图 5-9　宁波市交通出行成本对比

　　由于小汽车的购置投入等固定成本是已经发生的成本，在出行决策时已经"沉没"，成为决策无关成本，所以影响出行决策的主要是变动成本。仍然以图 5-9 中的宁波数据为例分析，就影响小汽车出行决策的变动成本水平来看，小汽车出行成本是低于轨道交通票价的，而且在 7 公里的出行范围内也低于公共汽车票价。以宁波市小汽车平均出行 11 公里的距离比较，小汽车出行仍然具有明显的成本优势。在 7 公里以内的出行中，小汽车的决策相关成本在绝对水平上低于公共交通票价，从而形成成本"洼地"，由此形成选择小汽车出行的经济激励，在此情况下小汽车出行需求必然旺盛。这可以部分解释为什么尽管公共交通票价水平不高，但人们仍然选择小汽车出行。

　　在国内其他城市，各种交通出行方式的成本比价也类似，下面以北京为例进行说明。根据北京交通研究中心发布的数据测算，北京市小汽车出行成本数据见表 5-8。

表 5-8　　　　　　　　北京市小汽车出行数据（2014 年）

指标	单位	数值
私家车工作日平均出行次数	次/车·日	2.43
每年行驶平均里程	公里/车·年	11301
平均出行距离	公里/车·次	13.1
平均停车位费（小区）	元/车·年	2344
平均停车位费（单位）	元/车·年	2324.47
月临时停车费	元/车·月	220.14
年维修保养费	元/车·年	2237.12
年平均路桥费	元/车·年	1131.12
年平均保险费	元/车·年	3402.87

数据来源：北京市交通研究中心：《2015 年北京市交通运行分析报告》。

　　以车辆平均油耗 6.9 升/百公里[①]，平均燃油价格取 2014 年中期 93 号汽油价格 5.95 元/升，测算得出北京市小汽车出行变动成本为 0.51 元/车·公里。北京市小汽车、轨道交通、定制公交、常规地面公交的出行成本比较见表 5-9、图 5-10。

表 5-9　　　　　　北京市各交通方式出行成本比较（2014 年）

出行成本（元）	里程（公里）														
	1	3	5	7	9	11	13	15	17	19	21	23	25	27	29
小汽车	1	2	3	4	5	6	7	8	9	10	11	12	13	14	15
轨道交通	3	3	3	4	4	4	5	5	5	5	6	6	6	6	6
定制公交	8	8	8	8	8	8	8	8	8	8	11	11	11	14	14
地面公交	2	2	2	2	2	3	3	3	4	4	5	5	6	6	6
出租车	13	13	18	22	27	31	36	41	48	54	61	68	75	82	89

　　注：小汽车按每车一名乘客测算，轨道交通和地面公交票价按 2014 年 12 月 28 日调整以后的票价。

　　从北京市不同交通方式出行成本的对比可以看出，在小汽车平均出行距离 13 公里的水平上，每辆小汽车的变动成本略高于轨道交通和常规地面公交，虽然公共交通出行具有成本优势，但相比之下十分微弱。另外，

───────────

　　① 6.9 升/百公里油耗为小汽车排放达标值。2014 年，工信部、国家发展改革委等五部委联合发出《加强乘用车企业平均燃料消耗量管理的通知》，力促国内乘用车企业平均燃料消耗量实现 2015 年降至 6.9 升/百公里的目标。

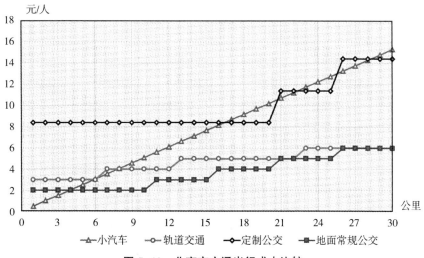

图 5-10　北京市交通出行成本比较

随着出行距离的增加，轨道交通和常规地面公交的成本水平开始接近，在
20 公里以上的出行距离范围内，轨道交通和常规地面公交出行成本水平
趋同。在这种价格关系下，轨道交通与地面公交票价接近，客观上存在争
抢客源的票价激励，这一点可从北京市轨道交通拥挤的客流量中得到验
证。在小汽车平均出行距离水平以上，选择定制公交出行的成本与小汽车
出行成本接近，定制公交出行的非价格因素和服务水平与小汽车出行接
近，定制公交会对小汽车出行产生明显的替代。为验证这一情况，本研究
团队对北京市定制公交乘客进行了抽样调查，根据调查数据，乘客中持有
驾照的人数比例达到 61.5%，其中 31.6% 的乘客以前采用私家车通勤；
对定制公交的无车乘客调查数据显示，若没有定制公交，选择购车通勤意
愿的乘客高达 49.1%，[①] 这充分说明没有定制公交会迫使这部分乘客改变
出行方式，从而加重交通拥堵。对已有私家车的定制公交乘客调查数据显
示，因车辆限行而准备再次购车的乘客比例达到 33%。可见，由于定制
公交服务出现，不但改变了一部分有车乘客的交通方式，而且可以对小汽
车购买决策产生替代，发展多层次的公交出行服务体系，有利于优化出行
结构，缓解城市交通拥堵。层级化的交通出行需求客观上需要对应的交通
出行服务体系与之对应。从这个意义上讲，轨道交通与常规地面公交的出

---

①　李彬：《定制公交与定制公交客车研究》，博士学位论文，长安大学，2014 年，第 56—
62 页。

行服务供给应体现分层特征，但当前的交通定价并不利于这种层次性特征的显现。虽然目前多数城市的轨道票价高于常规地面公交，但这种差别主要是由两种公交服务体系的运营成本水平决定的，而并非是对交通出行服务的主动分层设计。国内城市交通系统在提供层级化的出行服务方面，还有很大提升空间。

三　交通出行定价与成本问题总结

从小汽车交通出行方式成本构成及各种交通出行方式的价格对比关系来看，我国当前城市交通中存在以下突出问题。

（一）交通定价缺乏层次性，不利于形成层级化的城市交通出行服务体系

各交通方式定价或成本对比扁平化有余、级差性不足。交通出行需求具有层级化特征，在满足各层需求的同时，客观上要求有相应层次的供给与之对应。发展层次化的城市交通出行服务体系，是解决当前城市交通出行问题的关键，也是缓解当下城市交通拥堵的核心问题。不同交通方式技术经济特性的差异为构建层级化的出行服务体系提供了物质基础条件，但在实际交通运行中要形成这样的体系，还需要通过交通定价来实施保障和优化。在发展层级化出行服务体系的要求下，交通定价体系必须体现这一特征，而扁平化的定价格局无疑不利于这一状态的实现。

（二）交通定价缺乏系统性，定价级差设置不当引起交通方式无效竞争

各交通方式定价自成体系，个体定价或许合理，但存在合成谬误，不同交通出行方式的"性价比"差距较大。在此情况下，性价比高的交通方式自然更受出行者青睐，其客流量因此也较大。如轨道交通和常规地面公交的定价未能拉开差距，但轨道交通和常规地面公交在出行体验、时间节约、便捷程度是迥然不同的，这些非价格因素方面的巨大差异导致两者之间相互争抢客源，产生无效竞争。尽管这种竞争对某种交通方式而言或许能带来一定益处，但城市交通系统是一个整体，个体损益目标的实现并不是终极目的，只有交通系统总体最优才是应追求的目标。

（三）小汽车出行成本形成机制不完善，形成了鼓励小汽车出行的经济激励

成本是影响出行方式选择的重要因素，当前小汽车出行成本结构中，

外部成本、时间成本、基础设施成本占比之和远远大于使用成本，而真正直接影响出行决策的仅为使用成本中的可变成本。这使小汽车出行的大部分成本并未进入个人出行决策函数，造成了选择小汽车出行受到巨大社会成本补贴的状况，形成了鼓励小汽车出行的经济激励，这种激励是造成当前城市交通拥堵的深层次核心因素。

本章小结

在市场机制健全的市场中，价格发挥信息传递和引导功能，促进资源的配置。在城市交通领域，在缺乏价格机制的条件下有时由成本代替价格发挥信息传递和引导的作用。因此，本来受交通价格影响的决策变为受交通出行成本影响。从构成上，广义交通出行成本最接近交通价格，但直接影响人们出行决策的主要是其内部可变成本中的显性成本。根据调查数据测算，小汽车出行的可变显性成本占总成本比例较低，这使选择小汽车出行变得"看上去更有利"，而城市中小汽车出行旺盛的一个重要原因就是其相对低廉的可变显性成本，这是导致城市交通拥堵产生的重要原因。要缓解当前城市交通拥堵，除了要通过定价手段矫正外部性成本，建立小汽车出行决策与成本变化的强相关联系，促使人们重新决策外，还需要根据交通出行需求分层构建层级化的交通出行服务体系，并通过交通定价实现其长效运行。重新建立一套具有价格级差特征的交通方式定价体系，是优化当前城市交通出行结构的核心问题，也是缓解城市交通拥堵问题的可行之路。

第六章

交通定价缓解拥堵的机理与路径

第一节　利用交通定价调节需求研究

一　利用价格调节需求的理论基础

（一）资源配置应主要由价格决定，城市交通资源配置缺乏价格机制

市场运作和政府组织都是配置资源的方式，政府应该在市场"不灵"的地方发挥作用，在市场机制能充分发挥作用的领域退出，以此来提高资源配置效率。政府是否应该发挥作用，要看其能否带来效率的提升，即提升市场总剩余。在各层交通运输市场上，应该让交通价格或成本体现真正的交通服务代价，使交通资源在价格传递的真实的信息引导下向更需要的地方集中，而不是由政府强制颁布行政指令来引导配置，否则只能带来低效率的使用，有效的价格引导机制对建立合理有序的交通出行结构非常重要。在这里政府要做的是，在市场不灵的条件下，需要政府介入将外部成本以一定的渠道导入价格中，通过外部成本的内部化使交通定价更接近实际成本，使价格传递的信息更加完整、真实，从而建立有效的激励。在这样的价格指引下，人们会根据出行收益与成本的对比重新进行决策，决定是否要在某个时段、以某种方式出行。由政府出面矫正偏差，虽然表面看来是干预了市场价格，但实质上政府只是打通了信息流通和传递的不畅渠道，辅助市场克服在外部性影响下资源配置的低效率。这一过程中，政府的所作所为并不起决定作用，市场仍然是根据价格传递的供求信息和形成的激励机制来配置资源。在城市交通需求管理中，需要建立价格决定资源配置的机制，确立市场为主政府为辅的原则，政府要在恰当的时机与环节参与和保障市场机制的正常运行。尽管市场机制是一种高效的资源配置方式，但也有不完善的地方，需要"有为政府"，城市交通领域正是这样一

种情况。

（二）价格影响需求的生成，价格变动引起需求量水平变动

有支付能力的需要成为需求，需要能否转化为现实需求取决于价格水平，价格是实现需求的最后和关键的一步。根据需求定律，在购买力等其他条件不变的情况下，价格水平的变动将引起需求量水平的变动。价格下降时需求量水平上升，消费者可以购买到更多商品，价格上升时需求量下降，因为可购买消费的商品减少。交通出行服务与一般商品无异，交通出行需求曲线向右下方倾斜，其倾斜程度反映了出行者对出行服务的估价和需要的程度。在技术等其他条件不变的情况下，出行价格上涨则需求量减少，出行价格下降则需求量增加。需求定律为利用价格杠杆调节交通出行需求量提供了理论指导。对有需求曲线的出行方式来讲，可通过价格调节需求量。在完全竞争市场上，市场价格由无数参与者的集体力量共同决定，无法左右市场价格，只能接受既定的结果。但在完全竞争以外的市场类型中，价格往往受到市场势力的影响或控制而上下浮动，市场需求量同时随着价格波动发生变化。理论上，将出行价格提高至天价，交通需求会消失。在城市交通领域，有时交通资源的使用往往近乎免费使用，价格门槛的缺位导致需求量往往趋于无穷大，而在随着价格上升时需求量则会减少，高到一定程度时市场上不再有需求。我国高速公路在节假日期间免费通行时车满为患，高速公路瞬间变成停车场，待恢复收费时交通流量大幅度减少，恢复畅通状态，在这个变化过程中，价格因素（收费）对需求量（交通流）变化起着决定作用。

（三）价格对需求量的影响可以通过弹性系数的变化来衡量

交通出行需求价格弹性系数反映了运价或成本变化引起需求量变化的方向和幅度，弹性大小反映了价格或成本变化引起的影响程度，弹性值为利用价格引导和控制出行需求量提供了观测窗口。如前所述，根据研究对象不同，弹性系数可以分为多种，既有反映自身价格或成本变动影响的价格弹性系数，也有反映相关商品服务价格或成本变动影响的交叉价格弹性系数。由于不同交通出行需求对应的用户群体存在差异，如支付能力、出行目的、时间约束、方式选择等，所以对价格变化反映的灵敏度是不同的。国内外大量研究针对不同交通出行方式的各种弹性进行了研究，这些相关研究获得的弹性经验值及其变化规律，可为通过调整价格影响需求量大小提供参考。

二　利用价格调节需求的必要性

(一) 建立价格机制有利于矫正扭曲的激励机制

价格传递有用信息，也提供激励和出路，使资源的配置更有效率。被扭曲的价格不能完全传递真实信息时，也会产生激励，但事与愿违，效果与期望目标大相径庭。在城市交通中，出行者以不同的方式使用交通基础设施，付出的成本代价也不相同，也会形成不同的激励，并由此导致不同的结果。一般情况下，道路等城市公共交通基础设施建设成本来源于财政资金，财政资金主要通过税收筹集，因此每个纳税人对基础设施建设都有贡献。然而在使用环节，小汽车、公共交通（轨道交通、公共汽电车）、出租车、自行车、步行所代表的各类用户对基础设施的使用强度是不同的。换言之，在道路等基础设施的使用上，存在不同程度的"搭便车"行为。无论何种交通出行方式，对道路的使用代价均是"无差别"的。这在客观上形成了激励人们使用效用较大的交通方式出行，基于效益—成本原则，在使用代价不变的情况下，效用越大的交通方式可以带给用户更多的福利。从各种交通出行方式的技术经济特征来看，小汽车出行无论在时间安排、舒适程度、便利程度方面都具备更多的优势，显然具有较高的效用，在道路使用成本不变的情况下，用户选择小汽车等效用较大的出行方式显然是理性的。从国内城市交通现状看，这样的激励机制最终导致小汽车出行过量，过多的小汽车涌入道路，造成城市道路拥堵，同时，公共交通、非机动车和行人的道路空间被小汽车占用，并承担拥堵带来的损失。

(二) 建立价格机制可以引导旺盛的交通出行需求

需求定理表明，价格高到一定水平，市场上的需求量趋于消失。人们在消费商品时，必定在商品价格和消费效用方面作比较，只要价格超过消费商品带来的效用，便不会有交易发生。提升价格可以抑制需求的数量，价格高到一定程度市场上不会有需求。交通出行和商品一样，也遵从需求定理。人们决定是否要出行以及选择的出行方式都受价格或成本因素的制约。以春运为例，有人认为在春运期间火车票一票难求是因为此时的人们有回家过年的刚性运输需求，然而这正是价格抑制旺盛需求的反面例证。试想同样的情况下为何却能买到机票，假设火车票卖到机票的价格，是否还会供不应求？正是因为春运期间火车运输需求上升，而车票仍维持在低位水平，相比之下人人都能买得起车票，此种情况下车票短缺便在情理之中了。城市交通也如此，小汽车出行需求旺盛造成交通拥堵，是因为小汽车出行成本太低，若小汽车价格足够高、燃料价格足够高、道路收费足够高，试想还是否有那么多人自驾出行？可以想见，高额成本约束之下出行者必定选择其他方式，如汽车合乘、调整出行时机或合并琐碎事项实现集约化出行。因此，运价或成本的变动不仅对出行者提供一种激励，更深刻的意义在于它可以实现整体上的一种引导或控制。再以高速公路收费为例，我国高速公路实施部分节假日免费通行后，平常畅通的路段拥堵不堪，尤其是在高速公路收费站出入口和环城高速公路上车满为患，然而免费通行时段结束后又恢复畅通，这充分说明通行费发挥了对交通流的控制和引导作用。在收费时，不愿付费通行的车辆不能进入高速公路，被价格"过滤"掉，只有觉得使用高速公路带来的收益大于通行费成本的车主才会通行。在价格形成的壁垒前，旺盛的自驾需求会受到一定抑制，从而使道路交通保持畅通。

（三）建立价格机制有利于交通外部成本的显化

交通运输具有较大的外部性，尤其是城市交通。各种交通方式或多或少都会影响其他交通方式的运行甚至城市生活的运转。以小汽车出行为例，在交通高峰期交通拥堵产生的燃料损失、事故损失以及难以估量的时间价值损失，数量巨大难以估算。由于城市交通出行方式的供给和运行涉及不同层面的交通运输市场，有些成本投入可以在市场框架内体现并得到回报，通过运价收入的形式内部化。但有些成本受到各种条件的制约，难以内部化，甚至不可能内部化。如私家车的使用成本中除了车辆、燃料等容易计算的显性成本，还有对道路的使用成本，以及因尾气、噪声、事故、拥堵等产生的各种污染和损失，这些外部成本受理论研究和技术手段的限制难以精确测定。根据市场运作的机制，当有外部性存在，并不能矫正外部性影响时，价格就会被扭曲，此时价格所传递的信息失真，资源配置将无效率。在这种不健全的价格机制下，出行决策时若不能将外部性成本考虑进去，将形成错误的激励并产生严重后果。因此，建立完善的价格机制，将外部性成本内部化，完整真实地反映交通出行成本—收益关系，有利于传递正确的信息，形成科学的经济激励。

三 利用价格调节需求的现实条件

(一) 交通运输领域存在觅价市场, 借助价格调节需求有抓手

经济学家张五常提出"觅价市场"的概念, 认为觅价是指一个出售者不愿意以市场价或行家之价为依归, 或市场没有同样产品之价做指引, 而要自己找寻出售的价格。[①] 在完全竞争市场中, 供需均衡时形成市场均衡价格, 此时供需任何一方均不能控制价格, 形成受价市场。受价市场中供需双方达到最优组合, 资源配置效率最高。在非完全竞争市场中, 价格受到市场力量较强一方的影响, 力量较强的一方为自己找寻最有利的价格, 形成觅价市场。垄断竞争市场、寡头垄断市场和完全垄断市场均为觅价市场。在觅价市场, 具有支配力量的一方可以自由定价, 实现利益最大化。在觅价市场上, 一个显著特点是价格受到控制, 多数情况下由于消费者对多数, 不易达成一致而形成支配力量, 而生产者则一般数量较少, 具有形成支配力量的天然优势, 所以更容易控制市场价格。厂商理论提出, 在一般商品市场上, 具有支配地位的供方通过控制商品量来实现对价格的控制, 从而获得最大利润, 这种情况是觅价市场上的第一种情况, 即出售者不愿意以市场价或行家之价为依归。而在城市交通市场中, 则接近觅价市场概念所述中的第二种情况, 缺乏市场价格形成机制, 市场中没有同样产品之价做引导, 需要自寻价格。从我国现实情况来看, 道路、基础设施、路权分配等资源均掌握在政府一方, 政府作为交通出行服务的最终供给方, 成为最终的垄断者, 而且越接近城市交通系统的基层市场, 垄断特征越明显。在政府控制所有交通基础资源时, 有条件给畅通的道路通行寻觅并确定一个合适的价格。在当前的城市交通领域, 道路供给、停车收费、公共交通等交通资源和使用定价主要由政府控制, 使用价格杠杆调节出行需求量具有现实条件。

(二) 通过交通定价调节需求, 国内外有成功案例

利用价格手段缓解拥堵, 在国内外已有很多成功的案例。国外如英国伦敦、瑞典斯德哥尔摩、新加坡等城市对小汽车通行市中心收取交通拥堵费, 通过给道路定价的方法控制流量。在这些城市, 认为开车付费不划算的人换乘公共交通出行, 降低小汽车出行比例, 缓解城市道路拥堵。伦

---

① 张五常:《经济解释 (卷三): 受价与觅价》, 中信出版社 2012 年版, 第 49 页。

敦、斯德哥尔摩、新加坡等实施交通拥堵费效果显著，案例广为人知。国内在这方面也有一些好的做法和经验，如上海在 20 世纪 80 年代末 90 年代初开始对小汽车牌照进行拍卖，以有偿获得的方式抑制过于旺盛的小汽车拥有需求，并将拍卖筹集的资金用于城市交通基础设施的改善和提升。上海小汽车牌照拍卖以一种市场化竞争的方式体现政策的管理导向，同时建立小汽车与公共交通对基础设施的效率化使用关系。[①] 牌照获得者通过资金让渡的方式获得道路使用权，无车者通过让渡道路使用权获得改善公共交通的资金并享受城市公共交通提升的福利，两个群体形成良性互动。上海市小汽车牌照拍卖不仅控制了小汽车保有量增长的速度，更重要的意义在于小汽车增速得到控制后，政府获得了宝贵的时间和资金，这可以为政府通过兴建轨道交通和完善其他道路交通基础设施来应对未来的小汽车交通拥堵。尽管收费并不能彻底解决交通拥堵，但通过经济手段的运用，使交通系统中资源配置效率较低的环节得到改进，仍是一个值得努力和探索的途径。无论是征收交通拥堵费，还是拍卖小汽车牌照，均是通过定价手段改变需求决策，影响出行需求，此处价格机制的深远影响和广泛激励应受到政策制定者的重点关注。

第二节　利用定价缓解交通拥堵的机理和路径

一　国内城市交通问题症结分析

（一）城市交通拥堵问题的根源在于交通供需结构性失衡

我国正处于迈向小康社会的上升通道，人们收入水平的增加引致出行需求层次提升，这是社会发展的客观规律。然而，限于城市交通资源的制约以及各种交通方式技术经济特性的差异，能满足人们较高层次需求的出行选项非常有限。小汽车出行具有舒适、快捷、自由的技术经济特性，是为数不多的选择之一。但小汽车交通占用了较多的交通资源，在海量出行需求下，城市交通环境难以承载快速发展的小汽车交通出行需求。不仅短期内无法承受，从长期看，通过增加供给的策略难以解决问题。因为相对

---

① 陈小鸿：《上海的控牌之幸与拍牌之痛》，《瞭望东方周刊》2015 年 8 月 13 日。

城市道路等稀缺的交通资源，小汽车出行需求大大超过交通供给水平。尽管从总量上看，各种城市交通出行方式可以提供充足的出行服务，但由于不同层次出行需求之间仅有有限的替代性，导致无法用品种单一的供给来满足多样化的需求。在这种情况下，以小汽车出行为代表的高层需求难以被其他出行方式替代，总量充足并不能解决结构差异的矛盾。这就是为什么各大城市在大力发展公共交通出行系统的同时，小汽车出行量依然旺盛、道路交通拥堵仍旧难以消除的深层原因。

（二）交通出行需求的异质性要求差别对待

由于经济社会发展阶段不同和收入水平存在差异，所有的人不可能处于同一需求层次，不同群体中总是呈现不同的需求特征。城市中生活的人们需要根据个人经济承受能力选择主要的出行方式，社会发展阶段不同、收入水平的差异，使人们在出行需求上的差异性始终存在，并表现出一定的层级化特征，对这种客观存在应给予充分重视。各类交通出行需求的异质性表明其本质上存在区别，不能视同一类处理。在满足需求时，需要差别对待。前文对需求特性的分析表明，各类交通需求从低向高发展，高层需求在满足低层需求的基础上形成，因此高层需求向下替代容易，而低层需求向上替代则难度加大。换言之，小汽车出行可以替代公交出行，而公交出行不易替代小汽车出行。因此，满足不同出行群体叠加在一起的出行需求时，需要分层对待，"眉毛胡子一把抓"做法难以奏效。

（三）价格或成本洼地激发产生更多需求

一种交通方式定价或成本变动不仅影响自身运行，而且对其他方式也产生影响。在自驾出行成本上升后，其他出行方式在成本方面的优势就显现出来；同样，若其他出行方式成本上升，出行者也会重新考虑自驾。对各种交通方式而言，只要某种方式存在成本洼地，就等于放大了边际效益，便会激发更多的需求产生。据此推断，我国当前各大城市的小汽车出行需求旺盛，必定存在成本洼地。小汽车的总出行成本中，除了个体支付的成本，如车辆购置费、燃油消耗、车辆维修、保险、停车等以外，还包括由政府承担的交通基础设施成本和社会承担的其他外部成本（拥堵时间损失、废气、震动、噪声污染等），但个人决策函数只覆盖了个体支付的部分，这种情况下必然出现成本洼地，小汽车出行量必定激增。同样，对其他交通出行方式而言，较低的票价也会像旋涡一样将客流吸引过去，在轨道和常规地面公交票价接近时，相对轨道交通提供的更优质的出行体验，常规地面公交的客流必然涌向轨道。

（四）矫正供需结构性错位需建立科学的城市交通定价体系

城市交通定价不合理，引发客流分布与交通供给结构错位加大，是加剧交通拥堵及导致其他治堵之策失灵的重要原因。各种交通出行方式因技术经济特性不同而产生的运行成本的差异，这种差异应通过运价或使用成本反映出来，既符合"用者付费"的原则，也通过价格传递了真实的信息，有利于形成合理配置高效利用资源的正向激励。对不同交通方式而言，在安全、速度、便捷、舒适、自由等方面存在的差异，带给出行者的体验是不同的。若各种出行方式实施无差别定价，则能提供较好出行体验的交通方式一定供不应求，因为出行者始终追求花最少的钱享受更好的服务这个目标，在相同的票价下，选择更加快速、方便、舒适的交通出行方式是明智之选，越高级的出行方式越受欢迎。因此，不同交通出行方式的定价应体现其在使用代价和效用大小方面的区别，诸如运行速度、出行环境、服务质量、便利程度等方面的因素应充分体现在票价中，通过票价水平来区分交通出行方式的层级性。否则，单一的交通定价必然导致不合理的旺盛需求，造成消费拥挤。如，北京轨道交通在 2014 年 12 月调价以前实行两元通票，这一票价水平与常规地面公交票价差别非常小，而轨道优越的乘车环境则大大优于常规地面公交，相对低廉的票价吸引了大量的地面客流进入轨道交通，这一方面造成轨道交通车厢拥挤不堪，降低了乘车的舒适性、安全性，另一方面造成了轨道交通与常规地面公交争抢客源的状况，客流从公交、自行车等出行方式转入地下。在这种状况下，轨道交通牺牲了高品质服务，来满足本来由公交、自行车就可以承担的低层次出行需求，同时轨道内过多的客流也阻止了小汽车出行群体转移过来，尽管乘客熙熙攘攘，但轨道缓解地面交通拥堵的作用并未发挥出来，地面交通仍然是车满为患。实际上，不仅北京，国内其他城市也存在这样的情况，有北京的风向标"榜样"在前，其他城市尾随其后，在轨道交通定价时与常规公交拉不开差距，过分强调轨道交通的普惠性，从而背离修建轨道交通为缓解城市交通拥堵这一重要使命。不清楚这一点，即使修建再多的轨道交通，也难逃与常规地面公交产生无效竞争的厄运，既浪费宝贵的交通资源，也产生新的问题和矛盾。

（五）城市交通系统定价应体现一定梯度

交通出行需求具有层级化特征，实际上，在交通供给方面也存在这一特征，供给的层级化特征主要源于各种交通方式的不同技术经济特性。目前，我国城市交通运输出行服务定价主要是政府定价，而在定价中对这种层级化特征考虑甚少。出于民生和舆论方面的考虑，政府对城市交通方式的定价总是趋于较低的水平，并力图消除不同交通方式尤其是公共交通方式间的价格鸿沟，因此当前的城市交通定价层次性特征并不显著。尽管可以通过人为因素来消除价格差别，但出行者总能通过自己的判断选择最有利的方式出行，这使本来应该由价格体系筛选和分流的出行量，变成了通过其他途径来区分，如排队、拥挤甚至武力，最终导致价格既不传递供求也不补偿成本的状况。在城市交通供给有限的条件下，应该充分发挥价格可以引导需求的功能，使总需求在结构上和城市交通供给契合，消除供需结构性错位的矛盾，从而使供需对应，交通可持续发展。要达到这一目标，需结合交通方式供给的层次性建立分梯度的定价体系，使各种交通方式的运价或使用成本形成一定的梯度，在传递出行方式供给信息的同时，又对不同层次的出行需求进行筛选和引导，使城市交通出行供需结构对应。

二　利用定价缓解拥堵的机理与路径研究

(一) 定价缓解拥堵的理论基础

1. 价格水平决定需求量，价格可以引导需求

交通出行是一种消费，本质上也具有商品的特性，受需求定律支配。在价格发生变动时，人们做出是否需要出行的决定。当交通出行价格（或成本代价）低时，需求量上升，出行客流增多，反之则下降和减少。在这一变化过程中，价格水平的高低决定了有多少出行需求能实现。因此，在交通出行服务市场上，交通定价的水平决定了交通出行服务需求量的生成水平。需要注意的是，与一般商品不同的是，由于交通出行需求方有时自己能满足自身一定的出行需求（如步行、自行车出行），而不需要具备一定的经济支付能力，因此，这种价格对需求量生成的约束只在可互相交易的交通出行服务市场上存在，如小汽车出行服务、公共交通出行服务、出租车出行服务等。对某种交通方式提供的出行服务来讲，无论价格形成是由市场定价还是政府定价，当价格下降时客流量一定上升，而价格上涨时客流量必然缩减。在需求比较旺盛的背景下，交通定价水平决定了客流量的大小。由此可以推理，面对城市交通中旺盛的小汽车出行需求，

要减少道路上的小汽车出行量，调整其出行价格水平是一个可选项。理论上，只要价格够高，出行代价够大，选择小汽车出行的人会减至零。

2. 需求价格弹性有差异，价格可以筛选需求

前面已经论述过，由于个体在收入、出行目的、支付方式等方面存在差异，导致其出行需求价格弹性不同。需求价格弹性反映了市场中的消费者对价格变化反应的灵敏度，对价格敏感的群体，在价格波动时比其他群体会有更明显的进入或退出市场的反应。在价格上涨时，最先退出市场的是对商品或服务价值估价较低的人群，这部分人不愿或无力出高价购买商品或服务，而最后退出的则是对商品或服务评价最高的人，其需求最迫切且愿意出高价。因此，在市场价格上浮的过程中，不同需求层次的群体会被逐步分离出来。在交通出行市场中，当某种交通方式的定价较低时，所有的需求量合并在一起，无法分辨哪些是最迫切、最需要的，可以通过提升价格来分离不同的需求。提价会让那些较低层级的需求被过滤出来，而保留较高层级的需求。相应地，对较高层次的需求群体而言，其需要支付更高的价格才能享用到该交通出行方式提供的便利。要注意的是，从表面看，通过定价将出价不同的人群作了区分，而往往富人又具有较强支付能力，所以很容易得出高价限制穷人消费的结论。实际上，价格过滤的是需求，与贫富无关，有支付能力的人未必愿意出高价，而穷人又未必不愿意出高价，只要对交通出行服务的价值认可且愿意支付相应的代价，无论贫富均能享受到服务。在治理拥堵时，需要将各类交通出行需求分而治之，对不同出行需求应具体问题具体分析，对症下药方能保证疗效。

3. 建立反映供求关系的价格机制，可促进资源利用的最大化

反映市场供求关系的"价高者得"的价格机制不仅引导供需双方向均衡方向移动，而且会促进资源利用的最大化，因为对资源估值最高的人最终使用它。城市交通资源的利用也应如此，否则会导致资源使用的无效率。而要保证价高者得的原则能得到贯彻实施，市场中无须市场势力的干扰。在城市交通出行资源的配置中，由于某些环节存在外部性，致使市场中的价格机制被扭曲，价格难以完全反映资源的利用状况。如，在小汽车出行成本中，缺少了城市道路占用的机会成本和拥堵的外部成本，导致道路被过度使用。可以说，"价高者得"和"谁使用、谁负担"的原则，在任何情况下都是符合效率化原则的。但是，在当前的城市交通领域，这种高效率的原则和反映供求关系的价格机制仍然未能真正建立起来。各种交

通方式的定价并未充分考虑机会成本。在城市交通领域建立价格机制，对促进资源高效利用是必要和有益的。

（二）定价缓解拥堵的作用路径设计

1. 总体思路

通过定价缓解交通的总体思路是：以城市交通出行供需结构性契合为目标，以交通出行供给为约束，通过建立覆盖不同交通出行方式的价格体系，引导出行需求结构改变并适应交通供给结构。定价的重点在两方面：一是建立大容量快速公交与常规地面公交的价格梯度，发挥价格的引导和控制作用，通过价格筛选不同出行需求层次客流，避免大容量快速公交和常规地面公交竞争客源，形成服务不同出行需求群体的层级化公交出行服务体系；二是建立小汽车出行服务定价体系，将外部成本纳入交通定价，完善小汽车出行决策函数，建立小汽车出行成本与出行选择之间的反向激励，并通过定价引导小汽车出行客流向大容量快速公交系统转移，减少道路交通流量，最终缓解交通拥堵。

2. 实现路径

通过交通定价缓解拥堵需建立以政府定价为主的城市交通价格体系，使小汽车出行的定价尽量反映其耗费资源的机会成本，使公共交通定价有助于区分不同层次的出行客流。实现路径设计如下。

（1）通过定价将小汽车外部成本内部化，矫正小汽车出行成本，建立合理的激励机制，用机会成本约束出行选择。提高小汽车出行成本，使其他出行方式尤其是公共交通的成本优势更加明显，促使自驾者放弃小汽车出行，形成选择公共交通等其他方式出行的激励，从而减少路面小汽车交通量，减轻道路压力。由于小汽车出行成本中仅仅包含了私人边际成本，低于社会边际成本，两者之间的差额并未进入个人决策函数，而是由社会或他人承担。小汽车出行者在丢失一部分其应承担的成本，这部分成本主要发生在车辆使用环节，这部分定价包括道路设施费用、停车设施费用、交通环境污染、时间价值损失等方面的成本，需要重新定价进行矫正。在小汽车出行定价机制得到完善，出行的机会成本与出行选择的激励机制将真正建立起来，小汽车过度使用的状况将得到改善。

（2）提升轨道交通定价水平，分离不同出行需求，凸显轨道交通的优势，增强对高层出行需求的替代能力。从技术经济特性来看，轨道交通提供的出行服务质量明显优于常规地面公交，品质上接近小汽车出行，但轨道定价过低会导致大量客流涌入，造成车厢内的拥挤，降低服务质量，并引发安全隐患，使轨道交通的出行优势丧失。适当提高轨道交通定价，使其高于常规地面公交票价，可以防止常规地面公交客流过多涌入，使车厢保持舒适、安全，维持较高的服务质量和水平，这对轨道交通承担高层出行需求有积极意义。在完善小汽车出行定价后，出行成本上升会促使人们放弃自驾选择替代方式。由于小汽车出行代表了高层出行需求，所以在进行需求替代时应考虑服务水平和服务质量的对接，否则将难以替代。轨道交通从运行速度、乘车环境、便捷程度、舒适程度等方面最接近小汽车，以轨道交通承接小汽车出行需求，最有可能实现。但是，这种承接在多大程度上实现，要取决于两种出行方式价格或成本的对比。为使这种替代达到最大化，需要给轨道交通制定一个合适的票价，该票价既能防止普通公交中的低层出行需求向上蔓延，又能对小汽车中的高层出行需求形成吸引。此时，轨道交通定价将发挥"阀门"的作用，一方面通过价格浮动分离不同需求，确保乘车环境优良；另一方面又要突出差异化，体现轨道交通的优势。

（3）常规地面公交降低票价，承担基本出行需求，吸引和承接因轨道票价提升而释放和转移的客流。常规地面公交网络覆盖广阔，站点设置、发车时间均比较灵活，但在服务质量和水平上难以与轨道交通相媲美，尤其是运行时间和乘车环境方面略输一筹。常规地面公交的通达性较好，但舒适性和快捷性较差，可以很好地满足基本出行需求，其应该发挥网络覆盖全面的优势，重点满足该部分需求。一般地，处于基本出行需求层级的出行群体收入水平不高，经济承受能力有限，常规地面公交实施低票价可以很好地契合该群体的消费特点，为吸引和服务该部分客流，常规地面公交票价应突出普惠性。但是，影响人们选择常规地面公交的因素不仅有票价，还包括线路排班、服务频率、服务水平、服务质量等因素，不能因低价而忽视这些方面因素的影响。大量调查和研究表明，常规地面公交乘客往往更关注票价以外的车辆运行准点方面的因素。实际上，在地面小汽车出行量减少的情况下，是有条件增加常规地面公交车辆运行速度和班次的，所以，一旦形成良性发展的趋势，情况的改观将是加速前进的。

利用价格调节需求缓解拥堵的基本路径见图6-1。

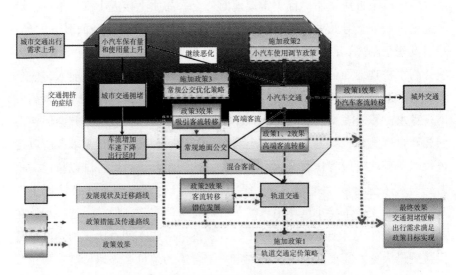

图 6-1　利用定价缓解城市交通拥堵作用路径

资料来源：秦华容、杨铭：《北京地铁低价政策为何难解城市交通拥堵》，《综合运输》2013 年第 2 期。

3. 合理性分析

在建立交通定价体系后，根据各种出行方式对城市交通资源占用的程度和其造成外部性影响的大小，形成相应的定价或出行成本。届时个体占用的交通资源和产生的成本与其应承担的价格对应，充分体现"谁使用、谁承担"的原则，从而形成普遍性的成本约束和激励。不同群体的出行者因根据自身情况，可以有不同的选择或组合，提高出行效率和交通运行效率。对高收入群体而言，单位时间收入高，出行时间的节约意味着可以有更多的价值产出，因此其倾向于快速、便捷、舒适的出行方式，这类人用金钱换时间，可以承担较高出行成本，有小汽车、大容量快速公交可供选择；对低收入群体而言，单位时间收入低，其时间价值相对较低，无须为了赶时间而支付较高的出行价格，用充裕的时间换金钱是其理性选择，因此可以选择票价较低的常规地面公交完成出行。这样，各类不同出行需求群体均能得到有效满足。在价格的引导下，从高到低形成各种交通出行方式的排列，以层级化的交通出行供给满足层级化的交通出行需求，达到交通供需双方的结构性契合。尤其是可以凸显轨道交通的优势，使其避免与常规公交产生无效竞争，在减少地面小汽车交通流量方面发挥更大作用，真正提升公共交通出行比例，使城市交通出行结构得到彻底改善，从而缓解道路交通拥堵。

三　缓堵目标下交通定价应注意的问题

（一）交通定价的主要功能定位于引导需求

定价往往被作为价值补偿的手段，但在缓解拥堵的目标下，交通定价的主要目的是通过价格引导出行需求，改善出行结构，使需求与供给达到结构匹配。这样的定价主要是通过价格形成一种激励机制，与通常意义上的价值补偿有所区别。在引导和控制需求方面，价格的作用经常被忽视，因为有比定价更直接的方法和手段可以采用，如法律手段、行政手段、军事手段等。与价格相比，这些手段虽然更直接，但也往往事与愿违，难以得到预期效果。因为决定人们行为的最终是经济因素而非其他，因此，通过定价引导人们包括交通出行在内的决策行为，更能深入问题的本质。充分发挥价格的激励作用，使人们在价格的指引下调整出行行为，集约化、高效化使用供给短缺的交通出行方式，是基于缓解拥堵目标下交通定价应遵循的首要原则。

（二）交通定价要反映城市交通资源供需状况

价格应反映资源的供需状况，这样的价格才能传递充分的、有效的信息，并提升资源配置效率。出于各种原因，城市交通定价经常背离资源供需状况，使价格既不引导需求也不弥补成本，这样的价格完全失去了存在的意义。相比其他城市资源，交通资源更加短缺，应遵循高效、集约的原则配置使用，而价格则是资源能否被高效集约使用的指挥棒。当前我国城市交通定价基本上不反映交通资源的供需关系，供需变动状况仅反映在运输产出指标的波动或公共财政对城市交通运营主体的补贴额度的变化上，这对合理配置交通资源基本上起不到指导作用。要使交通定价反映供需状况，促进资源的合理配置，需建立科学的交通定价机制，按照"用者负担、价高者得"的原则，依据资源需求的紧缺程度定价，通过价格传递供需状况，提升资源配置效率。

（三）交通定价需根据交通状况进行动态调整

通过交通定价引导需求缓解拥堵，应根据道路交通状况对交通定价进行动态调整。交通出行需求随着经济增长、人均收入增多、出行供给增加而发生变动，交通出行量尤其是小汽车出行量会逐渐上升，需根据道路状况适时调整相关交通定价，使价格的变动和道路交通畅通状况相互协同，既保证道路资源得到充分利用，又防止产生交通拥堵。

（四）交通定价应实现利益补偿的闭路循环

城市交通定价与交通系统发展应形成良性发展机制，交通定价应体现"取之于交通，用之于交通"的原则，这不仅是建立行之有效的定价激励机制的要求，更是保证交通定价被广大受众接受的基本保障。国外城市交通定价政策能取得成功的原因，重要的一点就是将让渡道路使用权群体的利益通过使用者的付费予以保障，建立了交通定价与交通系统良性发展的利益补偿机制。伦敦、新加坡、斯德哥尔摩等城市的交通拥堵费均被用于城市交通基础设施和公共交通基础设施的建设与效率提升，提高公共交通服务设施和水平的意义不仅在于对缓解城市交通有直接作用，更重要的是这种提升与变化正面回应、满足和保障了社会公众的基本出行需求，使其感觉到通过定价收费建立起来的是一种公平合理的竞争机制，这种机制会带来总体效率的提升，这符合个体对交通管理政策的期望和社会目标。当公众能清晰地看到一个良性的交通定价收费与利益补偿机制确立，并在实践中切身感受到利益时，对相关的交通定价政策的支持度会增加。

（五）交通定价的影响评价应着眼于全局层面

基于缓解拥堵的交通定价，应超脱于交通项目运营盈亏，需站在全局层面，基于成本—效益原则采用国民经济指标评价其经济社会效益，而不是局限于具体项目本身的经营财务指标。交通定价体系的总体目标是缓解城市拥堵，对各交通方式的定价应站在城市交通发展全局的高度，以最大化实现总体目标为导向，而不是自身的盈亏和某项指标的最大化。如，对轨道交通和常规地面公交进行定价时，应首先考虑不同交通出行方式的价格对客流的引导和分流，而不是自身运价收入与经营成本的盈亏关系，此时的交通定价是政策引导工具，而不是经济利益补偿载体。从这个意义上讲，一些交通方式的定价与建设运营成本不再有密切关系，成本或将成为真正的"沉没成本"，在政策设计时或不具有参考意义。

本章小结

价格不仅传递信息、形成激励，价格波动还可以影响需求量的水平，这是利用价格引导需求的理论基础。城市交通资源的配置并未全部在价格机制的引导下进行，造成无效率的严重后果，交通拥堵由此而生。在治理交通拥堵时，交通需求与交通供给的配比失衡应成为治理的重点，鉴于交通供给严重缺乏弹性，应将调整的重点放在交通需求侧。由于价格对需求生成具有决定意义，因此可借助交通定价对需求进行引导。为此，需结合各种交通方式的供给情况和技术经济特性，构建一个能过滤筛选不同交通出行需求的定价体系，在该价格体系下，不同交通需求可被分离并疏导至对应的交通出行方式，从而缓解供需不对应造成的拥堵。需要注意的是，以缓堵为目标的交通定价机制，重点在发挥价格的引导功能，以价格作为调节交通出行的工具，这不同于寻常意义上的商品或服务定价。建立这样的交通定价机制，是要以调节出行成本水平为主要途径、以疏导需求为主要目标、以交通定价为主要手段，构建有利于缓解道路交通拥堵的新型城市交通定价体系。

第七章

交通定价缓堵设计与影响分析

第一节　交通定价缓解拥堵的机制设计

根据道路交通拥挤状况和公共交通服务质量，设定各种交通出行方式服务的价格水平，通过价格引导出行量在交通方式间的合理分配，使城市出行结构与交通供给结构契合，高效运行，可以达到缓解交通拥堵的目的。要实现以上过程和目标，需根据交通出行需求层次构建城市交通定价体系，构建价格影响和传导机制。根据城市交通供给状况，建立区分各层交通出行服务的级差价格体系，形成立体的出行服务体系。在该级差价格体系下，交通定价作为引导供需匹配的手段，发挥"阀门"的作用，调节出行需求量在交通方式间的分配，促成出行需求量与交通供给量相匹配，将小汽车出行量控制在一定限度内，实现城市道路交通的可持续发展。

一　城市交通方式与出行服务分层

不同群体因支付能力、单位时间价值、对出行服务要求不同，所表现出的交通出行需求也不相同，因而分属为不同的层级。在满足出行需求时，出行服务与之对应是一项基本的要求。忽视不同需求层级的差异性，简单地追求总量方面的满足，极易导致需求与供给的结构性错位，并会因资源配置不当而造成巨大的资源浪费。交通供需结构不对称的问题在国内城市始终存在。然而，站在出行者角度，供需结构错位的问题始终难以掩盖真正的需求迸发，交通供给侧以无差别化的常规公交出行服务来满足不同群体的出行需求时，经常的结果是高层级的需求群体并不买账，而是"用脚投票"，放弃公交出行方式，转向小汽车出行方式，最后造成道路交通拥堵。可见，城市交通出行中需要的是能满足不同层级需求者的交通出行服务体系。

　　长期以来，国内城市交通的发展经常将"保障出行"作为追求的目标，这在经济发展水平较低、出行需求单一的时期具有积极意义。但随着出行需求的分化，高层次的出行需求不断成长和发展，此时城市交通的发展若仍停留在"保障出行"的层面则不合时宜。需求分化和升级后，人们不再仅仅满足于"走得了"，还要追求"走得好"。然而，从国内城市交通出行服务的票价水平现状不难看出，各种交通方式的定价还停留在"保障出行"的层面，在近乎扁平的交通定价格局下，各种交通出行方式在技术经济方面的特性和差异也几乎被抹杀。在几乎等同的票价水平下，出行者自然优先选择服务品质较高的方式出行，这使出行体验好的轨道交通、小汽车出行量远远超出城市交通系统能承受的范围。从北京市的交通就可见一斑，低票价使本该由常规地面公交承担的客流涌向轨道交通，造成车厢拥挤，进而迫使一部分轨道乘客转向小汽车出行。可见，要满足城市交通出行需求，客观上要求各种交通出行方式要充分发挥各自的技术经济特点，契合交通出行需求，形成服务不同需求层级的出行服务体系，并通过一定机制维持。据此，可根据交通需求分层情况，对城市交通出行服务也进行相应的划分，见图7-1。

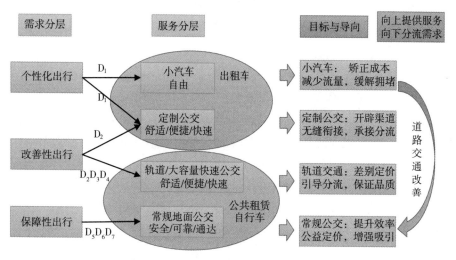

图7-1　城市交通需求与出行服务分层

在图7-1中，随着经济社会发展和受收入增加等因素的影响，出行需求层级向上攀升，这种攀升趋势在小汽车出行成本外溢、轨道票价过低等情况下被强化，交通方式中较高层级的出行方式向下提供服务，如图7-1中小汽车向 D_2 代表的需求、轨道交通向 D_5 代表的需求提供服务。这导致如下结果：一是小汽车出行需求过于旺盛，导致路面交通状况恶化，降低小汽车交通效率，同时也降低常规地面公交运行效率；二是轨道票价过低，与常规地面公交争抢客源，常规地面公交客源转入轨道，对小汽车客流无影响，路面依然拥堵，轨道与常规地面公交之间形成无效竞争；三是常规地面公交在恶化的路面交通环境中运行，行车延误增加，服务质量进一步降低，丧失竞争力和吸引力，导致更多的客源流失到轨道或小汽车群体，形成恶性循环。城市交通运转出现"需求向上增长，服务向下延伸"状况，交通出行服务改进方向和需求增长方向不一致，这不仅对缓解交通拥堵无益，还在一定程度上导致交通持续恶化。出行需求的层级化特征客观上要求出行服务分层与之对应，需要建设多层级的交通出行服务体系，抓住这个核心问题，才能有效解决供需结构性矛盾和缓解交通拥堵。由出行成本不完整而形成的扭曲的激励机制，可以通过定价手段予以引导和矫正，形成科学的激励。通过制定交通定价政策，矫正小汽车出行的外部成本，调节人们的出行选择；通过制定差别化定价政策，形成不同服务层级和水平的公共交通出行服务体系，引导人们选择代表满足自身需求水平的交通方式，使交通出行体系形成"向上提供服务、向下分流需求"的运行机制，使公共交通出行服务形成分层发展格局，满足不同层出行需求。

二　缓解拥堵的机制

（一）依据路面交通拥挤状况调节小汽车使用成本

出行成本水平的变动可以改变小汽车出行量，当地面道路交通过于拥挤时，通过调节出行成本影响小汽车出行量。对小汽车使用量的调节可以通过小汽车使用调节税实现，小汽车使用税中的税率和免税里程可作为两个政策调节的"阀门"。当小汽车出行量持续上升导致城市道路交通拥堵加重时，开启调节机制：一是增加小汽车每公里使用调节税的税率，提高单位变动成本，直接影响出行成本，进而影响出行决策；二是减少免税里程额度，从总体上收紧小汽车出行的自由度，促使出行者进一步调整和压缩不必要的行程，优化小汽车出行总量和结构；三是提升城区停车收费费率，改变静态交通环境影响动态交通。据相关研究，在小汽车出行时间与公共交通出行时间之比处于 1 : 3 的范围之内，增加小汽车出行成本会促使自驾者放弃小汽车，选择公共交通，而随着这两者出行时间的接近，调节成本改变出行选择的效果会更加明显。[①]

(二) 根据轨道交通服务质量调节轨道交通票价

轨道交通、大容量快速公交等高品质的公共交通肩负着置换、分流小汽车出行量的任务，使其与小汽车出行乘车环境、便利程度、服务质量接近，尤其是在上下班交通高峰期间，保持车厢内不拥挤，使乘客有一个舒适、便捷、宽松、安全的乘车体验，是轨道交通和大容量快速公交吸引自驾通勤者的关键。由于服务质量对增强公共交通吸引力的关键作用，因此需要对服务质量进行监测，将侧重点放在乘车体验方面。根据服务质量监测结果，以轨道交通票价作为调节客流的抓手，通过限制和疏导客流，维持一定的服务质量。所以，在轨道交通平均客流上升、服务质量下降时，可适当提升轨道票价，通过票价杠杆疏导客流至常规地面公交。

(三) 根据运输服务质量调节常规地面公交运力

常规地面公交服务的重点在保障大多数民众的基本出行，在票价方面应保持相对稳定。然而，随着经济社会发展水平的提高，人们的基本出行需求水平也在上升，所以，常规地面公交仅仅满足交通出行的通达性是不够的。这要求常规地面公交不仅应实施公益性票价，而且还应提高服务质量，重点应放在范围覆盖和班次密度上。低票价仅仅满足了需求的一个方面，根据相关调查结论，乘客之所以不选择常规地面公交出行，一个重要的原因在于常规地面公交常常受地面交通拥堵之苦，高峰时期发车班次少，运行延误较大，另外乘车环境有待提升。所以，对常规地面公交的调节应侧重于运力投入，在小汽车、轨道交通调整增加出行成本时，常规地面公交应该同时增加运力投放，为放弃小汽车和轨道交通选择的出行者提供一个替代品，使增加出行成本的"堵"与提供可替代选择的"疏"相结合，为客流的迁移流动建立畅通的渠道。

---

① 徐婷等：《出行成本对居民出行方式的影响》，《交通运输工程学报》2013 年第 1 期。

第二节　交通定价缓堵方案设计

一　城市交通出行定价分析

(一)　小汽车交通定价

小汽车出行自由、灵活的特点可以有效满足个性化出行需求，契合了出行者追求实现自我价值的目标。在各种出行方式中，小汽车出行占用的道路资源和空间资源最多、对环境影响最大，根据谁使用谁负担的原则，小汽车出行者应该负担更多的成本。因此，选择小汽车出行要具备较高的经济承受能力。根据前文对出行成本的分析，在小汽车出行总成本中，影响出行决策的可变出行成本占比小，这使小汽车出行边际效用在主观判断上更大，从而形成小汽车出行的正向激励，这是小汽车出行需求旺盛的重要原因。因此，对小汽车交通出行进行定价设计，要解决两个关键问题：一是健全成本信息。根据"谁使用、谁负担"的原则将小汽车出行的外部成本内部化，使出行者承担相应成本，使出行收益与出行成本相匹配，矫正因外部性造成的成本信息扭曲和激励。二是改变成本结构。提升决策相关成本在出行总成本中的占比。改变成本形成机制，将与小汽车使用强度和出行里程不直接相关的固定成本转换为直接影响出行决策的变动成本，提高出行决策与出行成本的相关性，使成本变动与出行决策关系密切。

除了改变小汽车固定成本的形态外，还需要调整停车服务定价来影响小汽车出行，可以通过课税或定价的方式进行。汽车的停放是使用的重要环节，静态交通与动态交通存在共生关系，停车业务之所以能正常经营并获得收益，与道路提供的通行服务分不开。道路通行与停车服务的关系如同灯塔与港口的关系，灯塔提供服务却难以收费，得益于灯塔提供服务的船舶最后停靠在港口并增加了港口的收益，灯塔的正外部性溢出到港口。若没有灯塔提供的导航与指引，船舶不能安全靠港，港口的收益必定下降，在这里灯塔产生的收益进入了港口的经营收入，二者是共生关系。停车场之所以有收益是因为车辆运行的关系，若没有道路提供的通行服务，车辆就无法正常运行，从使用关系上看，道路的一部分正外部性溢出到停车场，因此应从停车收益中剥离一部分来补偿道路服务。从这个意义讲，政府不能对道路服务定价和收费时，应该寻求对停车服务抽取重税，以补贴道路资源的耗费。另外，从车辆运行特征看，静态交通是车辆运行中不可缺少的部分，车辆的大部分时间都处于停放状态，在缺少配套的停车服务时，机动车出行必定减少。因此，若要影响机动车出行决策，可以"以静制动"，通过调节停车服务价格来影响小汽车交通出行量。但当前国内一些城市的推动停车产业化的做法却带来不利影响，产业化固然可以增加车位供给，但停车位数量的增加会将市场价格向下拉，停车费下降必然刺激更多的小汽车出行需求产生。要减少城市道路小汽车流量，应该推动停车费上涨而非下降。事实上，国外一些城市正是通过抑制中心城区的停车服务，并在不同区域实施差别化的停车收费来减少或影响机动车出行，从而缓解路面交通拥堵。

（二）轨道交通和大容量快速公交定价

城市公共交通定价可采用平均成本定价、边际成本定价等定价方法，这些定价都是从运营主体的经济目标出发，不适合本研究中对轨道交通在缓堵中的功能和作用定位。平均成本定价不适合轨道交通和大容量快速公交定价，有三个方面的原因：一是系统建设投资巨大，在平均成本定价下，票价中分摊了巨额的建设成本，导致票价较高而使乘客难以接受；二是轨道交通建设成本中土地的机会成本难以估算，土地成本缺失使总成本的真实水平难以估量；三是平均成本定价时一般用未来预测客流来分摊全部成本，而预测客流量又受到经济发展和城市交通网络格局变化的影响，难以获得准确的数值。因此，平均成本定价不合适轨道交通。边际成本定价是理论上的最优定价方案，但由于轨道交通在大运量下具有规模经济特性，其平均运输成本曲线底部平坦宽阔，这使得边际乘客对应的边际成本非常小，以边际成本定价时票价水平将近乎免费。若采用边际成本定价，在低水平票价的吸引下，乘客蜂拥而入轨道交通，大大降低轨道交通运输的服务水平，将破坏轨道交通服务的品质，并增大运营风险。

在治理交通拥堵的大目标下，包括轨道交通在内的大容量、快速公共交通定价不应局限于自身利益，跳出任何追求自身利益最大化或最优成本补偿方案的定价模式，以缓解交通拥堵作为总体目标，推动城市交通系统总体运行效率的提升。在此目标下，轨道交通自身的盈亏便不再成为定价的重要参考因素。找到一个有利于保证轨道服务品质、最大限度发挥轨道对小汽车交通出行需求群体吸引力的合适的价格，才是轨道交通定价面临的关键问题。轨道交通的技术经济特性决定了其提供的出行服务与改善性出行需求非常接近——出行者有一定经济承受能力，对出行舒适性、速度、便捷性有较高要求。这种内在性的统一决定了轨道交通服务的特殊性，与一般常规公交提供的保障性公交出行服务相比，轨道交通要提供的是有明显区别的品质服务，这些品质主要体现在对乘车环境、舒适性、便捷性等方面有更高的要求。因此，轨道交通定价的关键在于要通过合适的价格维持一个品质化的乘车环境。综上分析，轨道交通的定价关键要处理好三个方面的问题：一是轨道交通与其他公共交通方式相比要具有较高的服务质量和水平，在便捷、快速、舒适方面有明显差异，这种差异需要通过定价体现出来；二是轨道交通的票价要成为其服务质量和水平的保证，轨道交通定价的作用不仅要体现轨道提供服务的差异，更要成为引导和激励人们改变出行选择的信号传递器，要保持适当的价格水平维持优质的乘车环境；三是轨道交通的定价要作为一种交通需求管理工具发挥政策引导作用，通过对轨道定价的调整进行交通出行需求管理，对轨道定价效果的评估应站在缓解交通拥堵的层面，采用国民经济评价指标而不是财务评价指标。

（三）定制公交定价

定制公交也称商务班车，是从小区到单位，从单位到小区的一站直达式班车。定制公交主要是为了吸引小汽车通勤者而新出现的一种交通方式，其主要特征是根据乘客需求开通出行服务，采用一站直达的方式运营。定制公交在国外主要表现为汽车共乘（carpool 或 vanpool）出行方式，国外城市由于人口密度较低，所以定制公交的运行优势并不明显。相比小汽车出行方式，汽车共乘更加集约化，因此国外政府还是大力提倡汽车共乘，并推出优惠措施鼓励这一行为，包括开辟专用车道和设置优先停车位等。由于定制公交主要是根据乘客的需求确定线路和停靠站点，所以运行比较灵活，可以做到广域覆盖。与一般公交不同，定制公交保证每个乘客都有座位，且按照乘客要求的路线运行，所以提供的是一种便利化的高品质服务。在轨道交通等大容量快速公交系统网络覆盖不足的情况下，可以充分发挥定制公交的优势，填补轨道交通服务的空白，形成对以轨道交通为代表的高品质公共交通出行服务的补充。定制公交应和轨道交通保持大致相同的功能定位，一方面对小汽车通勤者形成吸引力，提供与小汽车出行同品质的服务；另一方面尽量和常规地面公交服务拉开层次，避免同质化竞争。定制公交定价的关键在于：一是定价水平不能高于小汽车出行成本，否则失去吸引力；二是定制公交定价与常规地面公交定价形成不同层次，并确保定价与服务品质保持一致，体现定制公交服务的优势。

（四）常规地面公交定价

常规地面公交具有网络覆盖广阔、运行车辆众多、班次稠密灵活等特点，同时，相比轨道交通等方式，常规公交运行速度慢、乘车环境差、服务质量低。从常规地面公交提供的出行服务来看，主要满足交通出行中最低需求层次通达性的要求，这大致可以看作是一种保障性的基础出行服务，选择常规公交出行的乘客主要是为满足通达性要求的保障性出行人群。从实际情况来看，常规地面公交的乘客群大部分为一般工薪阶层，经济承受能力有限，支付能力低于选择小汽车和轨道交通出行的乘客群体。正因如此，保障公众出行的任务主要由常规地面公交来完成，其定价应采取普惠型的公益性票价。因此，常规地面公交的定价应注意两点：一是票价水平与服务群体收入水平对应，不增加普通民众出行的负担，体现常规地面公交的公益性；二是与轨道交通等大容量快速公交相比形成价格优势，可吸纳需求结构调整过程中其他交通方式释放的客流量。

（五）出租车定价

出租车被视为城市公交系统的组成部分，但从国内城市交通出行结构看，出租车的客运量比例与轨道交通、常规地面公交、公共租赁自行车相比太小，简直可以忽略不计。出租车服务对象群体特定且数量有限，从其运行方式和占用城市交通资源情况来看，出租车与小汽车并无本质区别。从行业运营模式和成本结构来看，出租车经营也不存在规模经济效益，它是城市交通系统中最适合单车运营的交通方式，出租车的经营特点也使其更适合市场化的运作。因此，出租车的定价通过市场解决更加合适。然而，我国长期以来对出租车市场实施进入管制和价格管制，结果是行业运行效率低下，不仅在市场运行中存在宰客、拒载、车辆承包费居高不下等普遍现象，而且被管制的出租车群体极易形成市场势力，干预行业运力调控，并引发罢运等群体事件，给行业管理和城市交通运行带来极大挑战。越来越多的观点认为，政府对出租车应该更多实施社会管制而非经济管制政策，应允许出租车运力和运价随市场供需波动。近年来，出租车行业在

"网约车"等互联网新经济业态萌发、公共交通日渐完善、私家车快速增长的多方冲击下，发展日渐式微。鉴于出租车的经营特点和在城市交通中的占比及影响，对出租车交通定价，可逐步放开价格管制，增加社会性管制，允许其在市场中自行寻找发展空间。

（六）公共租赁自行车定价

公共租赁自行车作为一种绿色出行方式，服务于短距离的出行和与其他方式的接驳。公共租赁自行车出行的成本主要是出行者个人的时间成本。公共租赁自行车为出行者完成出行链提供终端连接服务，辅助其他出行方式完成出行过程，对公共租赁自行车的定价应体现其辅助功能。公共租赁自行车是城市公共交通的重要组成部分，是连接通勤者与公共网络的纽带，并且运行中低污染、无噪声，还有助于城市环境向交通和人更加具有亲和力的方向发展。在外部成本方面更是不具备负面影响，各方面的特征都表明公共租赁自行车具有优良特性，而且在用户数量占比上升的情况下，其对缓解城市交通拥堵是有积极意义的。因此，公共租赁自行车的定价应最大限度地体现公益性，应接近于平价或免费使用。

综上对各种交通出行方式的分析，定价设计见表7-1：

表7-1　　　　　　　　　　各种交通方式定价设计

出行方式	定价类型	定价原则	定价思路	定价政策着力点	服务层次
小汽车	矫正性定价。小汽车出行具有很大的外部性，占用城市道路资源最多，出行者应负担的成本与收益严重不匹配，小汽车交通是城市交通拥堵的主要贡献者，应重点限制	小汽车出行成本应包含外部成本；显性价格水平应接近广义出行成本；价格主要随出行里程变动，且随里程增加而上升	增大变动成本占比	车辆使用调节：对小汽车的政策由控制拥有转向控制使用，取消车辆限购和车牌拍卖，改为按车辆行驶里程征收调节税，每辆车可设定一定额度免税里程，超过该额度后按里程收取调节税；允许车主交易未用完的免税里程 停车定价调节：对企业或其他组织建造的停车位按面积征收调节税；取消免费内部停车，对政府管理的公共停车位按地段区位设定不同的费率水平 保险费率调节：实施车辆保险可变费率，保险费率随保险车辆年度行驶里程和事故次数同向变化	个性化出行 最高出行需求 占用较多资源 支付最大成本
			内化外部成本	路权使用调节：在重要路段开辟大容量收费车道（HOV），对驶入的单乘客车辆收费，提高道路交通效率	

续表

出行方式	定价类型	定价原则	定价思路	定价政策着力点	服务层次
轨道交通	调节性定价。轨道交通技术经济特性能较好地契合改善性需求的特点,轨道占地少、容量大、速度快、外部性小的特征使其成为缓解城市交通拥堵的中坚力量,应大力支持	轨道交通定价是一种政策性定价,不受经营主体运营成本水平影响;价格水平在小汽车显性出行成本以下,价格作为引导客流的手段和服务品质的保证,可在一定范围内浮动,并保持与常规地面公交定价的差异化	保证品质	区分不同出行需求:在常规地面公交与小汽车出行成本之间定价,确保轨道不仅对小汽车出行者形成吸引,同时通过票价限制过多普通公交乘客涌入轨道交通,从而保证轨道交通和大容量公交的服务品质;根据轨道运营成本水平的波动形成票价调整机制	改善性出行 较高出行需求 享受品质服务 承担较多成本
			增强吸引	票制形式多样化:采取"起步价+里程价"的票制,使票价和出行里程高度相关;开辟服务多种乘客群体的票价制式;实施峰谷票价	
			完善接驳	联程票价优惠:对换乘常规地面公交、公共租赁自行车等公共交通的乘客,实施联程票价优惠,在一定时间内免费换乘,鼓励乘客选择公交出行,并促进出行链的无缝衔接	
定制公交	市场性定价。定制公交作为一种轨道交通网络未形成全覆盖网络前的一种过渡方式,服务于特定出行群体,实施市场定价	定制公交定价应主要考虑运行成本;价格水平主要由市场调节,作为一种较新的高端公交出行服务,具有一定公益性,可享受公共交通车辆的优先路权通行政策,但在运营成本和定价方面主要由其自身经营水平和市场决定	突出服务优势	享受公交政策:在路权使用、税费征收等方面与常规地面公交享有同等优惠,在路线、班次安排方面突破常规地面公交的诸多限制,在商业圈、写字楼、住宅区等客源密集区域灵活设置站点,方便乘客出行	改善性出行 较高出行需求 享受品质服务 承担较多成本
			实施差别定价	突出服务差异:定制公交因服务质量提升而增加运行成本,可以收取较高票价,但要确保服务质量,保证乘客的座位、舒适性、便捷性,提供和常规地面公交差异化的服务,实施差别化定价	
出租车	市场性定价。出租车的运行方式和小汽车相同,外部性较大,服务对象有限,应由市场进行调节	出租车价格水平主要由市场形成,放松出租车运价管制,加强运营安全、质量、环保方面的管制	维持平稳放松管制	放松价格管制:出租车服务乘客数量有限,应逐步放松对出租车的价格管制和进入管制,给予其向其他交通方式融合和演变的出路	

出行方式	定价类型	定价原则	定价思路	定价政策着力点	服务层次
地面常规公交	公益性定价。保障基本出行，满足公众的一般出行需求	常规地面公交定价应体现公益属性；定价应低于运营成本，考虑普通民众的收入水平，以服务一般人群，价格不足弥补运营成本的部分继续由政府财政补贴	保障出行方便换乘	低价吸引政策：常规地面公交的服务对象是普通大众，定价水平与乘客群体收入水平匹配，实施低价策略增加吸引力；与轨道、定制公交等形成明显价格梯度，构建多层次的公交服务体系，满足中低层次的出行需求 突出价格优势：在与轨道交通、公共租赁自行车换乘时采取优惠定价政策，方便公交出行无缝衔接，并以成本优势形成对潜在乘客群体的吸引，并保持相对稳定的票价	保障性出行 满足基本需要 支付最低成本 政府提供保障
公共租赁自行车	附属性定价。服务公共交通出行方式的接驳，或短途出行，几乎不产生社会成本，对缓解交通拥堵有益，应在定价方面给予优惠	公共租赁自行车定价应体现公益属性；定价突出附属性服务的特点，采取与其他公共交通方式的联合定价	方便换乘接驳	从属性定价：公共自行车为其他交通方式提供接驳，对在公共自行车和公共交通方式间换乘的用户，可在合理接驳时间内免费使用	
			鼓励绿色出行	公益性定价：公共自行车出行无污染，外部性小，乘客出行选择公共自行车对缓解城市交通压力有积极意义，在使用定价上应接近免费或平价，由政府财政补贴运营成本	

二　交通出行定价梯度设计

以各种交通方式技术经济特性为基础，以缓解交通拥堵为目标，科学定位交通方式的地位并发挥其功能，并以差别化的交通定价区分不同层级的出行供给服务，有利于促进各种交通方式发挥最大功效。因运输技术经济特征不同，小汽车、轨道交通、定制公交、出租车、常规地面公交、公共租赁自行车等交通方式所提供的出行服务存在明显差异，这种交通供给上的差异化与交通需求分层相互影响、相互作用。在需求分层时，分层供给交通出行服务，可以有效提升供需的匹配度，减小结构性差异，对缓解当下的城市交通拥堵大有裨益。

在建设层级化的交通出行服务体系和促进供需结构性匹配方面，不仅需要通过交通定价显化出行服务供给分层，更需要通过定价维持、调整和延续这种分层运作的服务体系。借助不同的交通出行定价，充分发挥价格对需求的引导功能和分流作用，使总的交通出行需求结构与交通出行方式或服务供给结构契合，引导具有不同出行需求的群体出行选择合适的交通方式，缓解当前城市交通中供需严重错位的矛盾，减轻交通拥堵问题。

通过定价或设定不同交通方式出行成本水平，区分各种交通出行方式，使其与交通需求对应，是建立以缓解拥堵为目标的交通定价体系的核心问题。建立这一具有梯级变化特点的交通定价体系，目的在于引导需求与供给匹配。通过调整出行价格或成本水平，使定价尽量能反映各种交通出行方式对交通资源的占用和耗费状况，并通过定价来矫正由于交通外部性而扭曲的出行选择激励机制。具体来讲，就是要使小汽车出行者承担较高的成本，并形成一定的价格引导和激励，把大量的自驾群体转移至轨道及大容量快速公交中。在这一过程中，通过定价来调整轨道交通与常规地面公交的客流，使不同的交通出行方式服务对象有所区别，以形成多层次的城市公共交通服务体系，满足不同层次的出行需求。

根据各种交通出行方式的资源约束条件和技术经济特性，设计级差定价梯度，见图 7-2。

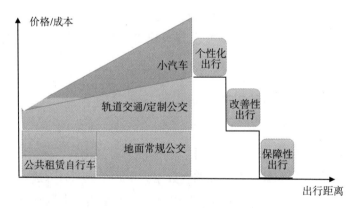

图 7-2 城市交通出行方式服务层次及价格/成本梯度

常规地面公交、公共租赁自行车满足保障性出行，这部分出行需求群体追求一般的通达性，且经济承受能力较低，交通定价主要应体现低价特征，是一种公益性定价；轨道交通、定制公交满足改善性出行，这部分出行群体不仅满足于交通达性，更在舒适性、便利性方面有要求，对出行环境要求较高，追求一定程度的出行体验，有一定经济承受能力，可承受高于常规公交的票价，且愿意为出行服务品质的提升支付更高价格；小汽车出行方式主要满足个性化出行，这部分出行需求为最高层次需求，价格或成本最高，且随着出行距离的增加单位距离的费率也要增加。在这样一个层级化的城市交通定价体系下，不同需求层级的出行群体均可以找到适合的出行方式，出行需求层次越高的群体，其时间价值越高，出行需求层次越低的群体，其时间价值越低，而这样的定价梯度正契合了不同出行群体时间价值变化的趋势。对常规地面公交服务的保障性出行群体来讲，其时间价值较低，出行时间充裕而金钱有限，"时间换金钱"是其理性选择，选择常规地面公交正好契合其多追求投入时间而少投入金钱的现状；随着出行群体交通出行需求层次的升级，而在需求升级过程中，其收入水平逐步迈入较高水平，出行时间价值也随之升高，这时，出行成本负担能力和对出行时间的节约要求也日益上升，快速、便捷、舒适方面的要求与日俱增，轨道交通和定制公交提供的改善性出行则可以较好地满足其需求；随着收入水平继续提升，交通出行需求层次将迈入更高的追求自由阶段，此时将由小汽车出行服务满足该部分出行需求，而对位于最高需求层的群体来讲，时间价值将大大提高，用"金钱换时间"不仅是其交通出行中的理性选择，也符合这一出行群体的行为特征，在此情况下，可以为小汽车出行制定一个较高的价格，这不仅符合用者多付的原则，让占用更多出行服务资源的个体承担更多成本，也具有现实可行性，即自身也愿意"花钱买畅通"。

三　交通方式定价框架设计

（一）交通定价作用方向

1. 小汽车交通外部成本内部化、固定成本可变化

根据已有研究成果及本研究调查数据分析，小汽车外部成本约占其出行总成本的1/3，大于小汽车出行变动成本所占比例，小汽车出行外部成本约为其变动成本的2倍。将外部成本内部化，使小汽车出行者真正承担其造成的外部成本，是遏制小汽车旺盛出行需求的有效途径。根据外部成本与变动成本的比例，可按小汽车出行变动成本的1—2倍比例加成，将外部成本以"庇古税"的途径加入出行变动成本，增加出行成本与决策成本的重合度。另外，对一些固定成本，如车辆购置税、停车费、保险费等，以与行驶里程正相关的变动额计入出行成本，使车辆一部分因"固

定"而"沉没"的成本成为决策相关成本。

2. 适当提升轨道交通定价水平，形成与常规地面公交的价格梯度

利用价格差吸引改善性出行客流，并限制保障性出行客流。轨道交通的定价控制在一定高位，否则与常规地面公交争抢客源，难以形成多层级的公共交通服务体系。我国当前大部分城市已经进入轨道交通建设快速发展期，尽管部分城市在轨道开通初期客流量较少，但这是因为综合交通线网尚未成型、轨道客流增长需要一个过程，不应因客流较少而为吸引培育客源定价过低，为以后发展留下隐患。待小汽车出行成本矫正和轨道线网成型后，客流自然上升。因此，轨道交通定价应从着眼全局和长远，避免为实现短期培育乘客的目标而定价过低造成过量客流涌入，一旦形成拥挤，再采取措施调整则尾大不掉。因此，轨道定价不但要在定价水平上与常规地面公交区分，并且票价结构也不应实行单一票价，应随里程增加而上升。在定价区间的选择上应以小汽车变动出行成本为上限，在小汽车变动成本和常规地面公交票价之间浮动。

3. 为定制公交确定一个与轨道交通定价接近的水平

定制公交的服务对象和轨道交通相同，作为轨道交通线网和服务覆盖不全的补充，定制公交的出行成本水平应和轨道交通接近。定制公交作为一种灵活安排的公共交通出行服务方式，具有与一般常规公交不同的服务特点，其定价方式可更加灵活。在定价水平上，要低于小汽车出行变动成本水平。

4. 常规地面公交定价应尽量维持较低水平，服务保障性出行

常规地面公交体现社会公益性，保持票价水平稳定。常规地面公交的票价可保持既有水平，吸引一般出行者选择常规地面公交出行，为广大群众提供最基本的出行保障。

5. 逐步放开出租车定价管制

出租车行业是城市交通中最适合市场化运行的行业。尽管政府对出租车的市场准入和定价进行了严格的管制，但这种管制并未达到预期的目标和收到成效。近年来，随着"互联网+"思维和商业运作模式的不断发展，城市交通领域首当其冲。与城市客运出租车运行模式和服务对象几乎重叠的网约车方兴未艾，对出租车行业发展带来巨大冲击。网约车在定价方面完全由市场形成，然而这并未产生更多的预期可能出现的问题。网约

车如同出租车的一面镜子，其快速发展可以折射出出租车定价管制的低效率。因此，出租车的定价可以引入市场竞争机制，由市场决定出租车的价格水平和发展走向。

6. 公共租赁自行车实行公益性定价

公共租赁自行车服务于短途出行与出行接驳，为其他交通方式的高效运转提供服务，解决中途换乘或首末"一公里"的问题。公共租赁自行车的使用几乎不产生任何外部成本，对缓解城市交通拥堵益处多多，其定价应体现纯粹的公益性，对公共租赁自行车的使用应由政府埋单无偿使用。

（二）交通方式定价方案

根据各种交通方式的定价或成本调整的作用点，定价设计如下。

小汽车出行外部成本按照变动成本的1—2倍计入，常规地面公交的定价保持稳定，轨道交通定价在小汽车和常规地面公交之间浮动，定制公交根据线路长短参照轨道交通费率水平定价，公共租赁自行车实行公益性定价。

根据以上思路，基于缓堵目标的交通定价设计见表7-2：

表7-2　　　　　　　　城市交通出行方式定价方案设计

交通方式	定价设计	出行成本测算（10公里）	说明
小汽车	使外部成本进入决策成本范围，按车辆年行驶里程征收使用调节税，按平均变动成本（燃油费+维修费）2倍的比例征收小汽车使用调节费	变动成本 21.6 元/车，固定成本根据折旧、大修等费用分摊	（1）将小汽车外部成本内化，以小汽车使用调节费的途径纳入出行变动成本。小汽车变动成本为 0.72 元/车·公里，小汽车使用调节费按 2 倍比例设定，折合人公里 0.81 元/人·公里。将拥挤成本内化后，自驾出行的决策相关成本大幅增加，小汽车在平均 10 公里的距离上出行成本明显高于轨道交通和常规地面公交，消除低成本产生的激励 （2）以出租车出行成本作为参照系，经过调整后小汽车变动成本上升，若单独自驾出行，变动成本达到 2.16 元/车·公里，逼近出租车 2.40 元/车·公里的出行成本，若再考虑临时停车费，小汽车出行费用将远高于出租车

续表

交通方式	定价设计	出行成本测算 （10公里）	说明
轨道交通	采用"起步价+里程价"的结构，起步价高于常规地面公交，起步价3元，起步里程5公里，起步里程以后每3公里增加1元，上不封顶	轨道票价6元，换乘地面公交2元	（1）轨道交通的价格水平和定价结构形成有利于吸引目标客流的激励。轨道交通起步价3元/人，起步里程5公里，高于常规地面公交票价，低于出租车11元3公里的起步价，相比小汽车和出租车有价格优势；3公里1元的递增费率也低于出租车里程单价，在保证随里程增加票价的同时，也控制了票价水平的过快增长；图7-3阴影区域是轨道交通定价的浮动空间，当乘客数量过多时，轨道吸引力下降，费率可向上浮动，限制并分流一部分客流到常规地面公交 （2）轨道交通的定价作为一种政策性定价以更大范围内的资源优化配置为目标。轨道交通定价独立于运营成本的约束，在此处作为一种政策性定价发挥作用，通过票价引导、调节、限制客流，使轨道对自驾群体有吸引承接和保证一定服务水平的能力 （3）轨道交通定价应在更高的层次发挥其能缓解城市交通拥堵的巨大潜力，而不应着眼于经营主体的得失，这是目前我国轨道交通定价时要克服的主要困难。目前国内大部分城市的定价问题在于，因于经营主体自身财务目标，并受社会舆论的巨大压力，采取了低票价政策，普惠性有余而引导性不足，关注了"看见的"利益而丧失了更大的社会公益性
定制公交	同里程轨道交通票价费率×乘车里程	票价8元	定制公交的票价费率与轨道交通保持一致，目前宁波市定制公交的票价为8元，根据平均出行里程10公里的费率推算，每公里费率为0.8元，与乘坐轨道10公里6元的票价相比略高，但考虑到定制公交全程点到点服务，轨道交通首末连接需要换乘公交（票价2元）或公共自行车（免费），综合考虑二者基本持平
常规地面公交	单一票价2元，常规地面公交间60分钟内限时免费换乘	票价2元	（1）常规地面公交实行单一票价2元，常规公交60分钟内免费换乘，保障基本出行服务 （2）轨道交通票价与地面公交相比随里程增加，二者在价格水平上存在明显差异，防止二者产生无效竞争
出租车	维持现状，逐步放松价格管制，过渡到市场定价	票价22.8元	逐步放开，由市场供求状况决定运价水平，政府监管重点放在运营安全、服务质量、环境保护、信息公开等方面

续表

交通方式	定价设计	出行成本测算（10公里）	说明
公共租赁自行车	公交换乘1小时内免费使用；其他用户按时间收费，1—2小时（含）1元，2—3小时（含）2元，3小时以上3元/小时，不足1小时部分按1小时计	租金1元	公共租赁自行车通过两步定价法定价，第一步通过收取押金的方式赋予用户资格，沉淀的押金可用于弥补系统建设的部分投入；第二步对公交换乘乘客采取短期免费使用的政策，对单独使用的用户，按时间收费。之所以对单独使用的用户按时间收费，主要为避免用户长时间占用自行车而造成使用效率低下

注：表中出行成本测算以宁波市相关数据为例进行测算。

根据以上定价设计，不同方式的价格或成本水平比较见图7-3。

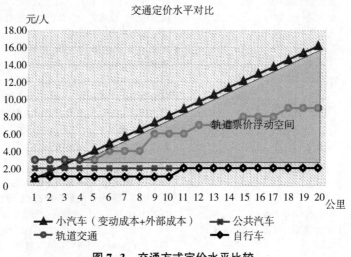

图7-3　交通方式定价水平比较

1. 新的交通定价及成本分析

小汽车出行决策影响成本明显高于轨道交通、定制公交等其他交通方式，选择小汽车出行在任何意义上都不再具有成本优势，而且随里程增加小汽车出行成本线上升幅度快于调整前，出行里程越长成本越高、约束越强；轨道交通与常规地面公交在定价方面明显区分，通过价格区分并疏导不同需求层次的乘客，由于轨道交通票价弹性较小，改善性出行群体大部分继续选择轨道交通出行；常规地面公交定价尽管不变，但相对于轨道和小汽车、定制公交票价，其差距拉大，票价相对降低，形成成本落差；由于公交需求票价弹性较大，票价相对降低将形成明显价差优势，吸引、承接轨道交通释放的客流。

2. 新的交通定价运行机制分析

经过成本调整，城市交通出行方式运行和作用机制如下。

第一，小汽车出行需求的成本约束加强。小汽车出行成本上升带来两个效果：一是部分自驾者转为选择轨道交通、定制公交等其他公共交通方式出行；二是由于小汽车出行减少，路面交通流量下降，交通状况改善，为公共交通腾出运行空间。小汽车出行成本成为一个调节改善性出行客流分布的阀门。

第二，层级化的公交票价引导和分流客流。轨道交通价格上升使一部分保障性出行客流转向常规地面公交，因票价过低而导致过量客流涌入后降低的轨道交通舒适性、安全性得到恢复，轨道交通优质的乘车环境与服务水平接近小汽车出行的环境，对原先选择小汽车的改善性出行乘客产生吸引，并承接因小汽车出行成本上升分流过来的乘客。轨道交通票价成为另一个调节保障性出行客流分布的阀门。

第三，保障性出行客流的出行服务获得长效投入和改善空间。因轨道交通票价上升而分流的乘客转向常规地面公交，常规地面公交需增加运力，其财政支持来源于小汽车使用调节税，运行空间支持来源于小汽车交通减少后腾出的道路空间。客流结构优化使供需对称，城市交通运行效率得到提升。

第四，交通方式定价体系不仅是交通系统高效运行的保障，也成为城市交通管理的政策工具。出行成本的调节是一个渐进的过程，根据路面交通状况拥挤程度调节两个阀门；若路面交通拥挤度上升，同时上调两个阀门，并增加公交投入，形成调节机制。

第三节　交通定价方案的影响分析

一　交通定价对出行影响研究——以北京为例

（一）交通定价对出行成本的影响

利用定价调节需求缓解拥堵是否具有可行性，对居民的交通支出影响几何，是否会增加居民的出行负担，需要从交通出行成本变化方面进行分析。现在以本研究提出的交通定价方案为基础，分析交通成本的变动对居民经济承受能力的影响。交通定价目标在于通过价格引导小汽车出行量转向以轨道交通为主体的公共交通系统，从而缓解交通拥堵。

下面以北京市为例设计交通定价方案，并基于北京市 2014 年交通出行相关数据，对新的定价方案下各出行群体的交通支出变动情况进行比较，见表 7-3。

表 7-3　　　　　　　　　　　北京城市交通出行方式定价设计

交通方式	定价设计
小汽车	按小汽车平均变动成本（燃油费+维修费）2 倍的费率征收小汽车使用调节税
轨道交通	采用"起步价+里程价"的结构，起步价高于常规地面公交，起步价 5 元，起步里程 5 公里，起步里程以后每 3 公里增加 1 元，上不封顶
定制公交	同水平轨道交通票价费率×乘车里程，即在每次乘车刷卡 0.4 元的基础上，20 公里（含）以内 8 元，每增加 5 公里（含）以内增加 3 元
常规地面公交	单一票价 2 元，常规地面公交间 60 分钟内限时免费换乘
出租车	维持现状，逐步放松价格管制，过渡到市场定价
公共租赁自行车	公交换乘免费使用 其他用户按时间收费，1—2 小时（含），每车次 1 元；2—3 小时（含），每车次 2 元；3 小时以上，每车次按每小时 3 元计费，不足 1 小时部分按 1 小时计费

1. 小汽车出行者维持现状的出行成本变动状况

在对小汽车出行按里程征收使用调节税后，路面交通流量减少并不再拥堵，车速提高至不会造成拥堵延误的速度（40 公里/小时）以上。此时，出行显性成本中增加使用调节税 11676 元/年，这使显性成本增加125.5%。由于车速提高，小汽车出行时间减少约 52 分钟/天，每年可减少隐性成本 55.4%，折算 4411 元。总体上，小汽车出行者若维持当前方式出行，则总出行成本在现有水平上浮 43.4%，增加约 7265 元/年，具体见表 7-4。

表 7-4　　　　　　　　　　　小汽车出行现状与未来成本对比

指标项	现状—2017 年	未来
出行方式选择	小汽车	小汽车
出行距离（公里）	13.9	13.9

指标项		现状—2017 年	未来
出行时耗（分钟）	早高峰	46.5	20.9
	晚高峰	47.1	20.9
年出行里程（公里）		6950	6950
显性成本（元/年）		8777	20453
燃油费（元/公里）		2877	2877
单位租车位费（元/年）		1276	1276
临时停车费（元/年）		1217	1217
年维修保养费（元/年）		2449	2449
年路桥费（元/年）		958	958
小汽车使用调节税（每公里燃油费和维修费之和的 2 倍）			11676
城镇居民人均可支配收入（元/小时）		33.995	
隐性成本（元/年）		7955	3544
年变动通勤成本（显性+隐性）（元/年）		16732	23997

数据来源：（1）以上小汽车各项成本数据根据《北京交通发展年度报告》公布数据测算；（2）未来小汽车行程速度按 40 公里/小时计；（3）燃油按 6.9 升/百公里水平消耗，价格按北京市 2017 年 7 月 1 日 92 号汽油价格 6 元/升计；（4）城镇居民可支配收入根据《北京市统计年鉴》数据测算；（5）小汽车通勤成本中仅仅考虑了显性成本、隐性成本中的时间成本，事故、环境污染等其他隐性成本未考虑在内；（6）年工作天数按 250 天计算；（7）隐性时间费用的计算采用当地小时工资的 60%，当地小时工资用单位小时人均可支配收入代替。

2. 小汽车出行者选择轨道交通/定制公交的出行成本变动状况

从小汽车出行方式转换为轨道交通/定制公交方式后，出行距离和出行时耗增加，交通支出由养车和用车费变为支付轨道交通/定制公交票价。据测算，放弃自驾选择轨道后，出行距离将增加 3.8 公里/次；出行显性成本节约 52.1%，每年节省 4577 元；每天出行耗时增加约 55 分钟，对应的出行隐性成本增加 58.2%，折算费用 4631.8 元/年。出行总成本节约 0.3%，每年节省 54.9 元。对于小汽车通勤者来讲，放弃自驾选择轨道不会增加其交通成本，具体见表 7-5。

表 7-5　　由小汽车出行转向轨道交通/定制公交的出行成本对比

指标项	现状—2017 年	未来
出行方式选择	小汽车	轨道交通

续表

指标项		现状—2017 年	未来
出行距离（公里）		13.9	17.7
出行时耗（分钟）	早高峰	46.5	73.2
	晚高峰	47.1	74.9
年出行里程（公里）		6950	
显性成本（元/年）		8777	4200
燃油费（元）		2877	
单位租车位费（元/年）		1276	
临时停车费（元/年）		1217	
年维修保养费（元/年）		2449	
年路桥费（元/年）		958	
轨道交通/定制公交票价（按定制公交票价水平测算）（元/年）			4200
城镇居民人均可支配收入（元/小时）		33.995	
隐性成本（元/年）		7955	12587
年变动通勤成本（显性+隐性）（元/年）		16732	16787

数据来源：《北京交通发展年度报告》，《北京市统计年鉴》。

3. 轨道乘客维持交通方式的出行成本变动状况

继续选择轨道交通出行的人交通成本有所上升，票价将从目前的轨道交通票价提升至未来轨道交通/定制公交的水平。根据测算，这部分乘客，票价支出增加 1700 元/年，显性成本增加 68%，总成本增加 37.9%，见表 7-6。但轨道调整价格后其客流量减少，乘车环境改善，安全性和舒适性将大幅度提升。根据北京市 2017 年城镇居民消费支出结构，人均交通和通信支出占人均可支配收入比例为 13.4%，若出行成本增加 1700 元/年，交通和通信支出占比将达到 17.6%。按交通和通信支出各占一半的比例估算，交通支出占比仍在 10% 以内，仍旧远远低于 2017 年美国家庭交通支出占比 15.8% 的水平。

表 7-6　　　　　　　　　　　轨道交通出行现状与未来成本对比

指标项	现状—2017 年	未来
出行方式选择	轨道交通	

续表

指标项	现状—2017 年	未来
出行距离（公里）	17.7	17.7
票价支出（元/天）	10	16.8
显性成本（元/年）	2500	4200
城镇居民人均可支配收入（元/小时）	33.995	
出行时耗（早/晚 高峰）（分钟）	73.6/75.3	
隐性成本（元/年）	1987	
年交通总成本（显性+隐性）（元/年）	4487	6187

数据来源：《北京交通发展年度报告》，《北京市统计年鉴》。

4. 轨道乘客转向常规地面公交的出行成本变动状况

从轨道交通转向常规地面公交的乘客，票价支出减少，出行的显性成本将缩减 60%，绝对支出减少 1500 元/年。在路面小汽车交通流量减少后，交通拥堵状况缓解，地面公交运行速度提升。若公交提速至 24 公里/小时（低于该速度则与拥堵一样效果），则可减少出行时间 63.2%，每天节约 1.5 小时，隐性成本下降 63.2%，折合 7955 元/年，而出行总成本减少 62.7%，每年节省费用 9455 元。若公交仍然维持当前速度，乘客的总交通费用支出也会减少 18.3%，折合 3758 元/年，见表 7-7。

表 7-7　　　由轨道交通出行转向常规地面公交出行成本对比

指标项		现状—2017 年	未来	
			速度不变	提速
出行方式选择		轨道交通	常规地面公交	常规地面公交
出行距离（公里）		17.7	10.9	10.9
出行时耗（分钟）	早高峰	73.2	66.1	27.3
	晚高峰	74.9	67.2	27.3
交通票价支出（元/天）		10	4	4
显性成本（元/年）		2500	1000	1000
城镇居民人均可支配收入（元/小时）		33.995		
隐性成本（元/年）		12587	11329	4632
年交通总成本（显性+隐性）（元/年）		15087	12329	5632

数据来源：《北京交通发展年度报告》，《北京市统计年鉴》。

　　从表7-7可以看出，常规地面公交在运行速度大幅度提升时，其对轨道交通的优势将更加突出，产生更强的吸引力。因此，在通过票价引导当前一部分轨道交通乘客转向常规地面公交的过程中，在提升轨道票价的同时，还应提升公交的运行速度，两方面力量形成"堵疏结合"与"推拉交替"之势，会产生更显著的效果。因此，在重新构建交通出行定价体系外，增加常规地面公交运力，并缩短高峰期发车间距，多头并举提高公交服务水平，才能获得更好效果。

　　5. 常规地面公交乘客维持现状的出行成本变动状况

　　常规地面公交乘客在新的定价水平下，每年显性成本减少33.3%，年节约费用500元。若公交运行速度提高至24公里/小时，则隐性成本节约59.1%，折合费用6697元/年。提速后总成本节约56.1%，减少总成本7197元，见表7-8。

表7-8　　　　　　　　　常规地面公交出行通勤成本对比

指标项		现状—2017年	未来	
			维持当前速度	提速
出行方式选择		常规地面公交	常规地面公交	常规地面公交
出行距离（公里）		10.9	10.9	10.9
出行时耗（分钟）	66.1	66.1	66.1	27.3
	67.2	67.2	67.2	27.3
交通票价支出（元/天）		6	4	4
显性成本（元/年）		1500	1000	1000
城镇居民人均可支配收入（元/小时）		33.995		
隐性成本（元/年）		11329	11329	4632
年交通总成本（显性+隐性）（元/年）		12829	12329	5632

　　数据来源：《北京交通发展年度报告》，《北京市统计年鉴》。

　　综上分析，旺盛的小汽车需求将面临较高出行成本的制约，部分小汽车出行者将选择轨道交通，地面小汽车交通量减少；轨道交通出行也面临比原来更高的价格，在此价格引导下，轨道交通的部分乘客将分流至常规地面公交；常规地面公交则价格更低，在路面交通改善后，可以增加更多班次运行，以承接从轨道交通转移过来的乘客。在新的定价体系下，各交通出行方式的显性成本级差被放大（见图7-4），维持原有出行方式将支付更高的费用，而选择公共交通出行则会显著节约成本，通过增加显性成本间的级差，影响出行者对交通方式的选择。通过交通定价引导城市交通出行向以轨道交通/定制公交、常规地面公交为主的格局发展，符合城市交通可持续发展的方向。

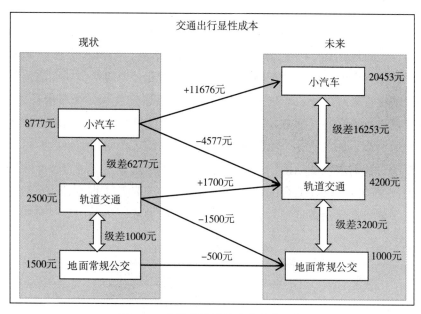

图 7-4　交通定价显性成本级差比较

（二）交通定价对出行结构的影响

交通定价引起的出行成本变动将进一步影响出行需求量的生成和分布。价格对交通出行的影响逻辑如下：在某种交通出行方式的票价或出行成本上升时，对该种出行方式的需求量减少，需求价格弹性系数越大减少的量越多，由于出行需求是一种基本需求，所以尽管对应该种方式的需求量减少，但这部分需求不可能消失，会转而寻求其他替代方式，当这部分出行量转移至其他方式时，各种交通方式承担的出行量发生改变，新的城市交通出行结构形成。下面以北京市城市交通相关数据为基础，分析交通定价变动对出行结构的影响。

根据《2018 年北京交通发展年报》披露的数据，北京市 2017 年中心城工作日出行总量为 3893 万人次（含步行），构成见表 7-9。

表 7-9　　北京市中心城区工作日不同交通方式出行量（2017 年）

分类	合计	地铁	公交	小汽车	出租车	自行车	其他	步行
出行量（万人次）	3893	600	618	934	110	462	41	1128
出行占比（%）	100.0	15.4	15.9	24.0	2.8	11.9	1.1	29.0

数据来源：北京交通发展研究院：《2018 年北京交通发展年报》。

从北京市出行结构看，相比地铁 15.4% 和公交 15.9% 的水平，小汽车出行量占比达到 24%，公交出行所占比例不高，小汽车出行需求过于旺盛，是导致北京市交通拥堵的直接原因。因此，要缓解交通拥堵，可借助交通定价来降低小汽车出行量占比，提升轨道交通和公交车出行比例，改变总出行量在各交通方式间的分布，形成公交出行为主的结构，最终缓解交通拥堵。如前所述，由于各种交通方式的需求价格弹性系数不同，票价变动对其需求量变动的影响是不同的。由于国内城市交通需求价格弹性相关数据的匮乏，在综合比较分析的基础上，选取美国 Goodwin 等人的研究成果替代缺省参数进行测算，价格弹性取值参考表 7-10。

表 7-10　　城市交通需求价格弹性

交通方式	需求价格弹性	
	短期	长期
小汽车	-0.25	-0.6
轨道交通	-0.65	-1.08
公共汽车	-0.28	-0.55

数据来源：Goodwin, Phil, Dargay, Joyce, and Hanly, Mark, "Elasticities of Road Traffic and Fuel Consumption with Respect to Price and Income: A Review", *Transport Reviews*, Vol. 24, No. 3, May 2004。

为直观说明问题，结合城市交通实际，提出以下假设条件：（a）交通价格与出行需求量的变动符合需求定律，价格上升引起需求量下降。（b）城市交通出行总量规模保持不变。（c）城市交通总需求量和总出行量相等。（d）出行需求量的转移和替代路径为"小汽车—轨道交通—公交车"，其中：轨道不仅承接从小汽车转移过来的部分客流，自身也向公交车分流一部分客流；公交车承接了轨道转移过来的量后，还吸引生成一部分量，这部分客流来自步行、自行车等其他出行方式。

根据以上假设，结合各类方式的需求价格弹性系数值，测算结果如

下：小汽车出行成本增加 1.33 倍后，轨道交通票价上浮 68%，公交票价
下降 33% 后，短期内：小汽车出行总量减少 33.3%，出行占比下降 8 个
百分点；轨道交通出行总量增加 7.5%，出行占比上升 1.2 个百分点；公
交车出行总量增加 52.3%，出行占比上升 8.3 个百分点。长期内：小汽车
出行总量减少 79.8%，出行占比下降 19.2 个百分点；轨道交通出行总量
增加 50.8%，出行占比上升 7.8 个百分点；公交车出行总量增加 89.6%，
出行占比上升 14.2 个百分点。经过长期调整后，城市交通出行结构中，
小汽车出行占比将降低至 4.8% 的水平，轨道交通和公交车占比将达到
53.3%，公交出行（轨道+公交+出租车）的比例将从当前的 34.1% 提升
至 56.2%，绿色出行（轨道+公交+自行车+步行）的比例将从当前的
72.1% 提升至 91.3%，见表 7-11 和图 7-5。届时，城市交通出行将形成
以公交出行为主体的格局，道路交通拥堵得到彻底缓解。

表 7-11　　　　　　　　　　　价格变动下的需求量转移

交通方式		小汽车	轨道交通	公交车
票价或成本（P）	现状（元/年）	8777	2500	1500
	未来（元/年）	20453	4200	1000
票价变动（△P/P）		1.33	0.68	-0.33
现状出行需求量（Q）	人流量（万人次）	934	600	618
	占总出行比例（%）	24	15.4	15.9
弹性系数（E_d）	短期	-0.25	-0.65	-0.28
	长期	-0.6	-1.08	-0.55
出行量变动（△Q）	短期	-311	-265	58
	长期	-745	-441	113
未来出行需求量	短期 人流量（万人次）	623	645	941
	占总出行比例（%）	16	16.6	24.2
	长期 人流量（万人次）	189	905	1172
	占总出行比例（%）	4.8	23.2	30.1

二　交通费用支出与居民承担能力

交通定价政策事关公众的交通支出，通过定价调节出行需求，需要分
析公众对交通成本的承担能力，这影响着定价政策的作用范围和效果。通

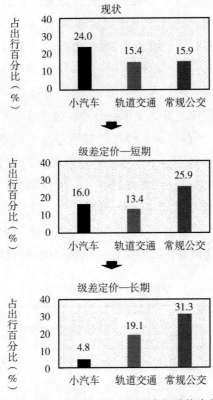

图 7-5　交通定价引导下交通出行结构变化

过调节出行成本调整出行结构，绕不开乘客经济负担能力的问题。下面比较我国与欧美国家居民消费支出中交通支出部分的情况，来分析居民能承受的交通费用压力如何。

从欧美国家个人或家庭的开支结构来看，交通是占比较大的一类支出，一般占可支配收入的比例在 9% 左右，占全部支出总额的比例在 13% 以上。根据美国历年统计数据，普通家庭支出中，交通运输费用支出是仅次于住房的第二大类支出，平均占比为 19%。不同收入水平的家庭，交通支出的比例有所不同，对于有较高收入的家庭来讲，房子位于公共交通不发达的郊区，出入依赖小汽车交通，这类家庭的交通支出占其总收入的 25%；而住房就近于工作地点、商圈、旅馆和其他便利设施的家庭，由于可充分利用车站、公交、文化、商业等设施，其交通支出可下降至收入的 9%，这类家庭也有较多的可支配收入提升生活质量。美国家庭的开支结构见图 7-6、图 7-7。

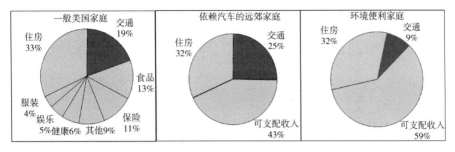

图 7-6 美国不同收入水平家庭交通开支比例

数据来源：USDOT, National Transportation Statistics。

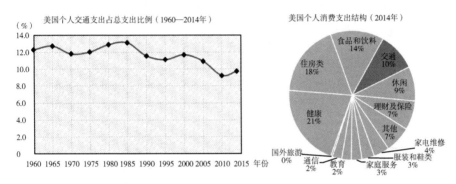

图 7-7 美国个人交通支出占比及历年变化

数据来源：USDOT, National Transportation Statistics。

英国家庭 2014 年的消费支出中，交通运输方面的开支占家庭开支第一位。多年以来，交通开支在家庭开支结构中的占比较为稳定，一直在14%左右浮动，见图 7-8。

欧盟国家的消费支出结构中，交通支出占全部支出比例达到 13% 左右，在各类支出中排名第二，仅次于住房水电气类的支出。[1]2001—2011年，交通类支出占比一度下降，但未低于 13% 的比例，见图 7-9。

根据我国台湾地区 2014 年的统计数据，[2] 在家庭支出结构中，交通

----

① Christine Gerstberger and Daniela Yaneva (2013)，*Analysis of EU-27 household final consumption expenditure— Baltic countries and Greece still suffering most from the economic and financial crisis*，http：//ec. europa. eu/eurostat/documents/3433488/5585636/KS‐SF‐13‐002‐EN. PDF/a4a1ed61‐bac7‐4361‐a3f0‐4252140e1751？version=1. 0.

② 台湾地区家庭收支调查 (http：//win. dgbas. gov. tw/fies/)。

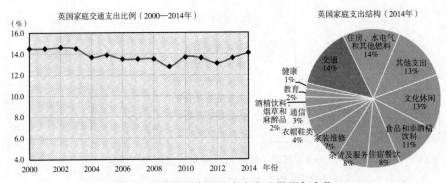

图 7-8　英国家庭交通支出占比及历年变化

数据来源：英国运输部：《英国运输统计年鉴》。

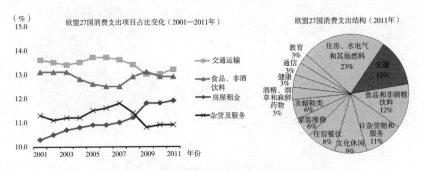

图 7-9　欧盟 27 国交通支出占比及历年变化

数据来源：http://ec. europa. eu/eurostat/documents/3433488/5585636/KS-SF-13-002-EN. PDF/a4a1ed61-bac7-4361-a3f0-4252140e1751? version=1. 0。

运输支出占家庭支出比例约为 8%，其中车辆购置方面的支出占 16.2%，车辆使用及保养支出占 63.8%，交通设施及其他服务支出占 13.5%，车辆保险占 6.4%。交通支出类中车辆固定成本方面的支出仅占到 15% 左右，其他交通设施、燃油费用等方面的使用费用支出占比几乎达到 85%。自 1980 年以来，家庭支出中交通运输方面的支出占比持续上升。1981 年占比为 4.4%，至 2014 年这一比例攀升到 7.5%，且呈现持续增长的趋势，见图 7-10。家庭交通运输支出的增速是家庭可支配收入增速的两倍左右，反映出随着收入水平的增加，人们在改善交通出行方面支出的增加。

根据国家统计局发布的统计数据，2017 年我国城镇居民现金消费支出中交通和通信支出占总支出的比例为 13.6%，见图 7-11。根据中国社

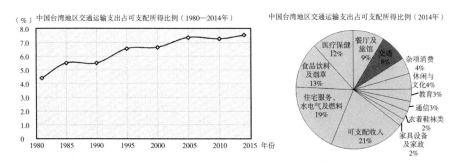

图7-10　中国台湾地区交通运输支出占可支配所得比例及历年变化

数据来源：中国台湾地区家庭收支调查，http：//win. dgbas. gov. tw。

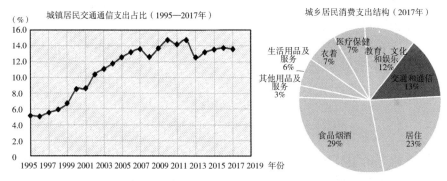

图7-11　中国大陆地区人均消费支出占人均可支配收入比例及历年变化

数据来源：中国国家统计局网站，www. stats. gov. cn。

科院"中国社会状况综合调查"课题组调查结果，① 中国城乡家庭消费支出中交通支出占总支出的5.6%，通信支出占5.4%，另2009年中国城市家庭和农村家庭的交通类支出分别占消费支出总额的5.0%和6.4%。从结构上看，交通支出和通信支出的比例接近，以此比例结构估算2017年我国城镇居民人均交通类支出占总支出比例约为8%。由于交通支出大多以现金支付（燃油、通行费、停车费、零配件、检测维修费、交通票价等），而其他类支出除了以现金方式支付的以外，还有以非现金方式支付的，若将非现金支付的部分计入总支出，则交通支出占总支出的实际比例还应该更低。与发达国家和地区相比，我国大陆地区人均交通运输类支出

---

① 《当前中国城乡家庭消费状况》（http：//theory. people. com. cn/BIG5/49154/49155/8770074. html）。

占可支配收入的比例总体上处于低位。而且在 2010 年以后，随着收入的增长，人均交通支出占比增速趋缓甚至下降。

比较国内外情况，可以看出，我国居民消费支出结构中交通支出的比例还处于低位，分析原因，可能有两点：一是我国经济社会发展水平还在不断上升中，虽然近年来小汽车发展迅猛，但随着实际收入水平的提高，人们将不断追求更高品质的生活，用于交通出行、休闲旅游等方面的开支将持续增长，目前消费结构还在调整中，随着时间的推移，交通类支出比例会逐渐上升；二是我国交通运输行业的总成本中，最终由政府承担了较多部分，尤其是在城市交通出行领域，城市公共汽电车、轨道交通、公共租赁自行车等出行方式的供给中政府财政补贴了较多费用，甚至出租车在油价上涨时也争取到了政府的油价补贴，因此个人承担的交通运输成本不高。由此可见，我国居民消费结构中交通支出占比不高，以经济手段调节出行，存在一定空间。

本章小结

利用定价缓解交通拥堵的机理在于，人们基于交通方式票价或出行成本的变化重新选择出行方式，出行量和结构将发生改变，可通过构建一定的价格引导体系，将小汽车出行量分流至公共交通方式，交通拥堵将得到缓解。基于此设计交通定价方案和相关政策，对小汽车、轨道交通、常规地面公交的客流量进行调节，可减少小汽车出行量，发挥公共交通的骨干作用，确立公交出行的主体地位，重构城市交通出行结构，形成层级化的城市交通服务体系。这不仅能缓解交通拥堵，更有利于形成城市交通可持续发展的良性机制。在新的交通定价体系下，势必会增加当下小汽车和轨道交通乘客的出行成本。小汽车出行的增量成本是对当下成本补偿机制漏洞的修复和合理化矫正，并未增加额外负担。对比国内外居民消费支出情况，轨道交通票价的上升对居民消费支出的影响则仍在合理范围内。

第八章

典型城市交通拥堵治理政策与经验借鉴

第一节　新加坡城市交通状况与拥堵治理实践

一　新加坡城市交通状况

新加坡雄踞全球航运系统之咽喉，地理位置优越，经济发达，气候宜人，城市环境优美，是亚洲乃至世界有名的宜居城市，其城市治理与交通拥堵治理水平得到了全世界的高度认可。

（一）城市基本状况

新加坡常住人口约550万人，其中居民（包括公民和永久居留权居民）约390万人，近年来新加坡人口仍保持增长态势。2014年，新加坡陆域面积718平方公里，人口密度达7615人/平方公里。新加坡的经济发展水平和居民收入水平均处于亚洲前列，2014年完成国民总收入（GNI）3783亿美元，人均国民收入将近7万美元，2014年GDP为3901亿美元，人均GDP达到71318美元，见表8-1。近年来国民总收入的增速虽有所放缓，但相比同等发达国家，其增速仍处在较高的水平。

表8-1　　　　　　　　新加坡人口、土地与经济基本情况

年份	年中人口数		陆域面积	人口密度	国民总收入（GNI）		人均国民总收入	
	总量	居民数			百万美元	增长率（%）	美元	增长率（%）
	人		平方公里	人/平方公里				
2010	5076732	3771721	710.4	7146	320526.6	20.1	63137	18
2011	5183688	3789251	712.7	7273	338452.8	5.6	65292	3.4
2012	5312437	3818205	715.1	7429	351765.9	3.9	66216	1.4

续表

年份	年中人口数		陆域面积	人口密度	国民总收入（GNI）		人均国民总收入	
	总量	居民数						
	人		平方公里	人/平方公里	百万美元	增长率（%）	美元	增长率（%）
2013	5399162	3844751	716.1	7540	366618.4	4.2	67902	2.5
2014	5469724	3870739	718.3	7615	378329.7	3.2	69168	1.9

数据来源：新加坡统计局：《新加坡 2015 年统计年鉴》。

（二）城市道路

新加坡拥有层次清晰、设计优良、网络完善的道路网络。2014 年，高速公路里程达 164 公里，干线道路 698 公里，支线公路 578 公里，集散公路 2055 公里，道路里程合计 3495 公里，车道总里程达到 9232 公里；高速公路平均车道数达到 6.66 条，干线公路平均车道数也达到 4.5 条，见表 8-2。

表 8-2　　　　　　　　　　**新加坡各等级道路里程**

道路等级	道路里程（公里）		车道里程（公里）		平均车道数（条）	
	2013 年	2014 年	2013 年	2014 年	2013 年	2014 年
高速公路	164	164	1093	1093	6.66	6.66
干线公路	662	698	3100	3146	4.68	4.51
支线公路	571	578	1593	1599	2.79	2.77
集散公路	2055	2055	3392	3394	1.65	1.65
合计	3452	3495	9178	9232	2.66	2.64

数据来源：新加坡陆路交通管理局（http://www.lta.gov.sg），《陆路简明统计资料 2015》。

（三）轨道交通

轨道交通系统（包括地铁与轻轨系统）是新加坡公共交通系统的骨干，也是新加坡最快捷的市内公共交通方式。轨道交通服务覆盖范围很广，乘坐轨道交通可以方便地到达新加坡大多数的主要景点、超市和娱乐设施等。新加坡的轨道交通系统由地铁（MRT）和轻轨（LRT）系统组成，分别承担干线和支线的功能，到 2014 年年末，地铁（MRT）和轻轨（LRT）线路长度分别达到 154.2 公里和 28.8 公里，轨道交通网络总里程达到 183 公里，地铁站点数达到 106 个，轻轨站点数为 38 个。新加坡轨道交通网络见图 8-1。

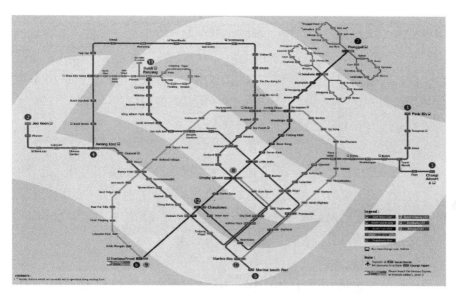

图 8-1　新加坡地铁与轻轨

数据来源：新加坡陆路交通管理局（http://www.lta.gov.sg）。

近年来，新加坡轨道交通系统仍在继续建设中。2005—2014 年的 10 年中，新加坡地铁线路逐年延伸，10 年增长约 45 公里，见表 8-3。根据规划，到 2030 年，新加坡轨道交通还将开通 5 条新线路，里程增加到约 360 公里，足以环绕新加坡海岸线两圈。

表 8-3　　　　　　　　新加坡年末轨道交通线路长度　　　　　　（单位：公里）

年份	地铁（MRT）	轻轨（LRT）	轨道线路总长
2005	109.4	28.8	138.2
2006	109.4	28.8	138.2
2007	109.4	28.8	138.2
2008	109.4	28.8	138.2
2009	118.9	28.8	147.7
2010	129.9	28.8	158.7
2011	146.5	28.8	175.3
2012	148.9	28.8	177.7
2013	153.2	28.8	182.0
2014	154.2	28.8	183.0

数据来源：新加坡陆路交通管理局（http://www.lta.gov.sg）。

除了增加运营里程来满足持续增长的出行需求，新加坡还通过优化服务来改善乘车体验。目前，新加坡正在大规模地进行地铁信号系统的翻新工程，以便在较旧的地铁线上增加列车趟次，扩容运力。改造完成后，高峰时段的列车频率可从现在的 120 秒缩短成 100 秒，每 10 分钟内到站的列车将会从 5 辆增加到 6 辆，从而降低乘客等待时间。新加坡轨道交通运营时间较长，首班车通常在 5：30 前后，末班车在晚上12：30左右。

新加坡的轨道交通在城市交通出行中的作用和地位持续上升。近十年来，新加坡轨道交通乘客数一直保持较高增长速度，且轨道交通乘客数的增长率超过巴士和出租车等其他城市公共交通方式的增长率。到 2014 年，轨道交通的平均单日乘客数达到约 290 万人次。

（四）公共汽车

目前，新加坡有超过 350 条公交线路，公交车数量在 4500 辆以上，公交运营里程约 4000 公里，公交车站设施完备，所有的公交车站都设有顶棚、座位和公用电话。公交车辆由新加坡新捷运公司（SBS Transit）和新加坡地铁集团公司（SMRT）这 2 个运营商经营。新加坡新捷运公司是新加坡主要公交运营商，占新加坡公交市场的大部分份额。新捷运公司拥有约 250 条公交线路，超过 3200 辆公交车，17 个换乘中心，3500 多个遍布全岛的公交车站。新捷运公司同时也经营东北地铁线和轻轨系统。新加坡地铁集团公司除了运营新加坡的地铁系统外，也运营新加坡北部的巴士服务，提供干线、支线和优质巴士等公交服务，拥有约 100 条公交线路，超过 1000 辆公交车。2014 年，新加坡常规公交日均客流达到 375 万人次/日，大约占出行比例（不含步行）的 40%，占公共交通出行方式的 63%。

新加坡国土面积狭小，其中道路建设已经占用了土地面积的 12%，居住用地占了 14%，在土地存量本来就不多的情况下，新加坡的城市交通发展不可能没有节制地通过新建、扩建道路以满足持续旺盛的小汽车出行需求。因此，新加坡交通发展的思路是抑制小汽车出行过快发展（同时保证小汽车出行速度），大力倡导和发展"公交优先"政策。为实施"公交优先"战略，新加坡设立了"巴士专用道"，为公交车配置"公交车优先交通信号灯"，建立完善的公交信息服务。并禁止小汽车在规定的时间和路线上停靠巴士专用路线和专用区域，通过多项举措来支持公共交通的发展。

根据新加坡 2013 年发布的《2030 年陆路交通发展总蓝图》，到 2030 年，新加坡城市公共交通系统要达到如下目标：85% 的公共交通行程（少于 20 公里）能够在一个小时内完成，10 户家庭之中有 8 户只需步行不超过 10 分钟就可到达地铁或轻轨站，75% 的高峰时段行程通过公共交通完成。

（五）步行与自行车

2012 年本课题组成员去新加坡与香港考察城市交通，印象最深刻的就是这两个城市对步行系统的重视。新加坡和香港的人车分离比较彻底，行人在专门规划的人行系统中行走，避免了与机动交通之间的干扰，不仅提升了行人交通的安全性，更营造了独特的全天候步行环境。香港、新加坡的步行交通系统不同于中国大陆城市，这些城市中人行道通常与行车道平面交叉且设施简陋。新加坡和香港的人行系统（尤其是在交通干线处）通常与车行道立体交叉，行人与车流互不干扰，且人行系统很多是遮挡性良好的有盖走廊，部分路段还配备空调，让行人能够在酷暑与雷雨天等各种恶劣天气条件下舒服、优雅、安全地步行到邻近的交通枢纽或商业区、居住区。人行系统在路线设计上不但充分考虑了行人的安全性，同时也考虑了步行的方便性，商业中心附近的人行系统直接从公共交通站点延伸至商业中心内部，甚至借用商业设施作为人行系统的一部分，不但为行人节约步行时间，还方便行人在步行过程中购物，在整个出行过程中也不显得枯燥。新加坡在狭小的区域内建成了大量的人行设施，据统计，2014 年新加坡的人行天桥、地下通道等人行穿越设施的数量为 619 个，有盖走廊为 35 公里，详见表 8-4。

表 8-4　　　　　　　　人行基础设施数量

人行设施数量	单位	2013 年	2014 年
人行天桥（Pedestrian Overhead Bridges）	个	513	538
人行地下通道（Pedestrian Underpasses）	个	54	54
人行桥（Footbridge）	个	27	27
有盖走廊（Covered Linkways）	公里	35	35
信号灯（Street Lightings）	个	100700	102800

数据来源：新加坡陆路交通管理局（http://www.lta.gov.sg）。

根据规划，到 2018 年，新加坡有盖走廊的长度将超过 200 公里，相等于新加坡宽度的四倍。同时，新加坡还将继续扩大现有的自行车道网络，到 2020 年，自行车道网络将延长至 190 公里，从而让市民更方便地到达超市、图书馆和学校等地方；到 2030 年，全岛自行车道网络将超过 700 公里。

（六）出租车

新加坡共有 6 家出租车公司，分别是：康福 Comfort、城市 City Cab、SMRT、Trans-Cab、捷达 Premier Taxis、Smart Cab。其中 SMRT 还提供高级出租车服务，分别是奔驰 E-Class 和伦敦德士，收费高于一般出租车。以前新加坡的出租车通常为丰田皇冠，近年逐渐被现代汽车索纳塔取代。在城市中心区域，周一至周六从早上 7 点半至下午 8 点之间，出租车均不允许沿途载客与下客（公共假期除外），乘客上下车必须在指定的出租车站或者建筑物的私家车道进行。

2015 年年底，新加坡出租车总量达到 28259 辆，出租车从业司机 99337 人，出租车平均每趟行驶里程约为 10 公里，司机为 1 人的出租车平均每日载客趟次大约 20 次，司机为 2 人的出租车平均每日载客趟次大约 30 次。

新加坡出租车按里程计价，根据出租车类型的不同，起价从 3.2 新元至 5 新元不等。1 公里起步价之后，10 公里以内每 400 米收取 0.22 新元，如果总路程超过 10 公里，则每 305 米收取 0.22 新元；出租车处于等待状态时每 45 秒收取 0.22 新元；如果通过预约的方式获得出租车，则会收取预订费。出租车若是在高峰时刻进入市区（CBD）还要和私家车一样收取交通拥堵费。出租车收费标准与结构见表 8-5。

表 8-5　　　　　　　　　新加坡出租车收费标准

费用组成	计价器收费				
	Comfort/CityCab	TransCab	SMRT	Premier	Prime
基本收费（1 公里以内）	3.20—5.00				
里程计费	每 400 米 22 分（1—10 公里）				
	每 350 米 22 分（10 公里以上）				
等待时间	每 45 秒 22 分				

续表

费用组成	计价器收费				
	Comfort/CityCab	TransCab	SMRT	Premier	Prime
附加费	Comfort/CityCab	TransCab	SMRT	Premier	Prime
拨打电话预订［高峰时间：星期一至星期五（公众假期除外）上午6：00至上午9：30，星期一至星期日及公众假期下午6：00至午夜］	3.30	3.30	3.30	4.50	3.50
拨打电话预订（非高峰时间：其他时间）	2.30	2.30	2.30	2.50	2.50
市区附加费（周一至周日、公共假期下午5：00至午夜；适用于从市区起步的行程并且和高峰时段附加费相叠加）	3.00				
高峰小时（星期一至星期五在早上6：00至早上9：30；以及周一至周日与公共假期的下午6：00至午夜）	加收计价器收费的25%				
午夜附加费（在0：00—早上6：00）	加收计价器收费的50%				

数据来源：http：//www.mytransport.sg/content/mytransport/home/commuting/taxi.html # Charges_ &_ Seating_ Capacity。

二　新加坡城市交通拥堵治理的定价政策

（一）公共交通按距离收费鼓励公交出行

2008年的新加坡陆路交通总体规划设计了一个更公平的基于出行距离的票价结构，取代之前按照换乘车次数收费的方式。2010年，新加坡正式推出了新的距离票价（Distance Fares），不管乘客直接到达还是需中间换乘，只要出行距离相同，则支付相同的票价。轨道交通和常规公交均实施距离票价政策，这为乘客提供了更多的选择和灵活性，从而方便乘客选择最佳路线到达目的地。尤其对于那些对出行时间要求较高的乘客，可以选择乘坐更早到达的交通工具，通过换乘更快地到达目的地，且不用像以前一样多付费用。

由于按距离收费需要通过GPS定位来计算旅客出行总里程，因此新加坡公共交通主要使用无接触智慧卡（易通卡EZ-link），乘客上下车都要刷卡，通过GPS定位来自动计算车费。新加坡城市公共交通的距离收费见表8-6。

表 8-6　　　　　　　　　　　新加坡城市公共交通的距离收费

距离 （公里）	费用（单位：分）				费用随距离增长情况（单位：分）			
	干线 （Trunk Service）		快线 （Express Service）		干线 （Trunk Service）		快线 （Express Service）	
	用卡	现金	用卡	现金	用卡	现金	用卡	现金
0—3.2	78	140	138	220				
3.3—4.2	88	160	148	220	10	20	10	0
4.3—5.2	99	160	159	220	11	0	11	0
5.3—6.2	110	160	170	220	11	0	11	0
6.3—7.2	117	180	177	220	7	20	7	0
7.3—8.2	124	180	184	220	7	0	7	0
8.3—9.2	130	200	190	235	6	20	6	15
9.3—10.2	135	200	195	235	5	0	5	0
10.3—11.2	139	200	199	235	4	0	4	0
11.3—12.2	143	220	203	250	4	20	4	15
12.3—13.2	146	220	206	250	3	0	3	0
13.3—14.2	150	220	210	250	4	0	4	0
14.3—15.2	154	220	214	250	4	0	4	0
15.3—16.2	158	230	218	265	4	10	4	15
16.3—17.2	162	230	222	265	4	0	4	0
17.3—18.2	166	230	226	265	4	0	4	0
18.3—19.2	170	230	230	265	4	0	4	0
19.3—20.2	173	240	233	280	3	10	3	15
20.3—21.2	176	240	236	280	3	0	3	0
21.3—22.2	179	240	239	280	3	0	3	0
22.3—23.2	182	240	242	280	3	0	3	0
23.3—24.2	184	250	244	300	2	10	2	20
24.3—25.2	186	250	246	300	2	0	2	0
25.3—26.2	188	250	248	300	2	0	2	0
26.3—27.2	189	250	249	300	1	0	1	0
27.3—28.2	190	250	250	300	1	0	1	0

续表

距离 （公里）	费用（单位：分）				费用随距离增长情况（单位：分）			
	干线 （Trunk Service）		快线 （Express Service）		干线 （Trunk Service）		快线 （Express Service）	
	用卡	现金	用卡	现金	用卡	现金	用卡	现金
28.3—29.2	191	250	251	300	1	0	1	0
29.3—30.2	192	250	252	300	1	0	1	0
30.3—31.2	193	250	253	300	1	0	1	0
31.3—32.2	194	250	254	300	1	0	1	0
32.3—33.2	195	250	255	300	1	0	1	0
33.3—34.2	196	250	256	300	1	0	1	0
34.3—35.2	197	250	257	300	1	0	1	0
35.3—36.2	198	250	258	300	1	0	1	0
36.3—37.2	199	250	259	300	1	0	1	0
37.3—38.2	200	250	260	300	1	0	1	0
38.3—39.2	201	250	261	300	1	0	1	0
39.3—40.2	202	250	262	300	1	0	1	0
40.2以上	203	250	263	300	1	0	1	0

数据来源：新加坡陆路交通管理局（http://www.lta.gov.sg）。

距离票价的费率与公共交通的类型有关（分为干线、快线和支线），快线的费用最高，其次为干线，支线费用最低。干线和快线均实施按距离远近收费的政策，但费率体现出"递远递减"的特征，支线费用不随距离的远近而变化，均收取140分（用卡收费为78分），如图8-2所示。

新加坡公共交通的"距离票价"也并非一成不变，相反，票价采用动态的调节机制，随着物价水平、工人工资、能源价格等因素的变动会定期调整。

公交票价调整由公共交通理事会（PTC）来评估和执行，PTC根据调价公式每年调整一次。目前采用的调价模型如下：

收费调整公式 = 0.4×CCPI + 0.4×MWI + 0.2×EI − 0.5%

其中：CCPI为核心消费者价格指数（Core Consumer Price Index，但不包括私人交通和住宿费用）。MWI为平均工资指数（Mean Wage Index），跟踪企业人工成本的变化。人工成本是公共交通企业最重要的成

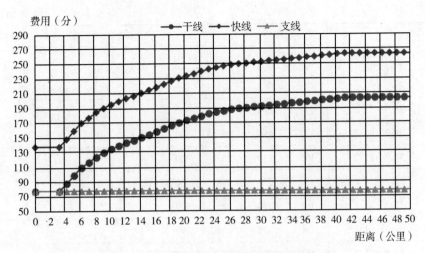

图 8-2　新加坡城市公共交通的距离票价变化

注：基于以卡支付的费用。

数据来源：新加坡陆路交通管理局（http：//www. lta. gov. sg）。

本组成，将工人工资指数单列出来，能够更直接地反映成本变动情况。EI 为能源指数（Energy Index），跟踪公交公司和轨道公司所使用的柴油和电力燃料的成本。0.5%为生产力扣除（Productivity Extraction），该值设定在 0.5%，有效期为五年（2013—2017 年）。

香港也是采用了类似动态价格调整机制，这种动态调整机制有利于平衡公共交通企业的经营效益与社会效益，使两者能达到适度平衡，既保障了企业的合理盈利，减少政策财政投入，又能保证居民在公共交通上负担合理。

负责公交定价的新加坡公共交通理事会还通过定期追踪每个家庭的公交支出与收入的平均比例，确保公交票价不至于过高。同时，给予较低收入家庭更多的公交费用援助，包括政府援助的"工作福利计划"，还有每年派发的社会援助"交通礼券"等。

（二）通过车辆配额系统控制车辆保有量

通过车辆配额系统与拥车证制度，新加坡的车辆增长率一直控制在较低水平。新加坡从 1990 年开始采用车辆配额系统（VQS），VQS 中将所有车辆分为 5 类，根据上一年车辆数、允许增加车辆数和报废车辆数计算出新一年车辆配额。表 8-7 是 2016 年 2—4 月新加坡车辆配额系统的车辆类型划分与一个季度的配额量。

表 8-7　　新加坡车辆配额系统季度配额量（2016 年 2—4 月）　　（单位：辆）

车辆类型	A 类 小汽车（排量 1.6 升以下或最大功率不超过 97 千瓦）	B 类 小汽车（排量 1.6 升以上或者最大功率超过 97 千瓦）	C 类 货车和公共汽车	D 类 摩托车	E 类 公开组别（包括各类型车辆）	总计
2015 年 12 月 31 日的车辆保有量	321972	280261	154229	143343		899805
（A）保有量增长量	201	175	96	90	18	580
（B）取消注册的替换量	11963	7062	4123	1970	2789	27907
（C）调整量	7	15	-3246	79	-132	-3277
2016 年 2 月至 4 月的车辆配额量（A+B+C）	12171	7252	973	2139	2675	25210
2016 年 2 月至 4 月的月平均配额量	4057	2417	324	713	892	8403

数据来源：新加坡陆路交通管理局（http：//www.lta.gov.sg）。

由于车辆配额系统的实施，新车的购置配额必定不能满足所有购车需求，解决的办法是发放"拥车证"，拥车证通过竞标的方式分配。拥车证不仅要通过投标花钱购买，而且有使用年限。每个拥车证对应一辆车，有效期为 10 年，到期后，车主可通过支付到期前 3 个月拥车证的平均价格，将有效期延续 5 年或 10 年。因此，拥车证制度事实上是一次性出让的 10 年车辆拥有权证。这样的制度安排不仅通过提高购车成本控制了私家车数量的过快增长，也考虑了远期"拥车证"价格波动调整。

近年来，新加坡拥车证价格也逐渐往下调整，新加坡政府越来越偏向通过提高用车成本来影响人们的开车习惯。自 2008 年 3 月起，汽车附加注册费削减至相当于车辆到岸价的 100%。此外，所有车辆包括出租车的路税也从 2008 年 7 月起一律调低 15%。政府每年因此损失约 3.1 亿新元，这远高于每年从公路电子收费所额外征收的 7000 万新元收入。

下表列出了新加坡 2013—2014 年不同类型车辆的"拥车费用"，与 2013 年相比，2014 年的汽车拥车费用有所降低，而摩托车拥车费用大幅度提高，见表 8-8。2015 年，小汽车的拥车费进一步降低，大约介于 55000—75000 新元。

表 8-8　　　　　　　**不同类型车辆的拥车费用（2013—2014 年）**　　　（单位：新元）

车辆类型		年平均拍卖价格	
		2013 年	2014 年
A 类	小汽车（排量 1.6 升以下或者最大输出功率不超过 97 千瓦）	74690	67675
B 类	小汽车（排量 1.6 升以上或者最大输出功率超过 97 千瓦）	78712	73282
C 类	货车和公共汽车	60342	50764
D 类	摩托车	1757	4027
E 类	公开组别（包括各类型车辆）	80278	73436

数据来源：新加坡陆路交通管理局（http：//www. lta. gov. sg）。

2014 年，新加坡机动车保有量为 974170 辆，比 2013 年减少 0.22%；私家车保有量为 536882 辆，比 2013 年减少 0.59%，见表 8-9。到 2015 年年底，新加坡的小汽车总量 602233 辆，刚刚超过 60 万辆，机动车总量（包括摩托车）接近 90 万辆，比 2014 年进一步减少。2009—2014 年，新加坡车辆增长率控制在 1.5% 以内。相对于新加坡的发展水平与人口基数，其小汽车保有量与增长率远小于中国一些城市。

表 8-9　　　**新加坡不同类型机动车保有量及其变化（2013—2014 年）**

车辆类型	车辆保有量（辆）		变化率（%）
	2013 年	2014 年	
所有机动车	974170	972037	-0.22
私家车	540063	536882	-0.59
其他小汽车	83625	82141	-1.77
出租车	27695	28736	3.76
大型客车	17509	17554	0.26
货车与其他车辆	160344	161698	0.84
摩托车	144934	145026	0.06

数据来源：新加坡陆路交通管理局（http：//www. lta. gov. sg）。

（三）通过公路电子收费（ERP）系统调节交通量

提高车辆购买成本可以对汽车保有量起到立竿见影的效果，但对汽车使用量和缓解核心地区交通拥堵的作用却是间接的。随着越来越多新加坡人获得拥车证，车辆保有量的增加无法保证所有人在各个时间都可以顺畅地开车出行。为了控制核心区域和关键路段交通流量，新加坡政府鼓励人们采用公共交通或替代线路出行，为此，新加坡政府采取了一种有效的交通拥堵调控工具——公路电子收费系统（Electronic Road Pricing，ERP）。公路电子收费系统遵循"谁使用谁付费""拥堵重收费高"的原则，要求那些选择在繁忙时段使用拥挤道路的驾车者付费，因此更加公平合理。公路电子收费系统事实上是一套拥堵收费系统，新加坡也是全球最早征收拥堵费的城市。

栏目8-1　新加坡交通拥堵费

收费方式及范围

新加坡于1975年实施了限制区域牌照系统（Area Licensing Scheme，ALS），主要用于限制车流进入较拥挤的中央商业区。1995年，在3条高速公路的特定路段上实施了另一种类似的收费系统，通过早高峰（7：30—9：30）车辆收费来缓解拥堵。1998年，新加坡将上述两种收费系统整合成为统一的公路电子收费系统（Electronic Road Pricing，ERP），并推广到更多的高速公路与主干路。新加坡电子道路收费系统由电子收费闸门、带现金卡的车载单元（IU）和中央控制系统三部分构成，电子收费闸门横跨于需要收费调节交通流的高速公路和主干道上，车辆通过电子收费闸门时按次进行缴费，不同时段、不同道路状况、不同车辆类型收取不同的费用。据新加坡陆路交通管理局的统计数据显示，截至2014年，已安装的电子收费闸门达到77个。

收费费率

新加坡电子道路收费系统的收费非常灵活，每次通过收费闸门的费用在0.5—5新元之间不等，基于车型、日期、路段、时段的不同而不同。通常，在早8：00—9：00、下午5：00—7：00的高峰时段，市区繁忙道路的ERP收费标准会达到每次3新元，最高达到6新元。收费首先取决于驾驶者车辆换算单元（Passenger Car Unit equivalent，PCU），具体机动车收费类型分为小汽车/轻型货车/出租车、摩托车、重型货车/小型巴士、超重型货车/大巴等；小汽车、出租车和轻型货车为1个PCU，摩托车是0.5个PCU，重型货车及小型巴士1.5个PCU，超重型货车及大型巴士为2个PCU。同一类型车辆在工作日和周末、每天的不同时段收费也不同。ERP收费还会根据

图 8-3　新加坡公路电子收费闸门及分布（2016 年）

数据来源：https：//www. lta. gov. sg/content/ltaweb/en/roads－and－motoring/
managing－traffic－and－congestion/electronic－road－pricing－erp. html？tdsourcetag＝s_
pcqq_ aiomsg，https：//www. onemotoring. com. sg/content/onemotoring/home/driving/
traffic_ information/traffic－smart. html。

道路拥堵情况进行实时调整。主干道的最优速度设定为 20—30 公里/
小时，高速公路最优速度设定为 45—65 公里/小时。如果市区主干道
平均车速低于 20 公里/每小时，或者高速公路的平均时速低于 45 公
里，拥堵费就开始调高。速度越低，价格越高，高峰时段每个闸门每
半小时调整一次收费。此外，为了尽可能合理化收费，新加坡 ERP
的计算公式每三个月会进行调整。

实施效果

　　新加坡交通管理部门认为，交通拥堵导致的时间浪费、环境污
染、燃料浪费和对健康的不利影响等造成的损失，让个人和社会付出
昂贵的代价。为了保持交通畅顺，陆路交通管理局将继续使用所有可
用的手段：除了修建更多道路、调节汽车增长率、实现流量工程解决
方案、推广公交优先等综合解决方法，还有必要通过 ERP 来管理交
通需求。管理当局认为，实施 ERP 好处包括：（a）最大限度地减少
中央商务区、乌节路地区，以及主要高速公路等繁忙路段的交通量；
（b）通过鼓励驾驶者考虑替代方案优化了道路网络的使用率；
（c）为驾车人士提供了一个公平的价格，由于收费是基于"谁用路
谁付费"的原则，在 ERP 时间内用得多就付得多，使用道路较少则
少付费，而那些在非 ERP 时间出行的驾车者不需要付费；（d）无须
再购买月度/每日行驶许可证，驾驶者不再需要购买纸质许可证就能
穿过 CBD 等交通流量大的地方，节约驾车者时间；（e）没有人为错

误，ERP 非常可靠，完全自动化，且系统 24 小时运作，ERP 的中央计算机系统确保闸门始终正常工作。

　　随着公路上的车辆越多，新加坡公路电子收费覆盖范围越来越广，以确保交通保持顺畅。然而，随着电子收费闸门增多，一些新加坡民众也表示出不满，指责 ERP 收费过高。有的车辆为了绕过电子收费闸门，不得不行驶更长的距离，浪费能源并增加行车时间。

　　虽然存在负面的评价，新加坡 ERP 对交通拥堵控制的效果却是受到公认的。根据新加坡陆路交通管理局的相关报告，电子道路收费系统使新加坡市中心车流量减少了大约 13%，高峰时段平均车速提高了 20%。①
2014 年 10 月，《联合早报》在一篇社论中指出，ERP 收费机制已表现出更大的灵活性，称其为"在鼓励和惩罚之间求取平衡点的积极做法"。据报道，新加坡电子收费系统的年收入超过 4000 万欧元，系统运行成本消耗为 800 万欧元左右。②

　　通过拥挤收费调节交通需求，新加坡高速公路在高峰期车速高于 60 公里/小时，且近十年来车辆通行速度保持稳步上升趋势，2014 年达到 64 公里/小时；中央商业区平均车速高于 26 公里/小时，2014 年达到 29 公里/小时。这一良好的通行状态让新加坡成为世界上车速最快的发达城市之一，优于伦敦、东京和香港等城市。

三　新加坡城市交通拥堵治理效果分析

　　在各种治堵手段的综合调解下，新加坡的城市交通状况一直优于世界范围内许多其他大城市。具体体现在如下方面。

　　（一）车辆保有量及增长率低

　　车辆配额制度、公路电子收费系统以及便捷公共交通等多方需求与供给措施的结合使用，使得新加坡的车辆保有率和增长率一直处在较低水平。比较世界主要国家每千人小客车保有量，美国、日本、英国、法国、德国、意大利等欧美发达国家均处在较高水平，2013 年每千人小客车保有量均在 450 辆以上，几乎每两人就拥有一辆小客车，而亚洲国家总体上

　　①　白羽：《新加坡电子道路收费系统有效缓解交通拥堵》，2015 年 12 月 10 日，新华网（http：//news.xinhuanet.com/world/2015-12/10/c_1117424440.htm）。

　　②　http：//www.hwmaifang.com/news/Singapore/Guide/2014/TRA_0430/5888.html。

汽车保有量相对较低。新加坡的人均 GDP 水平并不比欧美发达国家低，但汽车保有量远低于欧美发达国家水平，千人汽车保有量约为欧美发达国家的 1/4—1/6，见表 8-10。中国大陆地区在 2003 年时千人小汽车保有量还仅为 10 台，但在 2003—2013 年这 10 年间迅速发展，平均增长率达60%，到 2015 年已经达到 140 台，超过香港的保有量，接近新加坡的水平。还应注意的是，这是全国的平均水平，若仅仅比较北上广深等城市区域的小汽车保有量，应远高于全国平均水平，有的甚至远远超过新加坡的千人保有量。

表 8-10　　　　　　　世界主要国家和地区每千人小客车保有量　　　（单位：辆/千人）

地区	年份						
	2003	2005	2007	2009	2011	2013	2015
中国大陆	10	15	22	34	54	76	140
中国台湾	229	247	249	247	257	267	322
美国	468	462	451	440	403	—	797
日本	426	441	450	452	455	466	591
英国	441	457	457	453	450	455	519
法国	475	476	480	480	483	479	578
德国	541	493	501	510	525	544	572
意大利	—	592	597	607	619	620	679
加拿大	561	—	373	421	—	—	662
韩国	215	231	249	259	280	300	376
新加坡	99	109	118	116	117	116	149
中国香港	50	51	54	56	61	66	116

数据来源：International Road Federation（IRF），World Road Statistics（2015），2015 年数据根据网络公开资料整理。

新加坡的私家车保有量不但总量上得到控制，而且年均增长率始终控制在约 1.5% 的低增长水平。较早施行的车辆配额制度对新加坡的车辆保有量控制起到了非常重要的作用，为解决城市交通拥堵问题守好了第一道关卡。

（二）道路通行速度保持在较高水平

得益于道路电子收费系统，新加坡市内车速一直保持在世界同等城市前列。2005—2014 年 10 年间高峰小时的平均速度变化平稳。高峰小时内，境内高速公路的车速始终保持在 60 公里/小时以上，商业区/城市干线车速始终保持在 26 公里/小时以上，见表 8-11。与国内诸多城市公路越来越堵的现实相反，10 年间新加坡道路的车速不降反升，道路交通保持越来越畅通的发展趋势。

表 8-11　　　　　　　新加坡主要道路高峰平均车速　　　　　（公里/小时）

年份	高速公路（Expressways）	商业区/城市干线（CBD/Arterial Roads）
2005	62.8	26.7
2006	62.7	27.6
2007	61.2	26.8
2008	63.6	26.6
2009	62.2	27.6
2010	62.3	28.0
2011	62.5	28.5
2012	63.1	28.6
2013	61.6	28.9
2014	64.1	28.9

数据来源：新加坡陆路交通管理局（http://www.lta.gov.sg），高峰小时指早上 8：00—9：00，下午 6：00—7：00。

（三）公共交通分担率与客流量上升

得益于高效运转的公共交通系统，新加坡公共交通分担率与客流量持续保持上升。地铁与常规公交承担了公共交通出行的大部分客流，2014 年分别达到 276 万人次与 375 万人次的日平均出行量，四种公共交通方式总共承担的乘客数达到近 800 万人次/日。表 8-12 列出了 2005—2014 年 10 年来新加坡各种城市交通方式的日平均乘客数。

表 8-12　　　新加坡公共交通日平均乘客数（2005—2014 年）　　（单位：千人次）

年份	交通方式				
	地铁	轻轨	公交	出租车	总计
2005	1321	69	2779	980	5149
2006	1408	74	2833	946	5261
2007	1527	79	2932	944	5482
2008	1698	88	3087	909	5782

续表

年份	交通方式				
	地铁	轻轨	公交	出租车	总计
2009	1782	90	3047	860	5779
2010	2069	100	3199	912	6280
2011	2295	111	3385	933	6724
2012	2525	124	3481	967	7097
2013	2623	132	3601	967	7323
2014	2762	137	3751	1020	7670

数据来源：新加坡陆路交通管理局（http：//www.lta.gov.sg）。

　　近十年来，新加坡公共交通乘客人数保持了较高速度的增长，尤其是地铁与常规公交的乘客数保持了较高的增速，城市公共交通发展向良性循环方向前进，见图8-4。

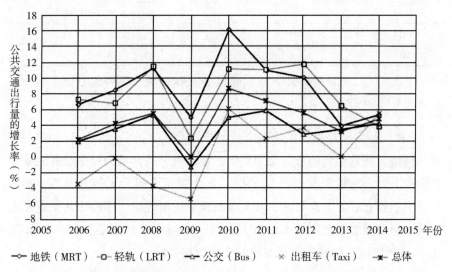

图8-4　新加坡公共交通出行量变化（2005—2014 年）

数据来源：新加坡陆路交通管理局（http：//www.lta.gov.sg）。

　　除了采用"距离收费"等更加便宜与便捷的收费方式外，新加坡陆路交通管理局还采取了多项措施，促进了公交分担率的上升。新加坡境内的小汽车、轨道交通、出租车、公交、自行车等各种交通方式都由新加坡陆路交通管理局综合管理。2013 年，新加坡陆路交通管理局通过调查发现，公共交通乘客的三大需求主要体现在：（1）公共交通系统更好的连接性，即城市交通系统如何把出行者的工作、居住及休闲地更好地连接起来；（2）公共交通系统能够提供更完善的服务，即各种公共交通方式都更加可靠、舒适和方便；（3）公共交通系统的建设与经营应以人为本，与宜居、包容的社区建设结合起来。通过满足这些需求，公共交通更加便捷、等待时间更短、乘坐过程更加舒适，从而吸引更多的人放弃开车选择公共交通出行，提升公交分担率。

第二节 香港城市交通状况与拥堵治理实践

一 香港城市交通状况

（一）城市发展状况

香港由香港岛、大屿山、九龙半岛以及新界（包括 262 个离岛）组成，总面积 1104 平方公里，已发展土地面积少于 25%，即少于 280 平方公里；郊区公园及自然保护区面积达到 40%（440 平方公里）以上。

香港是亚洲及国际金融中心、国际贸易城市和世界知名港口城市，2015 年港口集装箱吞吐量达到 2007 万标箱，排名世界第 5 位。香港也是繁华的大都市，香港经济以服务业为主，在全球贸易经济体系中排名第 8 位，与中国大陆和亚太其他地区的经济联系尤其密切。[①] 2014 年年末，香港本地生产总值达到 22556 亿港元，人均生产总值达到 311479 港元（约等于 26 万人民币，4 万美元），居民富裕程度在亚洲乃至世界处于前列。近几年，虽然受到 2008 年亚洲金融危机的影响，香港经济在金融危机之后迅速恢复，2010 年之后 GDP 增长率一直保持在较高水平，达到 5% 以上，人均 GDP 也保持着持续的增长。历年 GDP 及人口数据详见表 8-13。

表 8-13　　　　香港社会经济基本情况（2004—2014 年）

年份	年中 人口数 （人）	人口 增长率 （%）	本地 生产总值 （百万港元）	生产总值 增长率 （%）	人均生产 总值 （港元）	人均生产 总值增长率 （%）
2004	6783500	0.8	1316949	4.8	194140	4

---

① 香港政府官方网站（http：//www.gov.hk/sc/about/abouthk/facts.htm）。

续表

年份	年中人口数（人）	人口增长率（%）	本地生产总值（百万港元）	生产总值增长率（%）	人均生产总值（港元）	人均生产总值增长率（%）
2009	6972800	0.2	1659245	-2.8	237960	-3
2010	7024200	0.7	1776332	7.1	252887	6.3
2011	7071600	0.7	1934430	8.9	273549	8.2
2012	7154600	1.2	2037059	5.3	284720	4.1
2013	7187500	0.5	2138660	5	297553	4.5
2014	7241700	0.8	2255635	5.5	311479	4.7

数据来源：《香港统计年刊》（2015 年版）。

2014 年，香港人口数约为 724 万人，人口密度达到每平方公里 6650 人。由于香港土地开发面积仅占总面积的大约 1/4，人口聚居在相对狭小的区域，因此城市区域的实际人口密度非常高，这对城市交通提出了巨大的挑战。

（二）城市公共道路

2015 年年底，香港的公共道路里程达到 2101 公里，其中香港岛 442 公里，九龙 466 公里，新界 1193 公里。与 2014 年相比，香港公共道路里程几乎没有增长，从 2004 年至 2015 年的十余年来，香港公共道路里程也仅增长 158 公里。近年来，香港公共道路的平均车道数略有增长，到 2014 年年末平均为 2.84 条。香港公共道路里程及车道里程见表 8-14。

囿于地理条件和城市格局，香港的道路使用率非常高，处于世界前列。目前，香港共有 15 条主要的机动车通行的隧道，1335 条机动车通行的天桥及桥梁，1221 条人行天桥及隧道。15 条行车隧道中，仅有启德隧道、长青隧道和南湾隧道 3 条隧道免费通行，其他隧道均不同程度收费。

表 8-14　　　　　　　香港公共道路里程（2004—2014 年）

公共道路		年份						
		2004	2009	2010	2011	2012	2013	2014
公共道路里程（公里）	香港岛	435	446	446	444	442	442	442
	九龙	450	455	460	462	462	465	465
	新界	1058	1149	1170	1180	1186	1186	1192
	总计	1943	2050	2076	2086	2090	2093	2099

续表

公共道路		年份						
		2004	2009	2010	2011	2012	2013	2014
公共道路车道里程（公里）	香港岛	999	1023	1024	1021	1017	1017	1017
	九龙	1450	1467	1479	1483	1482	1488	1489
	新界	3010	3264	3381	3416	3441	3441	3453
	总计	5459	5754	5884	5920	5940	5946	5959
平均车道数（条）	香港岛	2.30	2.29	2.30	2.30	2.30	2.30	2.30
	九龙	3.22	3.22	3.22	3.21	3.21	3.20	3.20
	新界	2.84	2.84	2.89	2.89	2.90	2.90	2.90
	总计	2.81	2.81	2.83	2.84	2.84	2.84	2.84
人均道路里程（公里/千人）		0.29	0.29	0.30	0.29	0.29	0.29	0.29
人均车道里程（公里/千人）		0.80	0.83	0.84	0.84	0.83	0.83	0.82

数据来源：《香港统计年刊》（2015 年版）。

（三）轨道交通

香港地铁是香港公共交通系统的骨干，每日载客量约占公共交通总载客量的 41%。目前，香港地铁系统由香港铁路有限公司（港铁公司）营运。港铁运营九条铁路线，分别为观塘线、荃湾线、港岛线、东涌线、将军澳线、迪士尼线、东铁线、马鞍山线及西铁线。目前，港铁网络全长约177.4 公里，共设有 85 个车站，2015 年 3 月，港铁每天载客约 462 万人次。港铁公司也经营机场快线，机场快线全长 35.2 公里，直达香港国际机场，部分车站内更设有预办登机手续的设施。2015 年 3 月，机场快线每天载客约 41400 人次。

除地铁外，香港也有轻轨系统，于 1988 年投入运营，主要服务于新界西北部居民的区域内运输需求。目前，香港轻轨线路全长约 36 公里，设有 68 个车站，2015 年 3 月，每天载客约 47.9 万人次。为了更好地服务于乘客出行，港铁公司还经营接驳公交车服务，以方便乘客换乘轻轨及西铁线地铁。

（四）公共汽车

香港拥有非常多元化、全方位的常规公交系统，服务范围遍布香港各个角落，具体包括专营巴士、非专营公共巴士、公共小型巴士等；此外还设有"复康巴士服务"，提供给具有行动障碍的人员使用。

香港的专营巴士即常规的定点定线公交，是香港公交系统中的核心组成部分。专营巴士分别由城巴、新巴、九巴、龙运巴士、新大屿山巴士五家公司运营。目前，香港拥有专营巴士 5831 辆，线路 613 条，平均每日载客量约为 400 万人次，见表 8-15。

表 8-15　　　　　　　　　香港专营巴士公司与经营情况

公司名称	巴士（辆）	线路（条）	每日平均载客量（万人次）
城巴有限公司（城巴）	957	108	64.8
新世界第一巴士服务有限公司（新巴）	711	89	48.5
九龙巴士有限公司（九巴）	3850	370	262
龙运巴士有限公司（龙运）	190	23	10
新大屿山巴士有限公司（屿巴）	123	23	7
合计	5831	613	392.3

注：前三家企业为 2014 年数，后两家企业为 2015 年数。

数据来源：香港特别行政区运输署（https://www.td.gov.hk/sc/home/index.html）。

非专营巴士属于辅助公交系统，主要为特定的乘客提供按需服务。其主要功能包括：其一，缓解繁忙时段乘客对专营巴士和专线小巴服务的需求；其二，在专营巴士和专线小巴并不符合营运效益的地区为乘客提供按需服务。根据服务对象的不同，非专营巴士又包含游览服务、酒店服务、学生服务、雇员服务、国际乘客服务、居民服务、复合交通服务、合约式出租服务 8 个服务类别。

为居民提供服务的"邨巴"主要在上下班繁忙时间提供辅助接驳运输服务，或由居民小区或其管理公司与公交公司联营，承接乘客由其住所往返主要交通枢纽的运输接驳服务。为游客提供服务的"旅游巴士"，主要接送旅客往返旅游地点。为酒店服务的巴士通常由酒店开办或者与巴士公司联营，接送往返酒店的客人。为学生提供服务的"校巴"由学校开办或与巴士公司联营，接送学生往返学校。为企业服务的巴士由企业开办或者与巴士公司联营，用于接送员工上下班。合约式出租服务即通常所说的包车服务，以合同形式提供巴士服务。截至 2016 年 3 月 31 日，香港登记在册的非专营公共巴士共有 7046 辆，近十几年来，各类型非专营公共巴士的保有量基本保持稳定。

除了非专营公共巴士，香港也有私营的非专营巴士。非专营私家巴士

分为学生服务、雇员服务、伤残人士服务和其他服务四个类型。截至
2016 年 3 月 31 日，共有 627 辆已登记的私家巴士。

香港的小巴（公共小型巴士）是指载客量最多为 16 人的空调客运车
辆，主要功能是为公交和轨道交通提供辅助与接驳交通服务；根据香港法
律规定，公共小巴最多不超过 4350 辆。按服务类型的不同，公共小型巴士
又有红色与绿色两种：绿色专线小巴具有固定的路线、班次和收费；红色
小巴没有固定的路线、班次和收费，可以行驶在除禁区外的香港各区。截
至 2016 年 2 月，全香港有 3208 辆绿色小巴，351 条专线小巴路线。2015
年，绿色专线小巴每日的载客量约为 152.7 万人次。截至 2016 年 2 月，全
港共有 1142 辆红色小巴；2015 年，红色小巴每日的客运量约为 33.7 万
人次。

香港公交车的车辆类型也非常丰富，其中占比较高的双层公交车是香
港公交的另一特色。双层巴士的长度和宽度虽然与一般公交车差不多，但
却分为两层，使得其运量比普通公交车要大。在香港公共巴士中，双层巴
士大约占 44%，2014 年公共双层巴士达到 5647 辆，见表 8-16。

表 8-16　　　　　　　不同类型公交车数量（2004—2014 年）　　　　（单位：辆）

分类	年份						
	2004	2009	2010	2011	2012	2013	2014
公共巴士	12865	12754	12714	12784	12700	12781	12843
其中：单层	7069	7152	7178	7188	7144	7162	7196
其中：双层	5796	5602	5536	5596	5556	5619	5647
私家巴士	473	492	496	493	544	572	582
其中：单层	438	460	463	450	487	511	522
其中：双层	35	32	33	43	57	61	60
公共小型巴士	4328	4347	4348	4345	4347	4346	4345
私家小型巴士	1889	1992	2077	2200	2439	2757	2995
总　计	19555	19585	19635	19822	20030	20456	20765

数据来源：根据《香港统计年刊》（2015 年版）整理计算。

（五）出租车

出租车也是香港主要的公共交通工具之一，为乘客提供门到门个性化
客运服务。到 2015 年，香港出租车达到 18138 辆，其中市区出租车 15250

辆（红色）、新界出租车 2838 辆（绿色）和大屿山出租车 50 辆（蓝色），历年出租车数量情况见表 8-17。市区出租车可在香港大部分地方行驶（东涌道及南大屿山的道路除外）；新界出租车主要在新界东北部（即沙田以北）及西北部（即荃湾以北）营运；大屿山出租车只可在大屿山及赤鱲角行驶；所有出租车均可在香港国际机场客运大楼及香港迪士尼乐园提供服务。香港出租车平均每日载客量总计约 100 万人次。

表 8-17　　　　　　香港出租车数量及变化（2004—2014 年）

出租车	年份							
	2004	2009	2010	2011	2012	2013	2014	2015
数量（辆）	18043	18128	18131	18132	18131	18083	18066	18138
增长率（%）	—	0.47	0.02	0.01	-0.01	-0.26	-0.09	0.40

数据来源：根据《香港统计年刊》（2015 年版）整理计算。

二　香港城市交通定价政策

（一）轨道交通票价

香港地铁票价采取分段计费的方式，目前最低票价为 4 港元，最高票价为 46 港元，票价随着乘坐站点数逐渐增加。

以设有 17 座车站的港岛线为例，乘坐 2 站以内票价为 4.5 港元，乘坐 3—5 站为 5.5 港元，乘坐 6—8 站为 7.5 港元，乘坐 9—13 站为 9.0 元，14—16 站为 10.5 港元；每增加 2—3 站，票价增加约 1—2 港元。

由于香港特殊的地理分布，香港地铁的票价制定也有一些特殊情况。如果地铁要穿越海底隧道，即使仅乘坐一站票价也远高于通常的票价增长幅度。例如，从香港岛的金钟站至九龙尖沙咀仅一站，票价为 10 港元。此外，机场专线票价较高，香港机场站至香港站的单程票价为 100 港元，至九龙站 90 元港币，至青衣站 60 元港币。香港公共交通以及停车都可以使用八达通卡，八达通卡会在单程票价基础上有所优惠，但优惠幅度不大。例如，4.5 港元的票价优惠后为 4.4 港元，5.5 港元的票价优惠后为 5.2 港元。

香港地铁票价并非一成不变，采取"可增可减"的票价调整机制，票价调整主要依据消费物价指数、工资指数变动情况与生产力因素来决定。票价调整机制将每五年进行检讨。从 2006 年香港"两铁"合并后，香港政府制定了如下的调价方式：

票价调整幅度=0.5×综合消费物价指数变动+0.5×工资指数变动−生产力因素

调价说明：（1）公式中的"综合消费物价指数"指政府综合消费物价指数每年变化的百分率，"工资指数"指名义工资指数（运输业）每年变化的百分率，"生产力因素"直至2018年的数值都为0.6%。（2）以上公式也适用于轻轨及港铁巴士（新界西北），但不适用于机场快线、港铁接驳巴士、城际直通车及昂坪360（东涌旅游缆车）；而港铁接驳巴士的票价调整会跟随九巴同步调整。（3）港铁每年只可以检讨票价一次，通常在3月待有关数据公布才计算加减幅度，并须按有关机制调整票价。（4）单程票收费调整取至最接近的5角，而八达通或港铁巴士收费调整则取至最接近的1角。（5）如整体票价的调整幅度少于1.5%，便会转入下年度的票价检讨中一并实行。

从2007年以来，香港地铁票价已经经过多次调整，具体调整时间及幅度见表8-18所示。

表 8-18　　　　　　　　　　香港地铁票价调整情况　　　　　　（单位：%）

检讨时期	综合消费物价指数（按年变动）	工资指数变动	生产力因素	加减幅度	家庭月入中位数（按年变动）	实际加减幅度	票价调整实施日期
2007/12—2008/12	2.10	−0.66	0	0.72	不适用	0	将纳入下期检讨时期
2008/12—2009/12	1.30	1.40	0	1.33	不适用	2.05	2010/6/13
2009/12—2010/12	2.90	1.50	0	2.20	不适用	2.20	2011/6/19
2010/12—2011/12	5.70	5.10	0	5.40	不适用	5.40	2012/6/17
2011/12—2012/12	3.70	2.90	0.60	2.70	5.50	2.70	2013/6/30
2012/12—2013/12	4.30	4.10	0.60	3.60	6.16	3.60	2014/6/29
2013/12—2014/12	4.90	4.90	0.60	4.30	6.67	4.30	2015/6/21
2014/12—2015/12	2.50	4.10	0.60	2.70	3.33	2.70	2016/6/26

数据来源：香港特别行政区运输署（https：//www.td.gov.hk/sc/home/index.html）。

（二）公交票价

香港的5家专营巴士公司其收费略有差异，起步价从2.5—3.5港元不等，最高票价达到48港元，见表8-19。

表8-19　　　　　　　　　　　　　香港巴士收费情况

公司名称	收费
城巴有限公司	港岛：2.5—10.6港元；机场及北大屿山：3.0—48港元
新世界第一巴士服务有限公司	港岛：3.2—9.8港元；九龙及将军澳：3.4—10.0港元
九龙巴士有限公司	九龙市区：3.2—13.4港元；新界：2.0—46.5港元不等
龙运巴士有限公司	3.5—40.0港元不等
新大屿山巴士有限公司	3.1—43.0港元不等

数据来源：香港特别行政区运输署（https：//www.td.gov.hk/sc/home/index.html）。

与港铁的票价调整机制类似，香港巴士也采取动态调整的票价机制。2006年1月10日，香港行政会议通过向城巴、九巴和新大屿山巴士批出为期10年的专营权，以及"可加可减"的新票价机制。

巴士票价调整幅度的公式为：

调整幅度=0.5×工资指数变动+0.5×综合消费物价指数变动-0.5×生产力增幅

政府每季度进行票价调整公式的计算，若发现公式结算结果超过-2%的水平，就会主动全面检讨票价。

2009年12月，经过对前三年工作的总结，香港继续沿用了专营巴士"可加可减"的票价机制，但对调价公式中的"生产力增幅"进行了调整，将其数值设定为零，使用期三年，三年后再作调整。此间，票价调整幅度的公式简化为：

调整幅度=0.5×工资指数变动+0.5×综合消费物价指数变动

在票价调整公式计算结果基础上，政府在制定专营巴士票价水平时，还会考虑如下因素：（1）自上次调整票价以来营运成本及收益的变动；（2）未来成本、收益及回报的预测；（3）巴士公司需要得到合理的回报率；（4）市民的接受程度及负担能力；（5）服务的质和量等。

（三）出租车价格

根据《道路交通（公共服务车辆）规例》，香港出租车主要根据行驶里程及候车时间计费。开始2公里收费22港元；其后在车费不超过78港元时，每200米或每分钟等候时间收费1.60港元（8港元每公里），车费超过78港元后每200米或每分钟等候时间收费1港元（5港元每公里）。

如果有摆放行李、携带动物和电召等其他情况，还可能产生附加费用；若通过收费的隧道，乘客不仅要自付隧道收费，通常还需支付给司机一定的返程费。香港市区出租车的详细计费方式见表 8-20。

表 8-20　　　　　　　　香港市区出租车收费标准　　　　（单位：港元）

不同情形		收费标准
起始 2 公里或其任何部分		22
其后每 200 米或其部分/每分钟等候时间或其部分	直至应收款额达 78 港元	1.60
	在应收款额达 78 港元后	1
其他收费		
每件行李（摆放在乘客车厢内的轻便行李除外）		5
伤残人士乘客赖以行动的轮椅及拐杖		免费
每只动物或鸟类		5
每程电召预约服务		5
使用收费隧道、收费道路或收费区的附加费		
海底隧道		司机所付的隧道费+ 10 ＊（回程费）
东区海底隧道		司机所付的隧道费+ 15 ＊（回程费）
西区海底隧道		司机所付的隧道费+ 15 ＊（回程费）
＊在下列情况，乘客无须缴付回程费： （1）在过海的士站上车；（2）最终目的地非位于海港的另一方		
青屿干线		30（每次使用）
其他收费隧道、收费道路或收费区		司机所付的使用费

　　数据来源：香港特别行政区运输署（https：//www.td.gov.hk/sc/home/index.html）。

（四）停车场收费

　　截至 2014 年年底，香港总共有大约 33300 个路边停车位，其中约 18000 个停车位设有停车收费表，全部停车收费表均采用八达通卡实施收费。香港特别行政区运输署管辖的 12 个多层停车场提供 5200 个私家车/客货车停车位，以及约 770 个电动单车的车位。此外，运输署还拥有上水泊车转乘停车场（露天）的 91 个泊车位。设有停车收费表的泊车位及上述停车场都通过公开招标获得经营权，分别由三个运营商经营。停车收费表的费率分为两种：每 15 分钟 2 港元和每 30 分钟 2 港元。

　　运输署管辖的多层停车场收费标准见表 8-21 所示。不同地段停车场采取差异化收费方式，白天收费费率从每小时 10—22 港元不等，夜间费率比白天略为便宜，大约从每小时 8—14 港元不等。大多数停车场也提供按天收费（白天与晚间费率不同）与月票制度，白天费率高于晚间。

　　以换乘为目的的停车场费率要低于普通停车场。例如，运输署管辖的上水泊车转乘停车场对于非泊车转乘车辆收费标准为：上午 7 时至同日午夜 12 时每小时 12 港元，午夜 12 时至同日上午 7 时为每小时 8 港元。而对于停车转乘公共交通的车辆收费标准为：上午 5 时至翌日凌晨 2 时 15 分每小时收费 3 港元（转乘车辆需有泊车转乘盖章），见表 8-21。

表 8-21　　运输署管辖的多层停车场收费标准（2014 年 12 月）　（单位：港元）

停车场	每小时收费		日泊收费	夜泊收费	月票收费
香港岛					
坚尼地城停车场	5（每半小时）(7：00—23：00)	5（每半小时）(23：00—7：00)	—	—	6000（季票）（的士季票 1500）
天星停车场	20 (7：00—19：00)	14 (19：00—7：00)	150（周一至周六7：00—19：00，公众假期除外），90（周日及公众假期8：00—24：00）	50（周一至周六19：00—7：00，公众假期除外）	4100（专用车位 5900）（的士 500）
美利道停车场	22 (7：00—23：00)	13 (23：00—7：00)	150（周一至周六7：00—19：00，公众假期除外），90（周日及公众假期8：00—24：00）	100（周一至周六19：00—7：00，公众假期除外）	4100（专用车位 4700）（的士 500）
大会堂停车场	20 (7：00—19：00)	14 (19：00—7：00)	150（周一至周六7：00—19：00，公众假期除外），90（周日及公众假期8：00—24：00）	50（周一至周六19：00—7：00，公众假期除外）	4100（的士 500）
林士街停车场	20 (7：00—23：00)	14 (23：00—7：00)	150（周一至周六7：00—19：00，公众假期除外），90（周日及公众假期8：00—24：00）	50（周一至周六19：00—7：00，公众假期除外）	3750（的士 500）
香港仔停车场	14 (7：00—23：00)	12 (23：00—7：00)	—	—	1600（的士 500）
天后停车场	18 (7：00—23：00)	13 (23：00—7：00)	75 (7：00—19：00)	—	2600（的士 500）
筲箕湾停车场	10 (7：00—23：00)	8 (23：00—7：00)	50 (7：00—19：00)	—	1800（的士 500）
九龙					
油麻地停车场	16 (7：00—23：00)	12 (23：00—7：00)	70 (7：00—19：00)	80 (19：00—7：00)	2600（的士 500）
双凤街停车场	10 (7：00—23：00)	8 (23：00—7：00)	50 (7：00—19：00)	—	1700（的士 500）

续表

停车场	每小时收费	日泊收费	夜泊收费	月票收费
新界				
葵芳停车场	12 (7：00—23：00)	9 (23：00—7：00)	70 (7：00—19：00)	45 (19：00—7：00)	1800 (的士 500)
荃湾停车场	15 (7：00—23：00)	11 (23：00—7：00)	70 (7：00—19：00)	60 (19：00—7：00)	1800 (的士 500)

数据来源：香港特别行政区运输署（https：//www.td.gov.hk/sc/home/index.html），《2015年运输资料年报》。

三　香港城市交通特点与拥堵治理效果分析

（一）城市公共交通供给结构完善，公交出行比率极高

香港从很早就开始采取公交一体化、公交多样化、交通无缝换乘战略，使得今天的交通方式多样，公共交通系统结构合理。在香港，不同公共交通方式的功能定位清晰，轨道交通已经成为城市交通的骨干网络；双层、单层和小型公交车在不同类型的线路和区域中承担或远或近，或固定或灵活的客运功能，能够全方位满足各区域、各层次的出行需求，让处于不同地理位置的乘客都能享受到便捷的公共交通服务；遍布全港的步行长廊不但为乘客提供了快速安全的换乘通道和步行路径，同时通过人车分流减少了对机动车流的干扰因而让道路更加通畅，实现了人与车的双赢。根据香港运输署的数据显示，香港约有九成市民使用公共交通工具出行，其比例位居全世界第一。

2014 年，香港公共交通的日平均载客量达到 1252 万人次，2004—2014 年的 10 年间，公共交通载客量保持 1.31% 的年平均增长率。各种交通方式的日平均载客量及增长率见表 8-22 所示。各种公共交通方式中，轨道交通（铁路）和其他辅助公交的载客量保持了较高的增长，铁路日均载客量从 2004 年的 384 万人次增长到了 2014 年的 526 万人次，年均增长 3.72%；其他辅助公交载客量从 2004 年的 23 万人次增长到 2014 年的 38 万人次，年均增长 6.13%。

与 2004 年相比，2014 年专营巴士、轮渡与出租车（的士）的载客量还略有下降。专营巴士（常规公交）的日平均载客量从 2004 年的 409 万人次下降到 2014 年的 391 万人次，2004 年时，常规公交的日均载客量高于轨道交通，而到 2014 年，铁路的载客量已经远远超过专营巴士，成为各种公共交通方式中载客量最多的方式，且在金融危机后持续增长，见表

8-22。由此可见，城市公共交通中的各种方式之间也存在着激烈的竞争关系，尤其是功能上更加接近、线路上一致或平行的常规公交和轨道交通之间的竞争更加激烈。

表8-22　　　　　　　　香港公共交通的日平均载客量　　（单位：万人次/天，%）

公交类型	年份							
	2004	2009	2010	2011	2012	2013	2014	2004—2014年均增长
专营巴士	409	381	378	379	384	391	391	-0.44
铁路	384	426	452	473	493	506	526	3.72
公共小巴	171	185	188	189	189	186	186	0.85
渡轮	16	14	14	14	14	14	14	-1.29
其他辅助公交	23	32	33	35	36	37	38	6.13
的士	104	95	98	100	96	101	97	-0.60
总计	1107	1133	1163	1190	1211	1235	1252	1.31

数据来源：《香港统计年刊》（2015年版）。

2014年，铁路（轨道交通）占据了城市公共交通出行中的最大份额，达到42.0%；其次是专营巴士（常规公交），占到总量的31.3%，公共小型巴士占14.9%，其他辅助公交占3.0%，这三者之和占到总量的将近一半（49.2%）。的士在公共交通中也占据较大份额，达到7.8%，香港特有的轮渡占据1.1%。香港公共交通出行结构见图8-5。

纵观近十年香港公共交通结构变迁，结构变化明显的城市交通方式是轨道交通和常规公交。2004年，香港铁路（轨道交通）与专营巴士（常规公交）的占比分别为35%与37%，两者比例接近，轨道交通占比小于常规公交，这两者占比之和为72%，是城市公共交通的绝对主力；而到了2014年，轨道交通占比上升至42%，常规公交占比下降至约31%，这两者占比之和约为73%，与2004年相比变化不大。除了这两种城市交通方式，其余城市交通方式（包括公共小巴、的士、其余辅助公交与轮渡）的占比变化不大，其中"的士"占比十年间下降了1%，而"其他辅助公交"上升了1%，见图8-6。

轨道交通与常规公交在近十年中的占比变化再次表明，这两者之间具有明显的竞争性。其他辅助公交主要是满足个性化出行需求的公交服务（如学校校车、单位定制公交等），与出租车服务功能接近，二者更容易相互替代。轨道交通与常规公交代表了定点定线的传统城市交通方式，与

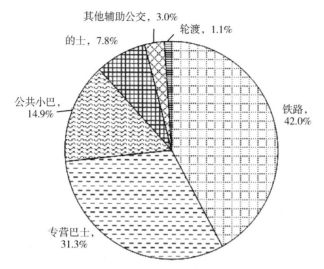

图 8-5　2014 年香港公共交通的出行结构

数据来源:《香港统计年刊》(2015 年版)。

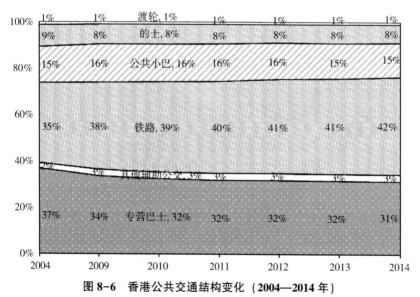

图 8-6　香港公共交通结构变化（2004—2014 年）

数据来源:《香港统计年刊》(2015 年版)、《2015 年运输资料年报》。

出租车等按需服务的城市交通服务在功能上虽然既有替代性，也有明显的差异性，从数据来看，替代性较弱。

（二）私家车发展受到严厉管控，私家车保有量与出行量低

香港地少人多，其中已开发面积仅约 280 平方公里，现有土地上承载了密集的人口。加上山地、海洋等地形限制，市区道路比较狭窄，人均道路里程不足 0.3 公里/千人，人均车道里程约为 0.8 公里/千人。因此，香港从 20 世纪 20 年代就确定小汽车管制政策与公交优先政策，对小汽车的管制有全方位的政策体系。

规划方面，首先明确了限制小汽车而不是迎合小汽车发展的思路。在路权分配上，私家车出行被认为是低效率的出行方式，被赋予了最低的等级，即在规划、各种政策制定时优先考虑公共交通出行者的利益（见图8-7 所示）。香港也通过在核心区限制停车位的规划建设来约束私家车的使用量（不支持和保障私家车在核心区有车位可停放），与大陆很多城市目前要扩建停车设施，缓解停车难的思路刚好相反。在停车位的数量被限制的情况下，停车服务价格必然走高，如此进一步从成本方面约束小汽车出行方式，尤其是采用私家车通勤的方式。

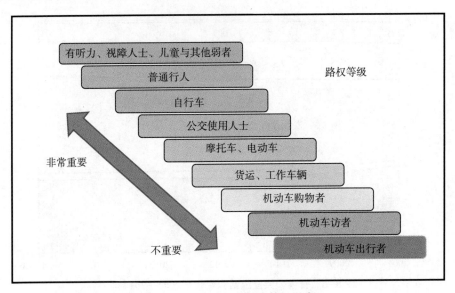

图 8-7　香港路权重要度等级示意

基于多种政策施加的影响，香港私家车保有量与出行量都保持在低位。截至 2014 年年末，香港的私家车保有量为 495038 辆，不到 50 万辆，相对于 700 多万的人口，香港千人私家车保有量水平远低于同等发达国家或地区。除了私家车保有总量较低外，香港私家车保有量的增长率在近年来也逐渐下降，从2010年的6%下降到了2014年的4%（见图8-8），这与大陆城市近几年私家车增速仍保持高位的情况截然相反。近年来，我国千人私家车保有量的平均水平已经超过香港，在大城市区域甚至远远超过了香港的私家车保有率。

图8-8 香港私家车保有量及增长情况

数据来源：《香港统计年刊》（2015年版）。

从私家车的使用量来看，香港私家车出行分担率仅占10%左右。私家车数量约占香港机动车总数的70%左右，但上路行驶的机动车中，私家车只占不到30%，大部分私家车主上下班都乘坐公共交通。

（三）城市交通价格体系合理，引导出行需求理性增长

基于对私人交通进行管制的发展思路，香港私人交通与公共交通之间形成了明显的价格差，公共交通系统内部票价体系结构合理，引导出行向高效率的城市交通方式转移。

香港通过多种经济手段增加小汽车出行成本，具体包括征收较高的首次登记税、牌照年费和燃油税，以及较高的停车费和桥隧通行费等（见上文中对停车费及通行费的论述）。首次在香港登记的车辆，包括新车和进口的二手车，均须缴纳首次登记税。较高的首次登记税，对私家车购买需求起到抑制作用。目前，香港私家车首次登记税的税率在40%—115%不等。香港已经领取牌照的汽车必须每年缴纳牌照年费，才能在香港道路行驶。牌照年费增加了已购入私家车的使用成本。目前，私家车牌照年费根据排量的不同，从3815—11215港元不等。如果是柴油私家车，除牌照

年费外，还须另外缴纳 1460 港元燃料税。

1982 年，香港政府实施一系列财政措施，包括征收双倍首次登记税、三倍牌照年费和双倍燃油税；加税费后的 9—12 个月，领牌私家车的年平均增长率锐减约 18%，由约 10% 下降至约 -8%。1991 年，首次登记税增加约 16%，牌照年费也增加 10%；加税费后的 9—12 个月，领牌私家车的年平均增长率再次整体下降，减少约 1.7%，由 9.4% 下降至 7.7%。2011 年，香港再次增加首次登记税约 15%，但牌照年费没有同时调高。加税后的 9—12 个月，普通汽油领牌私家车的年平均增长率由 3.6% 跌至 2.3%，减少约 1.3%。同时，由于当时提高了环保汽油私家车的税费优惠，大大削弱该次加税对遏止所有领牌私家车增长率的力度。纵观多次私家车税费增加的历史，每次税费增加均对私家车领牌量的增长产生了明显的抑制作用，且从长期看使私家车领牌量的增幅处于下降通道。

香港公共交通采取的是政府监管下的私营企业市场化运营模式，私营企业要获得利润才能生存，香港公共交通企业是世界上少有的能够盈利的公交企业。因此，相比于内地的很多城市，香港的地铁、巴士价格并不便宜。然而，香港公共交通没有内地城市交通普遍存在的政府直接补贴，相对的高价换来了香港城市公共交通的高效率。

虽然与内地相比，香港公共交通价格偏高，但与香港的私家车出行成本相比，公共交通的价格具有明显的竞争优势；与收入相比，香港居民的公共交通出行费用也在可承受的范围内，地铁与常规公交的动态价格调整机制进一步平衡了公共交通企业盈利能力与居民出行成本之间的关系。

第三节　东京城市交通状况与拥堵治理实践

一　东京城市交通状况

（一）城市基本状况

"东京都"全部的地理范围包括三个主要部分：（1）东京都区部，通常又被称为"东京 23 区"的 23 个特别区；（2）被称为"三多摩地区"的位于 23 区西边的近郊地区；（3）一些行政上由东京都管辖的太平洋岛屿。然而，通常所说的"东京市区"是指东京都区部，而非整个东京都，东京都区划见图 8-9。

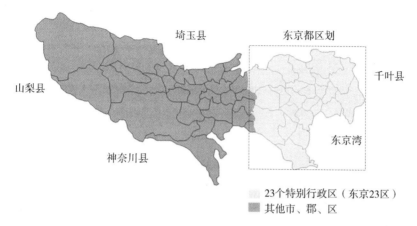

图 8-9 东京都区划

数据来源：http://tupian. baike. com/ipad/a2_ 54_ 96_ 01300001248577133976968848784_ jpg. html。

截至 2014 年，东京都总面积为 2190.90 平方公里，人口 1338 万；其中东京都区部面积为 626.70 平方公里，人口 914 万人；区部面积占东京都总面积的 28.60%，人口占东京都总人口的 68.34%，即区部面积不到东京都总面积的 1/3，但承载了东京都总人口的 2/3 以上，可见区部地区是东京都的人口密集区。

由于人口保持持续的增长，人口密度仍在继续增加。2014 年，东京都人口密度从 2000 年的大约 5500 人/平方公里增加到了约 6100 人/平方公里，这一人口密度远高于同时期中国首都北京的人口密度（1311 人/平方公里）；东京都区部人口密度从 2000 年的约 13000 人/平方公里增长到 2014 年的 14600 人/平方公里，这样高密度的人口聚居在世界范围内罕见。东京都详细人口数据见表 8-23。

表 8-23   东京都人口基本信息（2000—2014 年）

年份	东京都			东京都区部			区部人口占比（%）
	人口（人）	密度（人/平方公里）	增长率（%）	人口（人）	增长率（%）	人口密度（人/平方公里）	
2000	12064101	5506	0.76	8134688	—	12974	67.43

年份	东京都			东京都区部			区部人口占比（%）
	人口（人）	密度（人/平方公里）	增长率（%）	人口（人）	增长率（%）	人口密度（人/平方公里）	
2005	12576601	5740	0.79	8489653	—	13540	67.50
2010	13159388	6006	0.63	8945695	—	14267	67.98
2011	13186562	6019	0.21	8966679	0.23	14301	68.00
2012	13216221	6032	0.22	8996073	0.33	14348	68.07
2013	13286735	6064	0.53	9059903	0.71	14450	68.19
2014	13378584	6106	0.69	9143041	0.92	14582	68.34

注：计算人口密度时土地面积取 2014 年数值。

数据来源：《东京都统计年鉴（平成 26 年）》（http://www.toukei.metro.tokyo.jp/tnenkan/2014/tn14q3i001.htm）。

东京是全日本的心脏，商业、政治、文化、金融等各行各业云集于此。日本的许多大公司都集中在"东京的心脏"银座；而国会议事堂、最高裁判所和外务省、通产省等内阁所属的政府机关聚集在霞关一带。东京的大学约占日本全国大学数量的 1/3，就读的学生则占全国大学生总数的 1/2 以上；而日本 80% 的出版社、国立博物馆、西洋美术馆、国立图书馆等也聚集于此。同时，东京还是国际知名的旅游城市、交通枢纽，每年到此旅游、中转的游客数量众多。人口、地理、经济、文化等众多因素决定了东京必定是交通繁忙的城市。

（二）轨道交通网络

东京都轨道交通系统由 JR（日本铁道）、私营铁道、地铁这三种轨道交通组成。JR 线有环绕都心行驶的 JR 山手线与横切都心行驶的 JR 中央线、总武线等。同时，东京站是东海道新干线与东北新干线的起点与终点站，许多新干线列车从此站点发出与终到；此外，新干线另外还在东京站以北、以南设立上野站、品川站分担东京站客流。东京都内的主要私营铁路公司有西武铁道、东武铁道、东京急行电铁、京滨急行电铁、京成电铁、京王电铁、小田急电铁等。

JR 与私营铁道构成了东京的市郊铁路系统，东京都市圈的市郊铁路里程约 2000 公里。短编组的列车串起城市与郊区的各个站点，建立起居住区与商务区的联系，承担着郊区到市中心的大规模通勤交通。东京城市轨道网络的密度达到 222 米/平方公里，而东京都区部（23 区）的轨道网络长度更是达到 584.8 公里，密度高达 947.8 米/平方公里，远高于北京中心城区轨道网的密度，接近北京中心城区轨道网密度的 2 倍。

地铁是东京市中心最为繁忙的城市交通工具，共有 13 条线路。地铁线路中，4 条路线为都营线，其余 9 条为东京 Metro 地铁线。都营线由东京都交通局进行运营管理，而东京 Metro 地铁则由东京地铁株式会社进行运营管理。13 条地铁路线分别用不同的颜色进行标识，便于快速在路线图中查找目的地车站。地铁系统虽然与 JR、私营铁道分属不同的机构运营，但地铁与两者的衔接性很好，几乎所有的地铁路线都与 JR 或私营铁道连接。

东京轨道交通系统还具备如下优点：（1）站点密集，在东京都区部范围内，在任何一个地点走路 20 分钟之内肯定会有轨道交通站点；（2）发班密度大，高峰期地铁线路发车频率高达 50 多秒一班；（3）极其准时，正晚点以秒为单位计算，私铁和地铁到达前后误差不超过 3 秒；（4）自动化程度高，售票基本通过自动售票机完成，无须安检，省时省力；（5）乘客乘车秩序好，保证通道顺畅；（6）列车从快到慢包括急行、准急和普通等不同速度类别，满足不同层次出行需求。

（三）道路交通网络

东京城市空间形态为"主城+卫星城"的形式，道路网络根据城市形态规划建设，高速公路是东京城市道路系统的骨架，连接起市区与外围城市群，东京都及附近的高速公路系统被称为"首都高速道路"，日本东京高速公路网见图 8-10。

首都高速道路是日本东京都区部及其周边地域（首都圈）的都市高速道路系统，由"首都高速道路株式会社"经营与管理。首都高速道路包含两条环状线（高速都心环状线、高速中央环状线）和十几条放射线及其他高速公路，总长为 310 公里。首都高速公路大部分路段限速分为 60 公里/小时，都心环状线限速为 50 公里/小时，湾岸线、神奈川县和埼玉县一部分区间为 80 公里/小时；从限速上也能看出，首都高速道路系统不同于我国通常意义上的高速公路，主要服务于城市交通，更像是城市快速路系统。

2015 年，东京都道路总里程达到 24498.19 公里，区部道路里程为 11891.48 公里，将近东京都总道路里程的一半。所有道路中，"区市町村道"里程最多，约占道路总里程的近 90%，见表 8-24。

图 8-10　日本首都高速道路网

数据来源：东京都交通局（http：//www. kotsu. metro. tokyo. jp）。

表 8-24　　　　　　　　东京都道路长度与面积统计（2015 年）

道路类型		道路长度（公里）		区部道路长度占比（%）	道路面积（平方米）		区部道路面积占比（%）
		东京都	区部		东京都	区部	
东京都管理道路	一般国道	74. 57	18. 03	24. 18	1210242	455540	37. 64
	主要地方道路	972. 21	458. 53	47. 16	20925404	12184635	58. 23
	一般都道	804. 94	36. 50	4. 53	10861954	625039	5. 75
	特例都道	380. 52	380. 52	100. 00	8252752	8252752	100. 00
	小计	2232. 24	893. 58	40. 03	41250352	21517966	52. 16

续表

道路类型		道路长度（公里）		区部道路长度占比（%）	道路面积（平方米）		区部道路面积占比（%）
		东京都	区部		东京都	区部	
其他	一般国道（指定区间）	239.16	165.10	69.03	7122385	5467254	76.76
	东·中日本高速道路	81.78	14.31	17.50	4195949	480119	11.44
	首都高速道路	200.75	200.75	100.00	5459983	5459983	100.00
	区市町村道	21744.25	10617.74	48.83	128351110	69598930	54.23
总计		24498.19	11891.48	48.54	186379779	102524252	55.01

数据来源：《东京都统计年鉴》（http：//www.toukei.metro.tokyo.jp）。

根据东京都及区部的人口、面积数据与道路网络规模，可计算得出东京都道路的人均水平。东京都人均道路长度为 1.83 米/人，其中区部为 1.30 米/人，低于东京都整体水平，主要原因是区部的人口密度远大于其他地区。从面积平均水平来看，东京都的道路面积密度达到 11.18 公里/平方公里，其中区部道路面积密度达 18.97 公里/平方公里，高于东京都整体水平，见表 8-25。可见，道路在区部更加密集。人均占有道路面积与每平方公里土地上的道路面积具有类似特征，东京都的道路人均拥有量远高于我国香港与北京的水平。

表 8-25　　　　　　　东京都道路的人均密度与面积密度

指标	东京都	区部
人均道路长度（米/人）	1.83	1.30
人均道路面积（平方米/人）	13.93	11.21
道路面积密度（公里/平方公里）	11.18	18.97
道路面积/地域面积（平方公里/平方公里）	0.09	0.16

数据来源：《东京都统计年鉴》（http：//www.toukei.metro.tokyo.jp）。

（四）车辆保有量

到 2014 年年末，东京都车辆保有量达 316 万辆，其中货车 39 万辆，约占车辆总量的 12.35%，乘用车 266 万辆，约占车辆总量的 84.32%。大型客车（巴士）为 15484 辆，约占总量的 0.49%，其余为特种车辆，见表 8-26。区部面积虽不到东京都总面积的 1/3，但其车辆保有量却占到东京都总量的大约 2/3，与区部人口在东京都的占比接近。2014 年，东京都乘用车的人均保有量为每千人199辆，区部的乘用车人均保有量为每千人177辆，人均保有量低于日本平均水平，但远高于同处亚洲的香港和新加坡，约为北京汽车人均保有量的2倍。东京都的巴士保有量15484辆，人均巴士保有量为每千人1.16辆（其中区部为每千人1.08辆），低于香港水平，具体见表8-26。

表8-26　　　　　　　　东京都车辆保有量（2014年）

车辆类型		东京都		区部		区部占东京都的比例（%）
		保有量（辆）	占比（%）	保有量（辆）	占比（%）	
货车	普通货车	124733	3.95	89627	4.55	71.86
	小型货车	257083	8.14	186394	9.47	72.50
	拖挂车	8436	0.27	7738	0.39	91.73
	小计	390252	12.35	283759	14.42	72.71
乘用车	普通车	1476630	46.73	966052	49.08	65.42
	小型客车	1188058	37.59	649979	33.02	54.71
	小计	2664688	84.32	1616031	82.11	60.65
巴士		15484	0.49	9886	0.50	63.85
特种用途车		75990	2.40	49392	2.51	65.00
大型特种车		13752	0.44	9112	0.46	66.26
总数		3160166	100.00	1968180	100.00	62.28

数据来源：《东京都统计年鉴 平成26年》（http：//www.toukei.metro.tokyo.jp）。

二　东京城市交通定价与治堵实践

（一）轨道交通系统奠定城市交通供给的基础，价格优势发挥重要作用

东京早在1927年就修建了第一条地铁，第二次世界大战后开始大规模建设地铁和轻轨。基于1977年《第三次全国综合开发计划》，东京结合城市实际情况确立了以"区域轨道交通网络为主、公共汽车为辅"的城市公共交通发展目标；同时，重视公共交通整体的服务水平、服务效率和便捷换乘，从而引导乘客通过公共交通出行。

东京公共交通最突出的特征是发达的轨道交通网承担了东京城市交通绝大部分负荷，常规公交承担份额相对较少。无论是从规划建设角度还是轨道交通实际在城市交通系统中发挥重要作用的角度看，东京的轨道交通

系统无疑都是领先于世界的。据东京都相关统计数据,东京交通出行总量中,地铁系统占 86%,汽车出行量占交通总量的 11%,另外公交巴士、摩托车及其他(自行车、步行)分别占 1%;地铁系统承担的出行量远远高于纽约的 54%、巴黎的 37% 和伦敦的 35%。市中心区在早高峰时段的轨道交通出行比例达到了 91%,而小汽车出行仅占 6%。

东京都不但轨道交通线路多、覆盖广、通达性好,网络长度远远超过香港、巴黎、纽约和伦敦。除了硬件条件好,在轨道交通服务方面也非常出色:东京轨道交通极为准时,延误少(包括自然灾害在内的平均延误仅为 0.6 秒),发车频率高(一般为 3—5 分钟,高峰时 2 分钟一班),换乘非常便捷(99% 的线路换乘均可在 3 分钟内完成)。

东京轨道交通票价也相对便宜,与小汽车和出租车相比,价格优势明显。营团地铁费用是 6 公里以内 160 日元,随后依乘车距离依次递增为 190 日元、230 日元;都营地铁则比较贵,起价 4 公里以内是 170 日元,随之递增为 210 日元、260 日元。如在两者之间相互转乘,则可享受合计 40 日元的优惠。相比之下,出租车的价格要远高于此,起步价为 660 日元,约为轨道交通的 4 倍,每晚 11 时至次日 5 时,还要增加 20% 的车费。东京轨道交通的票价与其他交通方式的票价或出行成本对比形成了鲜明的优势,为确立轨道交通在城市交通中的主体地位起到了不可或缺的作用。

除此之外,东京轨道交通的便利性也比较高,为最大限度吸引居民乘坐轨道交通出行发挥了关键作用。居民是否通过轨道交通出行,除了轨道交通系统自身服务好、价格低以外,还取决于居民到达轨道交通站点的便利性。如果居民需步行很长的时间才能到达轨道站点,那么轨道交通的竞争力会大打折扣。根据调查,东京所有住户中,住宅到最近车站距离小于 500 米的达到 61.9%,而住宅到最近轨道站点距离超过 1000 米的仅占 0.53%,这为吸引居民乘坐轨道交通提供了相当便利的基础条件。

与轨道交通网络的高出行分担率相比,东京的常规公交出行分担率极低,仅占总出行量的约 1%,低于香港。我国香港地区总出行量中通过常规公交完成的量近 30%,除此之外还有发达的小巴与辅助公交系统,若将各类型公共汽车的出行分担率加起来,约占总出行量的 44%。在香港,轨道交通虽然也逐渐成为城市出行量中的最大分担者(近几年才超过常规公交),但轨道在公共交通中的分担比例约占 42%,在总出行量中的分担率不足 40%,与东京轨道交通相比差别明显。

（二）将停车位管理作为调节小汽车出行的关键手段，实施较精准的车辆使用量控制

如前所述，东京的小汽车保有量不低，人均保有量约为北京的2倍；然而，小汽车出行分担率却远低于北京32%的水平，约占交通总量的11%，仅为北京的1/3。可见东京居民不是买不起私家车，而是在大部分时间不使用私家车出行，形成了良性发展的交通出行习惯。而政府层面对于私家车既不限购也不限行，而是采取了综合经济手段来调节私家车的使用量。在购买与使用环节，东京都将"停车位"作为小汽车交通管理的主要抓手。

首先，在汽车购买环节，要求必须出具"车位证明"，先有车位才能购车。早在1962年，日本就颁布了《车库法》，该法规定车主购车时需要出具车位证明并接受调查核实。[①]购买汽车后，停车位证明标志必须贴在汽车后挡风玻璃的左上角或右上角的醒目之处，以便警察随时查验。一旦发现伪造停车泊位证，将被处以高额罚款，并且在两年内不能申请买车。

其次，通过停车收费来调节小汽车的使用。东京都2000年颁布的《交通需求管理东京行动计划》，就明确了限制小汽车出行次数和频率的核心思想；目标是恢复现有道路的容量和交通承载能力，重中之重是治理停车。东京的企事业单位通常没有私车停车位，商用停车位的停车费很高。最为常见的自助式停车场，大约每小时600日元（约36元人民币）至1500日元（约90元人民币）不等。东京的企业通常按照员工乘坐轨道交通的标准为其发放通勤交通费。如果企业员工选择自驾上下班，则需付出远高于乘坐公共交通通勤的代价。以一个刚刚参加工作的大学生为例，通常月薪平均在20万日元左右。假设其每天开车上下班，停车费按照低标准计算（每小时600日元，每天停车8小时，每月22天），则需支出停车费10.6万日元，即仅在上班期间的停车费一项占到月收费的50%以上。如果算上车辆其他方面开支的停车费、油费、过路费、保养等所有使用成本，私家车的保有和使用成本会更高。在如此巨大的成本压力下，自驾上下班的居民自然很少，即使在其他时间段内，人们在公共交通能到达的区域也会首选公共交通。与市区的高昂停车费相反，日本郊外景区的停车场通常免费或者收费很低，因此居民通常在游玩时驾车出行。

---

① 日本总务省：《自動車の保管場所の確保等に関する法律》，http://law.e-gov.go.jp/html-data/S37/S37HO145.html。

再次，减少或取缔路边停车位。东京市行业管理部门认为，路边停车位尤其是路口附近的停车位对交通效率影响极大，加重了交通拥堵，因此基本不设置路边停车位。因此，东京路边停车位非常少，这些少量的路边停车位的设置及收费标准由地方政府开会慎重讨论后决定，通常只允许临时性停车，收费较高。

最后，对违章停车进行严厉处罚。每个区域有交警或协管员负责巡查，一旦被证实违停，将处以高额罚款，达到 2 万—3 万日元（人民币1000—1500 元）。若违停车辆影响交通被拖离，车主还需缴纳高昂的拖车费。政府一边尽量合理规划车位，一边对违停车辆采取重罚措施，使得东京的车主非常遵守停车规则，杜绝了路边乱停车现象。

（三）高速道路收费调节车流量

东京高速公路系统的收费几经变革。2012 年 1 月 1 日以前，首都高速道路采用"均一收费制"，收费方式为：将车型分为普通车与大型车，将首都圈高速道路网分为"东京线""神奈川线""埼玉线"3 个独立的收费圈，通过多个收费圈时须额外缴纳通行费。以普通车为例，东京线收费最高，为 700 日元；神奈川线次之，为 600 日元；埼玉线为 400 日元。

2012 年 1 月，首都高速道路的收费方式从"均一收费制"变更为分段式的"里程收费制"，收费车辆类型分为普通车与大型车两类，费率呈现"递远递减"的特点，虽然收费额比之前的"均一收费制"总体有所上涨，但更具合理性。

2016 年 4 月 1 日起，首都高速道路的收费制度进行了大幅度变革。首先，收费车型由两类变为 5 类，分别为"轻自动车、普通自动二轮车、大型自动二轮车"、普通车、中型车、大型车、特大车；付款方式分为ETC 和现金两类，费率根据付款方式的不同有较大差别，若付现金则按该类型车的最高缴费额征收，因此具有明显的 ETC 激励倾向。若采用ETC 付款，界定了通行费的上限与下限。

东京高速道路收费方式的变革趋势显示，收费额在变革中提高，且从均一定价的模式转向按照里程收费模式，费率递远递减，新的收费模式更能发挥对车辆行驶量的抑制作用。有学者认为，东京高速道路的收费也可看作是一种"道路拥堵收费"，若能对收费费率、收费方式等进行改革，例如将收费金额改变为根据拥堵情况适时调节的方式，便可达到更好的治堵效果。事实上，东京都在 2000 年颁布的《交通需求管理东京行动计划》中，列入了征收交通拥堵费的计划，计划采用类似于伦敦的"周界收费方式"。东京为拥堵收费专门设立的"拥挤收费研讨委员会"进行了相关调查，对于私家乘用车和私家货车，在普通公路（停车场和加油站）及首都高速公路（收费站）上向司机分发了问卷（有效答卷为 2863 份），对于营运货车，则向东京都内的货物运输公司邮寄了问卷（有效答卷为3138 份），分析了不同的收费金额和收费方式下"转换交通方式"的情况。调查结果显示，若征收 500 日元的拥堵费，有 1/3 的私家车会放弃自驾，改变出行方式，而且随着交通拥堵费征收力度的增加，选择轨道交通出行的比例将明显增加。[①]

由于多方面的困难和压力，东京征收交通拥堵费的政策至今仍未实施，面临的困难主要包括拥堵收费区域的划定、收费车辆类别确定（如货车是否纳入收费范畴）、拥堵收费与现有高速道路收费的协调问题等，这些问题也是许多计划实施拥堵收费的城市将会面临的问题。

第四节　纽约城市交通状况与拥堵治理实践

一　纽约城市交通状况及特点

（一）城市基本状况

纽约地处美国大西洋海岸线的东北，是美国最大的城市。纽约是联合国总部所在地，也是全球经济、商业、金融中心之一，其对全世界的文化、媒体、教育和娱乐等具有极大影响力。纽约还拥有世界上最大的天然港口之一——纽约港，世界上最繁忙的空域，拥有约翰·菲茨杰拉德·肯尼迪国际机场、拉瓜迪亚机场、纽瓦克国际机场三座机场。

纽约市的总面积约 468.9 平方英里（1214 平方公里），其中陆域面积304.8 平方英里（789 平方公里），水域面积 164.1 平方英里（425 平方公里）。[②] 从行政区划上，纽约市由布朗克斯区（The Bronx）、布鲁克林区

---

① 庄红韬：《政策探讨——"拥挤收费"能否有效控制交通拥堵改善大气环境?》，2013 年2 月 21 日，人民网—财经频道（http://finance.people.com.cn/n/2013/0221/c348883-20556598.html）。

② NYC Profile, New York City Department of City Planning, May 22, 2008.

（Brooklyn）、曼哈顿（Manhattan）、皇后区（Queens）、斯塔滕岛（Staten Island）5 个行政区（这 5 个区也是纽约州的 5 个县级行政单位）组成。在纽约市不同用途土地比例中，"建筑物与停车场"用地比例最大，达 45.5%；"街道"用地占比 26.6%，超过 1/4；"公园、商业设施和其他开放区域"用地占 13.3%，"机场、其他运输设施与混合用地"占 10.1%，"闲置土地"占 4.5%，如图 8-10 所示。

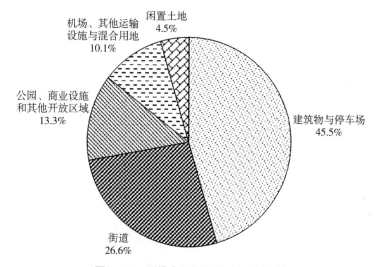

图 8-11　纽约市不同用途土地的比例

数据来源：PlaNYC Sustainable Stormwater Management Plan，2008。

至 2015 年，纽约人口约 840 万人，是美国人口最多的城市，且人口总数超过第二大城市洛杉矶和第三大城市芝加哥城市人口的总和。纽约市的人口继续保持着快速增长，其中很大一部分是移民。预计到 2040 年，纽约人口将达到 900 万人。纽约市的人口呈现出老龄化倾向，根据预测，到 2040 年，纽约市 65 岁以上的人口数将超过学龄儿童。人口的持续高速增长将会降低城市基础设施与服务的适应性与可靠性，人口的老龄化也将对城市规划与运输服务等提出新的挑战。

纽约大都市区①是全美国人口密度最高的地区。根据美国 2010 年人

———————————

① "纽约大都市区"不同于上文介绍的"纽约市区"概念，纽约大都市区是全美国最大的都市区，也是全世界最大都市区之一，大都市区总人口约 2000 万人。整个都市区以纽约市为中心，包括纽约州上州的 6 个县与长岛的 2 个县、新泽西州的 14 个县、康涅狄格州的 3 个县以及宾夕法尼亚州东北部的 1 个县，总面积约 11842 平方英里（约 30000 平方公里）。

口普查数据,纽约大都市区的人口密度为27532人每平方英里(10630人每平方公里),在全美人口超过10万人口的城市中排名第一。纽约市区中,曼哈顿(纽约县)的人口密度达到66940人每平方英里(25846人每平方公里),为全美人口最稠密的县级行政区。①

稠密的人口给纽约城市交通的发展带来了巨大压力,另外,居住地与工作地的分离进一步带来了高峰时段巨大的通勤客流。下面这幅图绘制于2007年,清晰地呈现了纽约曼哈顿地区(图中间的岛屿)在工作日白天与晚上的人口密度变化。白天,大量的人口集中于曼哈顿地区工作,使得该区域人口密度非常高;到了晚上,他们回到位于郊区的家中,曼哈顿地区的人口密度大幅度下降,见图8-12。

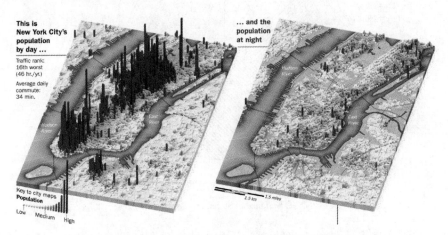

图8-12　纽约市人口白天与晚上的分布变化②

(二) 城市交通基本情况

纽约拥有全美最复杂、规模最大、最繁忙的城市交通系统。城市公共交通系统所提供的机动性对于确保纽约的世界金融中心、商业中心、文化中心和娱乐中心的地位起到了不可或缺的作用。由于纽约都市区拥有美国其他城市无法比拟的公共交通系统,因此被财富杂志评为全美国最好的城市之首。纽约发达的城市公共交通系统对地区经济和生活质量均产生重要

---

① U. S. Census Bureau, *New York - County GCT - PH1. Population*, *Housing Units*, *Area*, *and Density*: 2000, October 2011.

② https://imgs.6sqft.com/wp - content/uploads/2015/07/20212442/New - york - city-population-day-versus-night.jpg.

的、积极的影响。发达的公共交通网络促进了纽约数百万的就业机会，就业者即使居住得较远，也可通过地铁、公交车和通勤列车快速地到达工作地点，快速高效的交通系统促进了纽约大都市区经济的繁荣发展。工作之余，公共交通网络还能使纽约人获得多样化的休闲娱乐活动，如音乐、戏剧、文化活动、体育、购物等。

在近85%的人只能通过小汽车到达工作地点的美国，纽约是积极利用公共交通的一个特例，约4/5的纽约人通过乘坐公共交通通勤从而避免了交通拥堵，这些公共交通设施大部分是由大都会运输署（Metropolitan Transportation Authority，MTA）管理。大都会运输署于1965年立法成立，是负责公共交通规划、建设和运营的国有机构，有17个董事会成员。董事会成员由州长任命，其中4人由纽约市长推荐，其余由所辖各县行政负责人提名，MTA所有董事会成员均由纽约州参议院确认。MTA拥有并综合管理纽约地铁、公共汽车、渡轮、通勤铁路及其他的公共交通系统，MTA掌控的城市轨道交通网络比全美其他区域的地铁与通勤铁路之和还要多，其拥有的公交车队是全美最大的公交车队。MTA的地铁、公交和铁路每年运送27.3亿人次乘客，客流总量约占美国公共交通客流量的1/3，全美铁路客流量的2/3，在工作日平均每日运送的乘客数达到近900万人次。纽约城市交通情况见表8-27。

表8-27　　　　　纽约MTA城市交通基本情况一览（2014年）

指标	数值
2015年运营预算（亿美元）	139
年度乘客数（人次）	2727699298
工作日平均每日乘客数（人次）	8758708
轨道、地铁与公交线路（条）	357
轨道与地铁车辆数（辆）	8856
公交车辆数（辆）	5667
轨道交通线路里程（英里）	2069
公交线路长度（英里）	2869
铁路与地铁站点（个）	736
雇员数（人）	67445

注：财务数据为2015年2月25日，其他数据统计到2014年12月31日。

数据来源：http：//web. mta. info/mta/network. htm。

1. 城市轨道交通发挥骨干作用

纽约的轨道交通系统包括城际铁路、通勤铁路和地铁。城际铁路交通由美国国铁（Amtrak）提供，包括多条北往波士顿、南往费城与华盛顿特区的铁路，并以位于曼哈顿中城的宾州车站作为主要车站。纽约地区由MTA营运及维护的通勤铁路主要包括大都会北方铁路与长岛铁路，大都会北方铁路（Metro-North Commuter Railroad）连接纽约上州与康涅狄格州，其在纽约市的终点站是大中央车站；长岛铁路（Long Island Rail Road，LIRR）为长岛居民提供近距离铁路运输服务，以宾州车站为终点站，该铁路是全美最忙碌的通勤铁路。

纽约地铁亦为全球最复杂、历史最悠久的公共地下铁路系统之一。纽约地铁连接纽约市五大区中的四个区（史泰登岛以渡轮和公交相连），共有26条线路，其线路里程为美国最长，达656英里（约1056公里），若加上地下街和地下通道等，则长达842英里（约1355公里）。纽约地铁站点数量达到469个，大中央车站则是全球站台数最多的火车站。

纽约地铁还有一个突出特点是保持24小时运行，而伦敦、巴黎、上海、香港和东京等世界上其他大多数城市的地铁则在夜间停止营运。从1904年开业以来，地铁开启了纽约前所未有的增长和繁荣时代，即使在100年后的今天，纽约对这一快速公共交通系统的依赖仍在稳步增长。2015年，纽约地铁平均每天的乘客数达到483万人次，工作日的平均乘客数达到565万人次，非工作日的平均乘客数约为工作日的一半左右，周六日平均乘客数高于周日。无论是在工作日还是非工作日，7年来的日平均乘客数都表现出稳步增长态势，日平均乘客数增长了11.56%（50万人次）；工作日平均乘客数从2009年的509万人次增长到2015年的565万人次，增长了11.08%（56万人次）；周六的日平均乘客数增长了38万人次；周日增长最多，119万人次。表8-28显示了纽约大都市区2009—2015年这7年间地铁乘客数量及其变化。

表8-28　　　　　纽约大都市区地铁平均乘客数（2009—2015年）

（单位：万人次,%）

年份	工作日	周六	周日	每日	日均乘客增长率	年度乘客总数
2009	509	293	147	433	—	157987
2010	516	303	234	440	1.54	160420

续表

年份	工作日	周六	周日	每日	日均乘客增长率	年度乘客总数
2011	528	308	241	449	2.26	164043
2012	538	317	249	453	0.86	165458
2013	547	324	256	468	3.20	170756
2014	560	332	266	480	2.56	175129
2015	565	331	266	483	0.64	176257

数据来源：http：//web.mta.info/nyct/facts/ridership/。

2. 城市公交承担较大出行量

纽约的公交线网遍布五个区，与轨道交通网络相互衔接，共同构成了便捷的公共交通网络。2014 年，MTA 管理的公交线路长度达到 2869 英里（约 4616 公里），公交车数量达 5667 台。2015 年，纽约公交的日平均乘客数为 178 万人次，工作日的日平均乘客数为 207 万人次，周末的日平均乘客数约为工作日的一半，这一现象与地铁类似，工作日中通勤交通的比例较大，非工作日中休闲、娱乐、社交等出行目的比例较大，工作日与非工作日使用公共交通人次的巨大差异表明，在不同的出行目的中，通勤出行更多地依赖公共交通系统。表 8-29 显示了纽约大都市区 2009—2015 年这 7 年间的公交乘客数量及其变化。

表 8-29　　　　　　　纽约大都市区公交车乘客数（2009—2015 年）（单位：万人次,%）

年份	工作日	周六	周日	每日	日均乘客增长率	年度乘客总数
2009	229	131	107	196	—	71682
2010	223	138	103	191	-2.78	69692
2011	215	131	100	184	-3.76	67070
2012	217	131	100	183	-0.42	66791
2013	217	131	101	186	1.45	67757
2014	212	131	102	183	-1.55	66705
2015	207	128	100	178	-2.45	65068

数据来源：http：//www.baruch.cuny.edu。

与地铁乘客数仍然保持稳步上升的情况相比，纽约公交乘客数量却在近 7 年逐年下降。公交的日均乘客数从 2009 年的 196 万人次下降到 2015

年的 178 万人次，7 年来日均乘客减少了 9.23%（18 万人次），年均减少 1.32%；工作日的日均乘客数减少了 9.48%（22 万人次），周六的日均乘客数据减少了 2.10%（3 万人次），周日减少了 6.71%（7 万人次）。

3. 道路交通设施完善

纽约市街道用地占总用地量的 26.6%，远高于东京、伦敦、新加坡、北京等大都市，城市内道路密集，层次丰富，呈网格状。州际公路与市区高速公路构成了纽约道路系统的骨干。纽约是多条州际公路的起始点，也有多条州际公里穿行市区。以纽约地区为起始点的州际公路包括 78 号、80 号和 87 号州际公路；贯穿美国东海岸的 95 号州际公路则从纽约曼哈顿与布朗克斯穿过。这些州际公路骨干还包括一些辅助道路服务于城区，如 78 号州际公路的 I-278、I-478、I-678、与 I-878；80 号州际公路有 I-280；87 号州际公路有 I-287；95 号州际公路的 I-295、I-495、I-695 以及 I-895。

除了州际公路系统，纽约还建设富有特色高速公路系统——纽约州公园大道系统（New York State Parkway System）。纽约州公园大道系统是由多条专供小汽车高速行驶的公路组成的道路系统，注重景观设计，最早于 1908 年建成开放，目前总共有 25 条公园大道。虽然纽约州其他城市也建设了公园大道，但公园大道主要集中在纽约市区。

纽约市地处内河出海口，境内河海交汇，错综复杂，纽约市道路系统的一大特色是桥梁及隧道数量众多。2014 年，纽约市拥有桥梁 789 座，这些桥梁的具体状况见表 8-30 所示。纽约市运输局（NYCDOT）拥有、运营和养护其中的 760 座固定桥梁、24 座可移动桥梁和 5 个隧道。过去 10 年里，状况评为"较差"的桥梁数量下降，越来越多的桥梁状况评为"较好"或者"非常好"。

表 8-30　　　　纽约市桥梁数量及状况变化（2005—2014 年）

状况	年份									
	2005	2006	2007	2008	2009	2010	2011	2012	2013	2014
较差	4	3	3	3	4	4	3	1	1	0
一般	458	456	459	455	456	462	459	460	456	456
较好	210	210	215	213	209	207	215	212	217	221
很好	118	118	111	116	116	113	109	114	114	111
关闭			1	1	1	1	1	1	1	1

续表

状况	年份									
	2005	2006	2007	2008	2009	2010	2011	2012	2013	2014
合计	790	787	789	788	786	787	787	788	789	789

数据来源：2014 Bridges and Tunnels Annual Condition，New York City Department of Transportation Division of Bridges（http：//www. nyc. gov）。

在上下班高峰时段，桥梁和隧道亦成为交通拥堵的瓶颈。MTA 的桥梁和隧道系统每年承载约 2 亿 8500 万辆车次的交通量，比美国其他任何地方的桥梁和隧道都要繁忙。

4. 小汽车保有量差异显著

美国纽约小汽车保有量水平是全美国最低的地区。纽约市 46% 的家庭拥有汽车，其中拥有一辆汽车的家庭约 32%，拥有两辆车及以上的家庭占 14%；与之相比，美国全国 90% 以上的家庭拥有汽车，可见纽约的汽车保有量之低。从不同地区来看，纽约市各区小汽车保有率也存在较大差异。在纽约曼哈顿核心区，拥有小汽车的家庭比例为 23%，内环区域为 35%，这两个区域的家庭小汽车保有率均低于纽约市平均水平，外环区域的家庭小汽车保有率为 65%，保有率约为内环区域的 2 倍，[①] 这一区域差异显示出从市中心到郊区，越靠近中心位置汽车保有率越低，出行更多地依赖公共交通；越接近远郊汽车保有率越高，出行更多地依赖私人交通。

纽约市家庭汽车保有率与美国家庭平均的汽车保有率形成鲜明的对比。根据 2005—2009 年美国社区调查数据，54% 的纽约家庭不拥有小汽车，曼哈顿区不拥有汽车的家庭更是高达 77%，而从整个美国来看，不拥有小汽车的家庭仅占 9%，见图 8-13。这一数据表明，相比于美国绝大多数城市而言，纽约市的城市交通更多地依赖于公共交通。

5. 公共交通出行分担率高

得益于发达的公共交通系统与较低的小汽车保有率，纽约市的通勤出行中，通过公共交通出行的比例达到一半以上，2000 年公共交通出行比

---

① Michael R. Bloomberg，and Amanda M. Burden，*Inner Ring Residential Parking Study*，2013，https：//www1. nyc. gov/site/planning/plans/inner-ring-residential-parking/inner-ring-residential-parking. page.

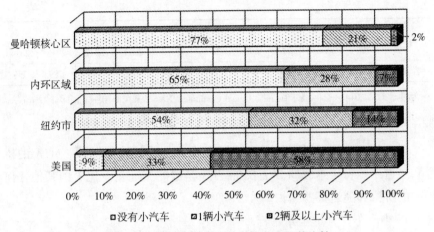

图8-13　纽约市家庭私家车保有率及其比较

数据来源：U. S. Census Bureau；American Community Survey，2005-2009。

例为52.8%，2010年为56.4%，比2000年上升3.6个百分点。公共交通出行中，轨道交通分担了总出行量的约40%，2000年地铁出行分担37.6%，通勤铁路分担1.6%；2010年地铁与通勤铁路分担率均有所上升，分别达到总通勤量的40.9%和1.8%。其次为常规公交，2000年分担了总通勤量的11.6%，2010年上升至12.4%。因此，轨道交通与常规公交分担率的提升导致了公共交通在通勤交通中分担率的增长，出租车在公共交通中分担率较低，且呈下降趋势。

与公共交通出行分担率的增长趋势相反，纽约市通勤出行中私家车出行分担率呈下降趋势。2000年通勤交通中私家车出行比例约为33%，2010年为28%，10年下降了5个百分点，但根据预测，2010—2020年的变化不明显。通过步行通勤的比例约占总量的10%左右，见表8-31。

表8-31　　　　　　　　　纽约市通勤交通的出行结构　　　　　　（单位：人，%）

出行方式	2000年	2010年	2020年
16周岁以上的就业人数	3192070	3658527	4193147
驾驶私家车出行	32.9	28.0	28.0
独自驾车出行	24.9	22.8	23.0
两人及以上驾车出行	8.0	5.2	5.0
公共交通出行	52.8	56.4	56.1
公交车	11.6	12.4	10.9

续表

出行方式	2000 年	2010 年	2020 年
地铁	37.6	40.9	42.0
通勤铁路	1.6	1.8	2.0
轮渡	0.4	0.2	0.2
出租车	1.7	1.1	1.0
摩托车	0.0	0.1	0.1
自行车	0.5	0.7	1.5
步行	10.4	10.3	10.0
其他方式	0.5	0.5	0.5
在家工作	2.9	3.9	4.0
合计	100	100	100

注：2020 年数据为预测值。

数据来源：Laurelton/Rosedale Transportation Study，March 2015（http：//www.nyc.gov）。

从纽约市各辖区来看，曼哈顿核心区通过公共交通出行的比例最高，达到 69%，私家车出行比例仅占 12%，见图 8-14。出行结构上也反映出越接近中心区域，公共交通出行比例越高的特点。

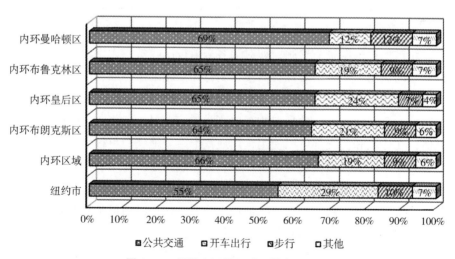

图 8-14　纽约市不同区域通勤出行结构

数据来源：U.S. Census Bureau，2005-2009 Census of the American community。

二 纽约城市交通定价与治堵经验

（一）主要公共交通设施公营，通过较低的价格与人性化的服务吸引乘客

在纽约，政府机构 MTA 掌控和经营着市内绝大多数的轨道交通和公交。政府经营公共交通有利于进行综合规划、管理协调与价格控制，从而使纽约具备通过价格调整吸引地铁乘客的制度基础，这直接导致了纽约公共交通使用量远高于美国其他城市（如洛杉矶与芝加哥），对缓解交通拥堵起到了重要作用，见表 8-32。

表 8-32　　　　　　　　城市交通拥堵与公共交通使用情况对比

对比项目	纽约	洛杉矶	芝加哥
人均年拥堵延误时间（小时）	23	50	37
人均年拥堵成本（美元）	383	855	631
日均交通高峰时长（小时）	6	8	8
年均公共交通出行里程（亿公里）	298	45	35
年均公共交通节约拥堵成本（亿美元）	49	22	13
人均因拥堵多消耗的燃料（升）	42	125	87

数据来源：交通运输部道路运输司：《城市交通拥堵治理实践》，人民交通出版社 2013 年版。

纽约地铁采取单一票制，即对乘客采取按次收费，无论距离远近都收取同样的费用。单一票制计费简便，出行距离越远出行成本越低，对长距离出行有鼓励作用。地铁车票类型有两种，一种是一次性单程票，每次乘车票价为 3 美元，另一种是卡式车票（地铁卡，MetroCard），地铁卡可以充值，在地铁和公交都可以使用，用地铁卡乘坐地铁的单程为 2.75 美元，乘客只要不出地铁站，均可免费换乘。为了鼓励乘客使用公共交通，使用地铁卡的乘客在两小时内还可免费转乘。纽约市公共汽车也采用单一票制，票价与地铁一致。乘客可用地铁卡乘车，两小时内可免费换乘地铁或其他线路公交车一次。还有服务更好的快速巴士，票价为 6.5 美元。

由于纽约市政府直接控制轨道交通票价，并且轨道交通票价水平较低难以维持运营，因此必须通过政府补贴以维持正常运转。据统计，1995 年纽约市交通局负责的地铁及公交的收入中，48.5% 为票款收入，12.8% 为其他商业收入，剩余的 38.7% 来源于政府补贴。资金补贴来自市政府、州政府和联邦政府等不同层级的政府拨款，从 1999 年到 2004 年年底，5

年间政府补贴拨款高达 340 亿美元，其中总拨款的 65% 为运营管理费用，不足部分由州和联邦政府补贴，这体现了纽约市轨道交通服务的公益性。

（二）城市出租车作为公交系统的补充，采取市场化运营

纽约地区约有 1.3 万辆出租车，出租车由私人公司进行运营管理，是轨道交通与城市公交的有益补充。出租车起步价为 2.5 美元（0.2 英里以内），之后每 0.2 英里加收 0.4 美元。晚上 8 点至早上 6 点，起步价上调 0.5—3 美元，高峰时间（周一至周五下午 4 点至 8 点）起步价上调 1—3.50 美元。若遇上堵车或通过收费的桥梁及隧道，乘客还得支付额外的费用；此外，乘坐出租车通常还需支付 15% 以上的小费。以 10 公里（约 6.2 英里）出行为例，乘坐出租车最低需要支付 14.5 美元，加上小费约需支付 16.5 元以上，是采用地铁出行成本的 6—7 倍，公交出行成本的 8—9 倍。若出行距离更远，由于地铁与公交票价不变，出租车出行成本随距离的增加而增加，则出租车与地铁公交出行成本之间的差距进一步扩大。加之乘坐出租车出行的速度不一定比地铁或者公交更快（尤其是高峰时间），相比之下更凸显出通过地铁与公交出行的优越性。

（三）政府制定法案补贴雇员，激励其通过公共交通出行

2014 年，纽约州通过了《纽约市通勤者福利法》（*NYC's Commuter Benefits Law*），该法案于 2016 年 1 月 1 日起正式生效。依据法案规定，适用本法的雇主自 2016 年 1 月 1 日起必须为合格的全职员工提供通勤者福利，法案的颁布让雇主与员工均能受益。对于雇主而言，雇主因工资税降低而得以减少缴税；报名参加交通福利的员工越多，雇主省下的钱也越多；雇主可以通过提供交通福利来吸引和留住员工。对于员工而言，采用税前工资支付通勤费用，可以降低每月开支。能够享受这一福利的公共交通方式包括：①纽约市区域内的公共运输服务，包括 MTA 的地铁和公交车、长岛铁路、美国铁路公司、新泽西公共运输公司以及大都会北方铁路；②合格的渡轮和水上出租车服务；③合格的中型车共乘服务；④合格的通勤公交车服务；⑤残障专车（Access-A-Ride）及其他区域辅助客运业者。停车费不属于能够享受该法案的通勤费用范畴。2016 年，联邦法律已经将允许税前发放通勤补贴福利的上限调整到 255 美元/月。

对雇员乘坐公共交通通勤进行补贴的福利措施进一步减少了乘客使用公共交通的出行成本，对通过私家车出行的乘客不能享受这一优惠政策，是促进雇员使用公共交通的又一激励手段。比起直接补贴公共交通运营商

（供给方）而言，对雇员（交通需求方）进行补贴可以给其更多选择权，有利于公共交通服务的内部竞争。

（四）采取经济手段抑制私家车出行需求

美国倡导经济自由，政府对市场的行政干预较少，然而在交通领域仍然实施了一些经济政策对私家车出行进行干预。这些政策包括对私家车征收燃油税，收取路桥隧通行费以及较高的停车费等。

其一，征收燃油税。利用税款对公共交通予以补贴。纽约州在1993年通过了《汽油消费税法案》，开始对汽油征收燃油税。燃油成本是小汽车使用成本中最重要的组成部分，征收燃油税直接对私家车出行量产生抑制作用。征收的燃油税税款用于城市公共交通基础设施与运营的补贴，起到了改善公共交通服务质量的作用，也支撑了公共交通的低票价政策，从而提高公共交通的吸引力，此项政策可谓一举两得。

其二，征收通行费。对私家车收取的通行费率高于载客量大的乘用车。美国绝大部分的高速公路都免费通行，收费的高速公路主要集中在东北沿海的城市地区，尤其是纽约州附近。纽约的部分高速公路、隧道、桥梁对小汽车征收通行费，私家车的费率要高于乘坐人数更多的客运车辆。例如，白石大桥（Bronx-Whitestone），小汽车（7座及以下）通行费为8美元，而两轴专营巴士只收取4.01美元，三轴专营巴士仅收取4.76美元；又如韦拉札诺海峡大桥（Verrazano-Narrows Bridge），小汽车通行费为16美元，而两轴专营巴士只收取8.02美元，三轴专营巴士仅收取9.52美元。两轴专营巴士的收费仅为小汽车收费的一半，三轴专营巴士的收费也仅略高于两轴专营巴士，远低于小汽车的收费。这项政策同样抑制了私家车出行，鼓励选择公共交通。

其三，设置大容量或收费车道鼓励合乘。在道路上设置专用收费车道，对载客较多的车辆免费，对载客量不足的私家车收取高额费用。通过设置大容量车道（HOV车道），鼓励通勤雇员几人合乘一辆车出行，从而减少路面车辆行驶量。这种车道只允许乘客数3人或3人以上的私家车行驶。如果载客不足3人的私家车使用了这一专用道，将被征收100美元以上的罚款。大容量车道的设置有利于促进汽车合乘的发展，并减少大量的单人出行车辆对公共道路资源的占用，从而缓解拥堵。

其四，对私家车收取较高的停车费。高昂的停车费对私家车购置与使用均产生反向激励作用。纽约是寸土寸金的地方，高昂的地价导致了停车费非常昂贵，较高的停车费加上严格的停车管理和惩罚措施，对私家车出行产生抑制作用。

综上，燃油税和路桥通行费增加了私家车的行驶成本，对私家车的行驶量产生减少作用；高昂的停车费增加了车辆静止不动时的停放成本，也构成车辆使用成本的一部分。这样一来，私家车无论是在使用中还是闲置不用，都需要支付较高的费用。与公共交通非常低廉的出行成本相比，私家车出行的经济性较差；另外，公共交通在人性化、速度、舒适性方面不断提升，进一步缩短了私家车出行与公共交通出行在品质方面的差距，这使公共交通在纽约更受欢迎。

第五节 伦敦城市交通状况与拥堵治理实践

一 伦敦城市交通状况

(一) 城市基本状况

伦敦是英国的政治、经济、文化与交通中心，全球著名的旅游城市，欧洲最大的城市，世界金融中心之一。伦敦的区划概念有几个不同的层次，有伦敦城、伦敦中心区、大伦敦等几个不同层面的划分。伦敦城 (City of London) 是伦敦的历史核心区，仍旧维持其中世纪的界限，面积仅 1.12 平方英里 (2.9 平方公里)，现代意义的 "伦敦" 通常不仅包括伦敦城，一般用于表示围绕这一中心区建设的更广范围的都市区域，见图 8-15。

从行政区划角度，大伦敦 (Greater London) 是英格兰下属的行政区划，该区域的范围包括伦敦城 (City of London)、内伦敦 (Inner London)、外伦敦 (Outer London) 三个大的层次，共 33 个次级行政区，其中伦敦城自成 1 个行政区，内伦敦由伦敦城外围的 12 个自治市构成，外伦敦由另外的 20 个自治市构成。大伦敦地区的面积为 1579 平方公里。2014 年大伦敦地区人口约 853.9 万人，约占全英国人口的 12.5%，人口密度约为 5432 人每平方公里[①]。而 2010 年，伦敦的人口仅为 730 万人，15 年来增

---

① UK Office for National Statistics 2015, *Percentage of Population by Religion*, *Borough*, Greater London Authority, London Datastore, http://data.london.gov.uk/dataset/percentage-population-religion-borough.

加了 120 万人，可以看出近年来伦敦地区人口增长迅速。人口增长导致就业人数尤其中心商业区（Central Activities Zone，CAZ）就业人数快速增长，成为驱动出行需求增加持续的、主要的因素。2015 年，伦敦小汽车拥有量为 259 万辆，小汽车千人拥有率约为 329 辆每千人，机动车拥有量达到 325 万辆。[1]

图 8-15　大伦敦行政区划、低排放区与拥堵收费区[2]

伦敦拥有约 1.3 万公里的道路系统，其道路网络结构为"放射线+环路"的形式。放射状道路包括干线道路（高速公路）、A 级道路及地方代管道路；市中心的环路主要服务于内伦敦地区，围绕外伦敦地区建设的第二个环路主要服务于外伦敦地区。伦敦市交通局负责管理主要干线，这部分干线占道路里程的 5%，然而承担了约 30% 的交通量；其余的道路由伦敦的 33 个辖区管理。

伦敦的公共交通系统是世界上规模最庞大的公共交通网络之一，经历了一个多世纪的建设与发展，地铁、轻轨与郊区铁路和常规公交网络奠定了伦敦公共交通系统的基石。大伦敦地区的大部分公共交通系统由伦敦交

① London Department for Transport 2015, *Licensed Vehicles-Type*, *Borough*, Greater London Authority, London Datastore, http://data. london. gov. uk/dataset/licensed-vehicles-type-0.

② 伦敦交通局（https://tfl. gov. uk/maps/low-emission-zone）。图中最外围的边界为大伦敦地区行政区划，比大伦敦地区行政区划稍小的区域为低排放区，位于市中心位置的最小区域为拥堵收费区。

通局（Transport for London，TFL）负责管理，伦敦交通局由其董事会掌控，其专员由伦敦市长任命。

（二）城市轨道交通

伦敦轨道交通包括地铁、轻轨与郊区铁路。伦敦地铁于 1863 年 1 月 10 日通车，至今已经运营 150 多年，是全球最早的地铁系统。伦敦地铁网络线路长 402 公里，共有 11 条路线地铁在城市中心地下运行，郊区转入地上，其中地下运行路线占 45%，地面运行线路占 55%，共有 270 个站点，每年运送乘客数达到 13.4 亿人次。2003 年起，伦敦地铁归属伦敦交通局，该公司同时营运市内巴士（包括伦敦著名的红色双层巴士）及伦敦地上铁路系统。

伦敦的轻轨系统称为码头区轻轨（Docklands Light Railway，DLR），属于中运量铁路系统。该系统于 1987 年通车，服务于伦敦东部的码头区（Docklands）。码头区轻轨由伦敦交通局旗下的码头区轻轨有限公司（Docklands Light Railway Ltd.）拥有，并由该公司授予服务专营给私人企业运营。虽然该系统与同属伦敦交通局旗下的伦敦地铁有各自的路轨及列车，但两者共用同一票务系统，码头区轻轨的路线及车站也在伦敦地铁路线图上显示。2011 年，该系统的载客量达 8600 万人次。

除了地铁与轻轨网络，伦敦还拥有大规模的陆上近郊铁路网，共有 366 个车站。南伦敦的地铁线路较少，而其近郊地上铁路（London Overground）线路相对密集。除泰晤士线（Thameslink）连接北部的贝德福德和南部的布赖顿并途经卢顿和盖特威克两个机场外，大多数线路抵达伦敦中部的 18 个终点站。由于铁路运输需求的持续增长，伦敦正在新建"横贯铁路"，将由东至西横贯伦敦直至诸郡，并将由一条支线转往希思罗机场。该铁路预算耗资 150 亿英镑，于 2018 年开始运营。伦敦的一些车站为全英国最为繁忙，例如滑铁卢车站，每年使用其换乘交通系统（包括滑铁卢东站）的人数超过 1.8 亿人。

（三）常规地面公交

伦敦的公共汽车网络是全球最大的常规地面公交网络之一，红色公交车是这个城市的主要标志。伦敦约有公交车 8500 辆，超过 700 条公交线路和近 19500 个公交车站，超过 90% 的伦敦人居住在公交车站 400 米范围内。伦敦公交 24 小时运营，2013 年，运输乘客超过 20 亿人次，高于伦敦地铁，公交年收入达到约 8.5 亿英镑。票价方面，伦敦的公交采用单一票价：使用 Oyster Card 支付时不分区 1. 35 镑，日最高费用 4. 2 镑；不使用 Oyster Card 时需要 2. 3 镑。仅限公交车使用的周票 18. 8 镑。

伦敦还拥有现代化的有轨电车系统（London Tramlink），该电车网络于 2000 年启用，是伦敦自 1952 年淘汰所有电车后重新引入的有轨电车系统，以南伦敦的克罗伊登为中心，共有 39 个车站和 4 条线路，2013 年客运量达 2800 万人次。2008 年 6 月开始，电车网络已完全为伦敦交通局所有，现时由伦敦交通局属下的伦敦电车连线公司负责管理及日常营运。电车系统按照单一票价方式进行收费，一次付费为 2. 30 英镑，转乘另一辆电车或专为电车而设的接驳公交车不需要另付车费；所有伦敦公交通票（Bus Pass）（包括 7 天通行票、月票和年票）皆可用来乘搭电车。使用 Oyster 卡的乘客，每次单程车费为 1. 35 英镑（成人），约为现金票价的 59%。

（四）出租车

伦敦的出租车分常规出租车和私人出租车两种，常规出租车即著名的黑色出租车（Black Cab），私人出租车（Mini Cab）是私家车申请出租车执照并挂靠在出租车公司提供个性化旅客运输服务的形式，这种出租车必须挂靠私人出租车公司，而且只能通过电话或网络预订，不可当街拉客。这两种出租车加起来，总计超过 7 万辆。

与红色巴士类似，伦敦的黑色出租车（Black Cab）也已成为伦敦的一道独特风景。2008 年以来，伦敦的常规出租车与从业人数大致保持稳定，2008 年约为 22500 辆，至 2014 年约为 25000 辆，伦敦的出租车数量约占到英格兰出租车总数的 30%。伦敦对出租车从业司机有非常严格的要求，司机除了要通过驾驶、仪容、安全等考试，还要通过伦敦知识考试，对伦敦市区路况非常熟悉，并且在 10 年内不能有犯罪记录。有这样高素质的从业队伍，伦敦出租车的价格较高。

黑色出租车起步价为 2. 4 英镑，行驶 1 英里（约 1. 6 公里）车价为 5. 60—9 英镑，6 英里则为 23—33 英镑，如果是从市中心去希思罗机场则要 45—85 英镑。如果电话或是网上订黑色出租车，还要额外收费 2 英镑；若银行卡支付，最高额外收 1 英镑；另外，乘坐黑色出租车还要给小费。

私人出租车（Mini Cab）约有 5 万多辆，虽然叫"Mini Cab"，但车型并不"迷你"，反而非常丰富。私人出租车在黑色出租车较少的郊区提供按需租车服务，是黑色出租车的重要补充。这类出租车只能通过电话预定，行车路线和车费在车辆预订时就已经确定，通常情况下同样路程要比黑色出租车便宜30%左右。私人出租车在提供差别化服务的同时，在价格上也与黑色出租车形成了差别。

最近，移动互联技术变革使得网络约租车在伦敦也快速兴起，并对传统出租车市场产生巨大冲击。目前，伦敦主要的租车公司有 Uber、Hailo、Get Taxi 和 Kabbee 等，不同打车软件的业务范围有所差别。例如，Kabbee 主要是用于预定伦敦的私人出租车（Mini cab），而 Uber 则可以预订包括黑色出租车、私人出租车和 Uber 自己平台的出租车。在伦敦，Uber 的价格显著低于黑色出租车，起步价3英镑，时速低于11英里时每分钟收费0.32英镑，时速高于11英里时每英里收费3英镑，最低收费6英镑。

（五）出行状况分析

2014年，大伦敦地区平均每人每天出行2.4次，每天出行总量达2660万人次。本地居民构成了伦敦出行量的最大来源，占出行总量的75%，另外25%的出行来自访客和伦敦以外的通勤交通。①

从"分阶段出行量"来看，2014年，伦敦日均"分阶段出行量"达到3130万人次，比2013年增长了2.3%，比2008年增长了9.2%，比2000年增长了23.5%。2014年，公共交通方式的出行量增长率超过了平均增长率，国家铁路与轻轨出行量分别增长了5.6%与8.3%，地铁出行量的增长率也超过了平均水平。虽然私家车出行自2009年以来出现了首次的增长，但增长率低于平均水平（2014年比2013年增长了1.2%），见表8-33。

表8-33　　伦敦市分阶段出行量及其变化趋势（1994—2014年）

年份	分阶段出行量（百万人次）					分阶段出行量年度增长率（%）			
	公共交通	私人交通	步行	骑车	合计	公共交通	私人交通	步行	骑车
1994	7.01	10.77	5.18	0.27	23.22	—	—	—	—
1995	7.24	10.71	5.21	0.27	23.42	3.3%	-0.5%	0.6%	0.0%

---

① 伦敦市在统计时将"出行"（Trip）定义为"从起始地到目的地的全过程"，例如从居住地到工作地的过程为一次出行；一次出行过程可能采用多种交通方式完成（例如先乘坐公交车后乘坐地铁到达目的地），每采用一种交通方式构成出行全过程的一个"阶段"，统计中把这些"阶段"的乘车次数称为"分阶段出行量"（Journey Stages）。由于一次出行可能包括多个出行阶段，因此对"分阶段出行量"的统计值通常要高于"出行量"。"分阶段出行量"的估算方式与其他城市出行量的估算方式更加接近，为了便于开展各种交通方式间的比较及城市间的比较，本书主要采用伦敦运输统计中的"分阶段出行量"进行分析。

续表

年份	分阶段出行量（百万人次）					分阶段出行量年度增长率（%）			
	公共交通	私人交通	步行	骑车	合计	公共交通	私人交通	步行	骑车
2000	8.63	10.97	5.45	0.29	25.34	4.6%	-1.2%	1.2%	6.3%
2005	10.16	10.42	5.66	0.42	26.66	0.1%	-0.9%	1.2%	9.2%
2010	12.40	10.15	6.07	0.54	29.17	2.0%	-1.0%	1.5%	5.8%
2014	14.10	10.13	6.43	0.65	31.31	3.2%	1.2%	1.5%	10.3%

数据来源：Transport for London, *Travel In London Report* 8, https://tfl.gov.uk/corporate/publications-and-reports/travel-in-london-reports。

　　以 2001 年为基准年（100%）绘制的 2001—2014 年的各种交通方式的出行量与人口的变化指数，如图 8-16 所示。2000 年后，伦敦人口仍然保持增长态势，2014 年为基年的 117%；公共交通中的公交、地铁与普铁的出行量增长均超过了人口增长率，而私人交通的出行量却总体呈现负增长态势，2014 年为基准年的 88%。公共交通与私人交通的此消彼长，表明更多伦敦居民选择公共交通替代私家车完成出行，公共交通方式在出行结构中的比例越来越大。

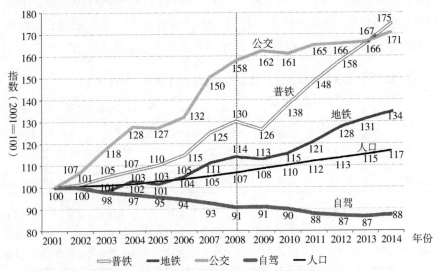

图 8-16　伦敦人口与主要城市交通方式的出行量增长（2001—2014 年）

　　注："步行"方式只有在整个行程都靠步行完成时才计算在内，当步行作为整个出行过程的一部分时，不计入"步行"方式中。

　　数据来源：Transport for London, *Travel In London Report* 8。

　　2014 年伦敦的分阶段出行量中，45% 由公共交通完成，32% 由私人交通完成，步行约占总出行量的 21%，自行车约占 2%。自 2000 年以来，公共交通占分阶段出行量的份额增加了 11.0%，与此相反，私人交通占出行总量的份额下降了 11%，这反映出伦敦的私人机动交通持续地向公共交通方式转移的趋势。与此类似，2014 年，公共交通出行份额增加了 0.4 个百分点，而私人交通的份额相应下降 0.4 个百分点。骑自行车和步行的份额分别保持在 2% 和 21% 左右，近十几年来变化不大。图 8-17 反映了 1994—2014 年各种交通出行方式占比的变化。

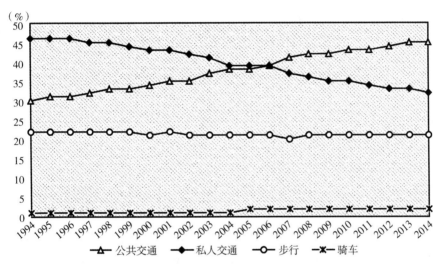

图 8-17　伦敦城市交通出行结构变化（1994—2014 年）

数据来源：Transport for London，*Travel In London Report* 8。

　　对伦敦交通出行方式作更详细的划分，公交、地铁、普铁、轻轨与出租车构成了"公共交通"大类，其中公交出行份额最高，占"分阶段出行总量"的 21.30%，其次是地铁占 11.21%，普铁占 10.31%，出租车占 1.29%，轻轨占 0.57%。从公共交通各种具体方式的内部发展变化来看，常规公交的出行量在近十几年中保持了最快的增长速度，其次是普铁，这二者在公共交通中的分担率越来越大。2014 年伦敦各种交通方式的出行分担情况如图 8-18 所示。

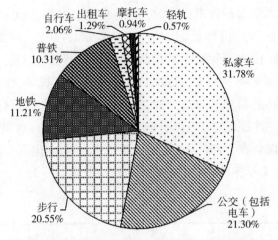

图 8-18　伦敦城市交通出行结构（2014 年）

数据来源：Transport for London，*Travel In London Report* 8。

二　伦敦城市交通定价与治堵实践

20 世纪末期，由于小汽车过度使用与城市公共交通资金不足等问题，伦敦的城市交通拥堵状况不断恶化。为了解决这一问题，21 世纪初期，伦敦加大了对公共交通的投入力度，大力发展公共交通；通过改造步行基础设施与建设城市导向系统等措施来改善非机动交通出行环境，吸引非机动车出行；同时通过征收交通拥堵费等收费政策调节小汽车出行量，改善城市私人交通与公共交通出行结构；实施低排放区（Low Emission Zone）计划，减轻空气污染，设置停车控制区缓解停车压力等。伦敦调节交通出行的交通定价相关政策主要有以下几方面。

（一）交通拥堵费政策

2003 年，伦敦地面交通平均车速低至 9.5 英里/小时，时任伦敦市市长肯·利文斯顿决定对交通拥堵问题进行大力整治，其中的核心政策就是对限制区域征收交通拥堵费。

1. 收费区域范围

伦敦拥堵收费区域为伦敦市中心内环路以内约 21 平方公里的区域范围，具体包括维多利亚区、圣詹姆斯区、滑铁卢区、博罗区、伦敦城、克勒肯维尔区、芬斯伯里区、布鲁姆斯伯里区、索霍区、梅费尔区和马里波恩区的部分区域；在收费区的周边道路上驾驶不收费。伦敦交通拥堵费收费区域详见图 8-19。

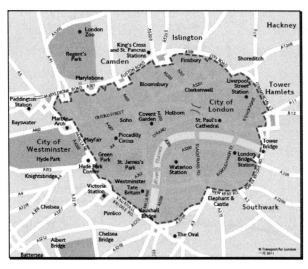

图 8-19　伦敦交通拥堵费收费区域①

2. 收费金额

目前，对于周一至周五从 7：00 至 18：00（公共节假日除外）以及 12 月 25 日至 1 月 1 日（含）期间，在拥堵收费区内驾驶的车辆收取 11.5 英镑/天的拥堵费。缴纳拥堵费才能驶入收费区并在收费区内驾驶，同一天内多次开车进出拥堵费区，只需要支付一次费用。拥堵费可提前缴纳（例如提前缴纳 3 个月）或于出行日的午夜之前缴纳，这种情况下收取正常费用 11.5 英镑；另外，也可以于下一个收费日午夜之前缴费，但费用会增加至 14 英镑。如果使用拥堵费自动支付系统（Congestion Charge Auto Pay，CCAP）支付，收费可以优惠到 10.5 英镑（注册 CCAP 每辆汽车需缴纳 10 英镑的年费）。如果截至出行日之后的下一个收费日午夜之前仍未缴纳拥堵费，或者缴费时弄错了车辆登记号牌或出行日期，会被处以高达 130 英镑的罚款。如果车主及时在 14 天之内缴纳罚款，可折减为 65 英镑；但是，如果车主在 28 天之内未缴纳罚款通知单（PCN）上的罚款，罚款将提高到 195 英镑；如果拒不缴纳 195 英镑的罚款，将移交至法院进行债务登记，并且欠款金额将提高到 202 英镑。在大伦敦地区的任何地方，具备三次或以上未处理罚款通知单（PCN）的车辆一旦被发现将被锁住或被拖走，在付清所有欠缴及相关费用后予以放行。

———————————

① Transport for London，*Travel In London Report* 8.

　　值得一提的是，伦敦的拥堵收费政策在过去的十几年里几经变更，包括拥堵收费的几次提高，① 收费区域的向西扩展与取消西扩，收费对象的变化等，主要收费政策变化与伦敦城市交通结构的变化如图 8-20 所示。伦敦市公共交通的分担率由 2003 年的 37% 上升至 2014 年的 45%，同时期私人机动车交通分担率从 41% 下降至 32%。② 伦敦城市交通分担率的变化表明拥堵收费政策对缓解交通拥堵起到了明显的作用。

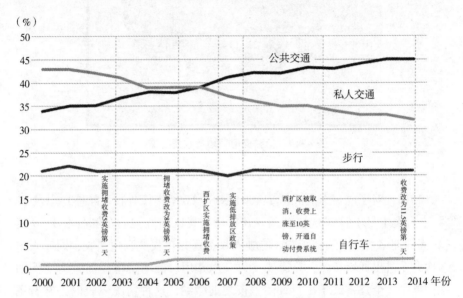

图 8-20　伦敦交通拥堵费收费政策变化与城市交通分担率变化

数据来源：Transport for London，*Travel in London Report* 8。

3. 收费方式

　　当车辆驶入和驶离拥堵收费区时，道路上或两侧都有醒目的拥堵收费标志或者取消拥堵收费标志，但道路上并未设置路障或收费亭，而是根据识别车主在收费数据库中登记的车辆登记号牌（VRN）来缴费。当车辆驶入、驶离或在收费区内驾驶期间，通过摄像头读取车辆号牌信息，作为缴纳拥堵费的依据。同时，系统会将车辆号牌信息与数据库中的已缴费车

---

　　① 伦敦的拥堵费最初为每天 5 英镑，2005 年 7 月上涨为每天 8 英镑，2011 年上涨为每天 10 英镑，2014 年 6 月再次上涨为每天 11.5 英镑。

　　② Transport for London（2015），*Travel in London Report* 8，http：//content. tfl. gov. uk/travel-in-london-report-8. pdf.

辆、享受豁免或100%优惠资格无须缴费的车辆进行核对，一旦车辆号牌与上述情况匹配，则车辆的拍摄图像将自动从数据库中抹掉。如果车辆通过拥堵费自动支付系统（CCAP）支付费用，则车辆图像将在数据留存期内予以保留，以便受理争议。

　　4. 豁免和优惠

　　特定种类的车辆及个人享有多种豁免和优惠。根据税务等级，某些车辆自动免于缴纳拥堵费。在英国境外的欧洲经济区国家登记注册的车辆不自动享受豁免，但符合条件的车辆只要在伦敦交通局（TfL）登记，也可享受100%优惠；享受豁免的车辆包括自动享受豁免和需要登记后享受豁免的车辆，具体见表8-34所示。

表8-34　　　　　　　　　　伦敦交通拥挤费豁免车辆类型

豁免分类	车辆类型
自动享受豁免车辆	（1）摩托车、轻便摩托车和自行车 （2）挂伦敦牌照的常规出租车和私人出租车（挂出租车和私人出租车牌照） （3）免缴汽车消费税（VED）的应急服务车辆 （4）任何归属国防部的车辆 （5）免缴汽车消费税（VED）的国家医疗服务（NHS）车辆 （6）免缴汽车消费税（VED）的残障人士所用车辆 （7）免缴汽车消费税（VED）的残障乘客载运车辆 （8）在驾驶执照及车辆牌照办事处（DVLA）登记注册的九座或九座以上公共交通车辆
符合优惠资格，但需要在伦敦交通局（TFL）登记后享受豁免	无须缴纳登记费的车辆 （1）应急服务［国家医疗服务（NHS）、消防、警察和救护车］所用的特定运营车辆 （2）处于或部分处于收费区之内的当地机关和皇家公园局（Royal Parks Agency）所用的特定运营车辆 （3）用于救生艇运输和NM海岸警卫队（HM Coastguard）目的的车辆以及伦敦港务局（Port of London Authority）现役的在泰晤士河执行急救出勤的特定车辆 （4）任何归属国防部的车辆 需缴纳10英镑登记费的车辆 （5）宽度和长度分别不超过1米和2米的机动三轮车 （6）二氧化碳排放为75克/公里或以下且符合欧5标准的乘用车和厢式货车（厢式货车的总重不得超过3.5吨），包括伦敦交通局（TfL）核准名单中所列的电动汽车和插电式混合动力电动汽车及厢式货车 （7）未在驾驶执照及车辆牌照办事处（DVLA）登记为公交车的9座或9座以上车辆 （8）特别改造的拖车 （9）认证组织（如AA，RAC，Green Flag）所运营的提供道路协助或救援的现役车辆 （10）领受蓝色徽章的残障人士或组织，若已在伦敦交通局（TfL）登记且缴纳10英镑的手续费，则无须缴纳拥堵费。此项优惠也适用于来自欧盟（European Union）任何国家和地区的佩戴蓝色徽章的个人

数据来源：Transport for London, *Travel in London Report* 8。

部分居民享有 90%折扣政策。居住在收费区内的居民可有资格享受 90%的拥堵费优惠折扣，仅需支付拥堵费的 10%。另外，由于紧挨收费区居住的某些特定区域的居民日常出行受到拥堵收费的影响，因此也可享受居民 90%的折扣优惠。符合条件的居民仅可登记一辆享受居民 90%折扣优惠的私家车，必须是登记车主所有、租赁或企业的汽车。

5. 拥堵费收入

伦敦将拥堵收费的全部净收入用于改善城市交通，例如改善公交网络、加强道路安全措施和建设更好的步行和骑车设施等。从 2003 年征收拥堵费以来，已经有超过 12 亿英镑的拥堵费收入被重新投入交通运输系统，约占交通拥堵费总收入的近一半。投入交通系统的收入中，9.6 亿英镑用于公交网络改善，1.02 亿英镑用于改善道路与桥梁状况，0.7 亿英镑用于改进道路安全，0.51 亿英镑用于运输与行政区域规划，0.36 亿英镑用于可持续运输与环境保护。[①] 根据伦敦交通局的 2014—2015 财年的报告，拥堵费收入为 2.57 亿英镑，相当于交通局年收入的 8.5%。

6. 治堵效果

伦敦实施交通拥堵费以前，工作日高峰时期驶入中心区车辆达 388000 车次，驶出达 377000 车次，车辆行驶里程数达 150000 公里，2002 年中心区平均行驶速度仅为 14 公里/小时，高峰时期行驶在中心区内的驾车者至少需要花费一半的时间用于等待。[②] 2003 年 10 月，伦敦市交通管理局发布了交通拥堵费征收半年报告，报告称，征收交通拥堵费以来，进入收费区的车辆比收费前（2002 年）同期减少了 6 万辆。减少的车辆中，50%—60%改乘公共交通，20%—30%避免进入收费区，15%—25%改为与他人拼车，还有一部分人取消了到收费区的行程，使用两轮摩托车或自行车进入收费区。该报告还称，如果不征收交通拥堵费，2006 年伦敦市中心地区的车速会下降到 11.5 公里/小时（2003 年初为 17 公里/小时）。征收交通拥堵费让进入收费区的驾车者每公里耗时比征费前节省了 0.7 分钟，相当于在路上节省了 30%的时间。

在收费区，征费后的 2003 年与征费前的 2002 年比较，空气中的氧化

① Transport for London，https：//tfl. gov. uk/modes/driving/congestion-charge/changes-to-the-congestion-charge#on-this-page-0.

② Transport for London（2003），*Central London Congestion Charging: Impacts Monitoring-First Annual Report*，http：//content. tfl. gov. uk/impacts-monitoring-report1. pdf.

氮浓度下降了 13.4%，PM10 浓度下降了 15.5%，二氧化碳浓度下降了
16.4%。根据伦敦交通管理局 2007 年的监测报告，2003—2006 年，氧化
氮的排放量下降了 17%，PM10 的排放量下降了 24%，二氧化碳排放量下
降了 3%。

　　征收交通拥堵费还让机动车交通事故有所下降，这是因为有更多的人
乘坐公共汽车，而公共汽车司机都是专业驾驶员，他们的驾驶技术更熟
练，从而降低了道路上的事故发生率。在未征收交通拥堵费的 2002 年，
收费区内发生了 2598 起交通事故；而征费后的 2005 年，仅发生 1629 起
交通事故，交通事故下降了 37.3%。

　　表 8-35 展示了工作日早高峰时段各种交通方式出行量的变化指数
（2000 年 = 100），从中可以看出，在总出行量保持持续增长的情况下，汽
车出行量却逐年减少。在 2003 年开始实施交通拥堵费时，当年小汽车出
行量比 2002 年大规模减少（减少了 14 个百分点），此后递减幅度有所缩
减，但一直保持减少态势，至 2014 年，比基准年 2000 年减少了 53 个百
分点。在汽车出行量减少的同时，其他城市交通方式的出行量都有所增
加，自行车出行增长最快，2003—2014 年约增长了 3 倍；其次是公交出
行增加也较为明显。这些数据表明在征收拥堵费的十几年间，伦敦居民出
行习惯也在逐渐改变。

表 8-35　　工作日早高峰进入伦敦中心区的各种出行量变化（2000 年 = 100）

年份	所有方式	国铁	地铁与轻轨	公交	私家车	自行车
2000	100	100	100	100	100	100
2001	98	101	101	110	89	104
2002	96	97	102	121	77	101
2003	93	98	91	142	63	103
2004	93	97	92	158	63	117
2005	96	100	93	157	61	149
2006	100	104	101	159	57	157
2007	103	110	107	154	55	164
2008	104	110	109	156	51	202
2009	101	105	104	157	51	233
2010	102	110	104	156	49	242
2011	105	113	109	155	49.1	289

续表

年份	所有方式	国铁	地铁与轻轨	公交	私家车	自行车
2012	107	113	112	161	47	308
2013	110	114	118	158	47	306
2014	115	119	124	160	47	314

数据来源: Transport for London, *Travel in London Report* 8。

各种出行方式的增减有别，这使早高峰期间进入伦敦中心区的出行结构也发生变化。从拥堵费开始征收的前一年2002年至2014年来，早高峰期间采用私家车进入伦敦中心区的人数比例从10%下降至5%，见图8-21。近十几年来，早高峰通过普通通勤铁路以及"通勤铁路+地铁/轻轨"的出行方式进入中心区的人数比例保持相对稳定，分别占到总出行人数的24%与20%左右。征收交通拥堵费以来，早高峰期间通过地铁与轻轨出行的人数比例在近十几年内增长约3%；常规公交份额增长约2%，承接了大量从私家车出行转移来的出行量。

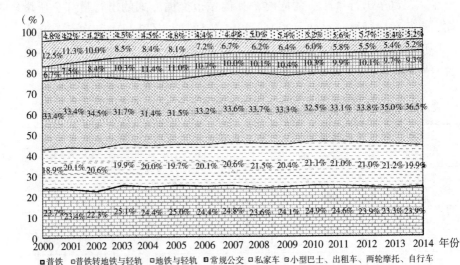

图8-21　工作日早高峰进入伦敦中心区的各种交通方式结构变化

数据来源: Transport for London, *Travel in London Report* 8。

2000年以来，尤其是2003年征收交通拥堵费以来，伦敦市所有区域范围的道路上机动车行驶量都有所减少，而伦敦中心区则更为显著。伦敦中心区是征收交通拥堵费的主要区域，2000—2014年，机动车行驶量减少了 21 个百分点，相比于征收拥堵费前的 2002 年，减少了约 15 个百分点。与 2013 年相比，2014 年核心区的机动车行驶量有所上升，这是否是长期趋势还有待观察。事实上，2004—2006 年该范围内的行驶量也有所上升，但随后保持了多年的下降趋势。图 8-22 展示了近十多年来伦敦不同区域范围机动车行驶量的变化趋势。

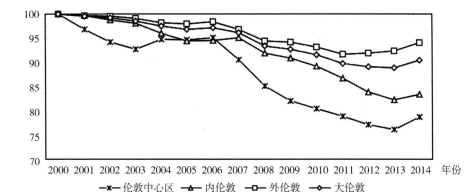

图 8-22　伦敦不同区域范围道路行驶量变化（2000 年 = 100）

数 据 来 源：Department for Transport（https：//www. gov. uk/government/organisations/department-for-transport#content）。

（二）低排放区政策

除了对进入核心拥堵区的车辆征收交通拥堵费，伦敦从 2008 年 2 月开始在更大的区域范围划定低排放区（Low Emission Zone），对进入低排放区的未达排放标准的车辆征收高额的费用，从而解决伦敦的空气质量问题。低排放区的区域范围远远大于拥堵收费区，几乎覆盖了整个大伦敦地区。

进入低排放区的车辆需要达到规定排放标准，否则在低排放区内行驶必须支付高额费用，该政策每天 24 小时，全年 365 天不间断执行。从 2008 年推出以来，低排放区的车辆限制政策分别在 2008 年 7 月与 2012 年 1 月进行了两次变更，每次变更后覆盖了更多的车辆类型，同时提高了排放标准。目前，驶入伦敦低排放区的重型货车、公交车和长途汽车执行欧Ⅳ标准，较大型厢式货车（1.2—3.5 吨）和小型公交车执行欧Ⅲ标准。如果没有达到相应排放标准的车辆驶入低排放区，根据车辆类型及总重的不同，每天需缴纳费用 200 英镑或 100 英镑，如果未在规定时间内缴费或者车辆未注册，则分别收取罚金 1000 英镑或者 500 英镑。

目前，新加坡、伦敦和斯德哥尔摩是全球范围内实施交通拥堵费和低排放区（新加坡未设置低排放区）政策较成功的城市。从各国经验来看，拥堵收费政策（包括低排放区政策）的成功实施，有赖于各级政府多部门通力协作、明确的立法保障、全面的公共交通保障措施、可靠的技术支撑、广泛的舆论宣传和深入的前期研究等。表 8-36 中对三个城市实施该政策的时间、出台方式、收费对象、收费形式及金额、资金分配、挑战等分别进行比较。

表 8-36　　　伦敦、新加坡、斯德哥尔摩拥堵收费及低排放区政策①

城市	伦敦	新加坡	斯德哥尔摩
政策	拥堵收费区+低排放区	拥堵收费	拥堵收费区+低排放区
总结	·中央政府的立法保障和地方领袖的一诺千金 ·政策目标清晰明确，细节研究充分全面 ·广泛深入的公众咨询，透明公开的公众宣传 ·各种交通配套措施的辅助 ·有效的管理和不断的改进	·政策效果的综合考虑，理论与公众接受度的权衡 ·严谨的技术研发和精细化管理 ·强调公平性和非营利性 ·注重公众沟通和公众参与	·国家层面税法的设立 ·政府和公众的有效沟通 ·系统的成功试行 ·可靠的技术 ·资金分配及使用透明
实施时间	·拥堵收费政策实施于 2003 年（从准备到实施不到 3 年） ·低排放区政策实施于 2008 年	·区域通行证制度实施于 1975 年，电子道路收费系统实施于 1998 年（从准备到实施历经 13 年），基于卫星定位技术（GPS）的拥堵收费系统 II（ERP II 系统）预计 2017 年开始实施	·低排放区政策实施于 1996 年，拥堵收费政策实施于 2007 年（从提出议案到实施历经 4 年）
出台方式	·中央政府、市长主推	·政府主导	·实验+公投
收费对象	·有多种豁免车辆，并给予低排放车辆适当折扣	·除警车、消防车和救护车等应急车辆外所有车辆一视同仁	·有多种豁免车辆
收费形式及金额	·每天只需支付一次费用，共计 11.5 英镑，不论出入次数	·每过一次闸门收取一次费用，不同车型、时段、路段收费不一，单次最高费用 12 新元	·双向收费，上设封顶。高峰时段通过一次警戒线的最高费用为 35 瑞典克朗，每天最高收费限额为 105 瑞典克朗
资金分配	·拥堵收费前 10 年收益只用于伦敦市交通系统的改善	·拥堵收费收益统归国家财政，无专款专用	·拥堵税收收益只能用于斯德哥尔摩市基础设施建设，税单上显示收费的具体用途

---

① 王颖、宋苏等：《拥堵收费和低排放区国际经验研究》，http://www.wri.org.cn/Study-on-International-Practices-for-Low-Emission-Zone-and-Congestion-Charging。

续表

城市	伦敦	新加坡	斯德哥尔摩
挑战	·对低收入人群和经济的影响 ·交通分流和强制执行带来的问题 ·技术可行性	·车主隐私 ·现金卡安全问题 ·外来车辆收费问题 ·系统可靠性	·车牌盗取现象 ·市民抵制收费 ·遮挡车牌、躲避收费摄像头等违法行为 ·收费系统出现故障 ·隐私的泄漏
不同利益集团的担忧	·区内商业活动减少 ·物流供应商的运输成本增加 ·出租车的拥堵费用如何在车主与乘客间分配	·出租车司机认为多次往返市中心要缴纳过多费用 ·变相打击限制区内的商业活动 ·低收入者承担政策带来的不菲支出	·收费区内的零售商受到影响 ·更多的公司将会选择移出中心城，从而带来中心区经济萧条 ·政策推行后引起较高的投诉率
配套措施	·提升公共交通服务水平 ·提供替代绕行方案 ·优化信号配时 ·建立停车控制区，确保收费区域周边居民 ·停车的同时防止外来停车	·逐渐调低车辆注册费 ·引入低碳车辆优惠政策 ·"拥车证"配额逐渐减少 ·清早地铁免费政策	·增加公共交通服务 ·改善大量的自行车专用道和步道
公共宣传策略	·中央政府出台《伦敦道路收费系统备选方案报告》 ·市长在竞选过程中，对拥堵收费做了大量公众宣传 ·专业公司定期对民众和关键利益团体进行调研 ·运用网络、报纸、公共电台、电视等媒体宣传拥堵收费细则 ·通过路演和社区会议与市民直接沟通	·建立"陆路交通管理局画廊"，制作简明易懂的宣传手册 ·积极公开各类交通信息 ·特别成立"社区搭档组"，深入了解各区交通情况，解释宣传政府政策 ·收费过程中，及时、透明地公开收费变动信息 ·采用"拥堵收费"而非"道路收费"字样，以传达政策进而解决拥堵作为唯一目的	·公众调查，收集建议，了解需求 ·以"环境费用"为标签，进行拥堵税的宣传 ·拥堵收费试验，开辟了拥堵收费政策史的先河 ·媒体频繁公布最新、最准确信息，避免不实报道 ·简化宣传信息，减少民众的误解
技术及选取影响因素	·自动车牌识别技术 ·技术成熟 ·建设周期短（受市长任期影响） ·对城市规划风格的影响	·专用短程无线电通信技术 ·系统的稳定性 ·智能 ·环保 ·灵活性 ·便利程度 ·价格	·初期：ANPR+DSRC ·现在：ANPR ·人力和建设资金 ·初期ANPR，识别率较低，因此选用DSRC为主要识别技术 ·法律规定，需要安装照相机配合法律的执行

续表

城市	伦敦	新加坡	斯德哥尔摩
政策效果	·拥堵收费：实施一周年后，收费时段进入收费区内的私家车数量减少30%，拥挤水平下降30%；收费时段进入中心区的巴士和长途客车同期增长20%；早高峰使用地面公交进入收费区的乘客从77000人次增加到106000人次 ·低排放区：2013年6月，进入低排放区的车辆中95%以上都已经满足相应的排放要求；低排放区内的PM下降了2.46%—3.07%，而区外PM浓度仅下降了1%	·政策实施的几十年间，尽管机动车数量增长了数倍，但限制区内车流量未见上涨 ·限制路段基本达到理想车速 ·实现高峰时期客流在时间和空间上的重新分布 ·高峰时段公交出行比例提升至66%	拥堵收费：拥堵税的试点使内城中汽车排放物减少10%—15%，空气污染物下降10%—14%；交通量下降大约21% ·低排放区：政策实施后的第四年，全市PM排放下降了约38%

数据来源：王颖、宋苏等：《拥堵收费和低排放区国际经验研究》，2016年，伦敦交通局、新加坡陆路交通管理局。

(三) 轨道交通定价政策

1. 收费模式

伦敦地铁收费采用"分区计价模式"，由伦敦交通局管理的大伦敦区域及周边地区的大部分公共铁路运输服务都是以统一的收费区 (fare zone) 来计算票价，不论每次出行的实际距离多远，旅程跨越的收费区越多，票价越高。伦敦市内的地铁、码头区轻轨、伦敦交通局铁路（横贯铁路前身）和国铁的车站都分配到6个收费区，收费区1大部分在市中心，其边界刚好超过环线的环形段；收费区2—6就围绕收费区1形成一层层环状带；收费区6大部分在伦敦偏僻的地方，包括希思罗 (Heathrow Airport)。收费区1—6覆盖了整个大伦敦区域，大伦敦区以外也有大都会线延伸到收费区7—9。部分处于大伦敦以外的郡（白金汉、埃塞克斯、赫特福德、萨里）的国铁车站和全部伦敦交通局直属车站都处于收费区4—6，或更远的区域被划分至收费区7—9或特殊收费区。伦敦地铁的收费分区如图8-23所示。

2. 票价水平

伦敦地铁票价按照跨收费区的多少收取费用，一次出行仅在某收费区

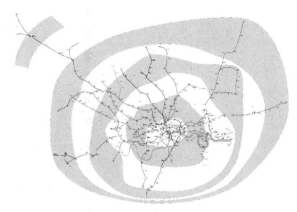

图 8-23　伦敦地铁网络收费区 1—9 地理分布①

内部完成，收取的费用最少；该次出行跨越的收费区越多，费用越高。如表 8-37 所示，若仅在收费区 1 内部出行，则成人每次收取 4.9 英镑的费用；若出行跨越了收费区 1—6，则费用为 6.00 英镑。

表 8-37　　　　伦敦地铁单程票价（部分，自 2016 年 1 月 2 日起）　（单位：英镑）

收费区划	单程票		Oyster 卡/非接触式付费卡	
	成人	儿童	高峰时段	非高峰时段
收费区 1	4.90	2.40	2.40	2.40
收费区 1—2	4.90	2.40	2.90	2.40
收费区 1—3	4.90	2.40	3.30	2.80
收费区 1—4	5.90	2.90	3.90	2.80
收费区 1—5	5.90	2.90	4.70	3.10
收费区 1—6	6.00	3.00	5.10	3.10
收费区 2—6	5.90	2.90	2.80	1.50

数据来源：https://www.londontoolkit.com/briefing/underground.htm。

为了缓解高峰时段的拥堵，伦敦地铁实行高峰时段高票价政策（高峰时段为周一至周五 6：30—9：30 和 16：00—19：00 两个时段）。例如，从收费区 1—6 的单程票价，高峰时段使用 Oyster 卡（或者非接触式付费卡）的票价为 5.10 英镑，非高峰时段的票价为 3.10 英镑，两者相差 2 英镑之多。

---

① Transport for London（http://content.tfl.gov.uk）。

3. 支付方式

Oyster 卡是大伦敦地区的交通电子收费系统用户卡，类似于香港的八达通卡，最早发行于 2003 年。伦敦大部分人使用 Oyster 卡乘坐公共交通，该卡可通用于地铁和大部分公共汽车，至 2007 年，伦敦交通局所属运输系统的 Oyster 卡使用率已达 80%。伦敦市非常鼓励乘客采取该方式出行，使用 Oyster 卡乘坐公交、地铁和电车，能获得较大的折扣。例如，单程公交一次性现金收费（成人）为 2.20 英镑，使用 Oyster 卡则较少至 1.30 英镑，为现金支付金额的 59%。此外，伦敦市中心区的巴士已取消车上付现的设施，以"强制"巴士乘客使用 Oyster 卡。除此之外，使用 Oyster 卡或者非接触式付费卡（Contactless Payment Card）在非高峰时段优惠更多，例如一张由收费区 1—6 的单程车票，现金收费是 6.00 英镑，非高峰时使用 Oyster 卡则仅需支付 3.10 英镑，车费仅为现金支付的大约一半。2005 年 2 月开始，Oyster 卡实行了"预付车费封顶"（Price Cap）的政策，即一天之内以 Oyster 卡预付方式支付的所有车费，将不超过同样适用的单日旅行卡（One day travelcard）收费，超过部分政府会退还差额。

除了支付方式方面的优惠外，还有不同票制下的优惠。伦敦地铁同时发行旅行卡（Travelcard），分为日票、周票、月票和年票，该种旅行卡在相应的周期内无限次通行，但是旅行卡的费用高低仍然与跨越的收费区多少有关，跨越的收费区越多，收费越高。周票、月票和年票则不分高峰和非高峰时段。地铁票价同时还设置价格上限，具体见表 8-38 所示。

表 8-38　　　　　　伦敦地铁票价上限（部分收费区之间）　　　（单位：英镑）

收费区	即付即用（价格上限）			旅行卡（Travelcard）				
	每天（任何时间）	每天（非高峰）	周一至周日（仅非接触式卡）	一日票（任何时间）	一日票（非高峰）	周卡	月卡	年卡
收费区 1 内部	6.50	6.50	32.40	12.10	12.10	32.40	124.50	1296
收费区 1—2	6.50	6.50	32.40	12.10	12.10	32.40	124.50	1296
收费区 1—3	7.60	7.60	38.00	12.10	12.10	38.00	146.00	1520
收费区 1—4	9.30	9.30	46.50	12.10	12.10	46.50	178.60	1860
收费区 1—5	11.00	11.00	55.20	17.20	12.10	55.20	212.00	2208
收费区 1—6	11.80	11.80	59.10	17.20	12.10	59.10	227.00	2364
收费区 1—7	12.80	11.90	64.20	21.70	12.90	64.20	246.60	2568

续表

收费区	即付即用（价格上限）			旅行卡（Travelcard）				
	每天（任何时间）	每天（非高峰）	周一至周日（仅非接触式卡）	一日票（任何时间）	一日票（非高峰）	周卡	月卡	年卡
收费区 1—8	15.20	11.90	75.90	21.70	12.90	75.90	291.50	3036
收费区 1—9	16.90	11.90	84.20	21.70	12.90	84.20	323.40	3368
收费区 1—9 + 沃特福德火车站	22.60	17.20	84.50	22.60	17.20	84.50	324.50	3380
收费区 1—9 + 谢菲德	28.10	19.00	100.30	28.10	19.00	100.30	385.20	4012

数据来源：Transport for London（http：//content.tfl.gov.uk）。

第六节　经验借鉴与启示

一　公共交通发展方面

（一）发挥大容量公共交通骨干作用，承担大部分居民出行

发达城市的人均轨道里程均处于较高水平，我国虽然在轨道交通总里程上居于高位，但人均水平仍然很低，可供人们选择的数量非常有限，这可以部分地解释为何我国城市公共交通出行比例较低。从城市交通出行结构来看，发达国家或地区的城市公共交通的出行比例非常高，如香港的公交出行比例达到 90%，东京为 86%（高峰时段轨道交通承担 91% 以上的比例），新加坡为 63%，而我国城市却普遍为 10%—30%。充分发挥轨道交通等大容量公共交通快速、舒适、大容量的特性，提升其出行比例，不仅是满足日益旺盛的出行需求的要求，更是缓解城市居民出行问题和交通拥堵的可行之路。

（二）构建多层次的公共交通出行服务体系，满足不同的需求

重视交通出行需求的层次性并设计相应的交通出行服务予以满足，不仅是提高城市交通出行效率的一个重要因素，也是尊重出行者个性化需求，充分体现以人为本的交通出行服务的具体体现。香港的城市巴士服务中有专营巴士和专线小巴，专为有某类需求的群体提供个性化的服务；东京的轨道交通则为了满足不同时间要求的乘客而开行不同速度和停靠站点

的列车，提供差别化的公共交通服务。可以说，细分市场需求并差异化提供公共交通出行服务的做法，有效地满足了乘客的不同出行需求。这不仅保障了不同层面的乘客出行权利，更提高了公共交通的服务水平和吸引力，使公共交通对私人交通的替代性大大提高，非常有利于降低小汽车出行需求和缓解城市交通拥堵。

（三）各种交通方式的票价或出行成本形成了明显的级差，与交通出行方式供给侧的差异相匹配

无论是东京、中国香港、新加坡或是伦敦，私家车提供的出行服务无疑最方便，然而出行者需要支付的成本也最高，这一点在东京的交通管理中最明显。另外，在公共交通定价方面，城市轨道交通和常规地面公交的定价水平也有明显差别，这不仅体现了不同交通方式提供的出行服务有质量上的差别，更是为不同支付能力的居民提供了多样化的选择，使其可以根据自己的时间价值合理选择出行方式。

（四）充分利用交通定价调控需求，优化城市交通出行结构

新加坡和香港的公共交通均建立了价格调节机制，该机制充分考虑了市民承受力、交通运营成本和投资回报收益等各方面的因素，使公共交通票价成为一个有力的交通管理政策工具。另外，通过对城市道路使用权进行定价，在不同时段、不同区域征收数额不等的交通拥堵费，以及设立低排放区，通过定价和收费有效限制并减少了小汽车交通量，使城市交通出行结构得到改善，道路拥堵状况得到缓解，城市环境质量得到提升。

（五）公共交通运营服务一体化程度高，注重管理及服务上的有效衔接，营造无缝出行环境

城市交通出行过程中，减少换乘环节不仅可以大大方便乘客，也有利于提升城市交通系统运行的效率。为方便乘客换乘，新加坡、中国香港、伦敦的轨道交通运营方兼营公共汽车，实行"一票制"政策，轨道乘客可在轨道交通和公共汽车间方便换乘，这种做法不仅从管理角度减少了不同运营主体在衔接时的交易成本，而且极大地方便了乘客。公共交通方式在出行换乘环节方面的衔接优化，可以大大提升乘客出行的便利性，改善出行体验，并增强公共交通的吸引力。

（六）公共交通强调服务人的需求，注重切入的便利性

出行的便利性无疑是人们选择交通方式的一个重要因素，小汽车出行需求之所以旺盛，正是因为其可以较大程度地实现出行的便利化、自由

化。公共交通系统是否具有吸引力，一个关键的因素在于是否将乘客的需求放在重要位置，表现为是否具有良好的接入点。若公共交通网络在覆盖范围、运行时间或不同方式间的转换上具有良好的导入性，无疑会大大增加对客流的吸引力，而新加坡、中国香港等城市的公共交通系统在该方面具有良好的表现，因此其公交出行分担率达到了非常高的水平。

（七）重视慢行交通的建设，尤其是在推广自行车共享方面，给中短途出行和换乘提供最大的便利

纽约市 2013 年启动全美最大的自行车共享计划，由花旗集团冠名赞助，在全市设立 300 多个站点，投入 6000 部蓝色自行车，该计划推出一年后超过 10 万人注册成为会员，远高于预期；新加坡减少机动车与非机动车的交通干扰，为行人和自行车提供良好的交通环境，为自行车发展开辟空间；香港则充分利用商业和过街设施，建设供行人使用的步廊，为步行交通营造一个相对独立、舒适的全天候交通环境。这些举措不仅增加了交通出行方式的供给，更是将非机动交通和行人的权利保障提升了一个台阶，为城市交通可持续发展营造了优良环境。

二　私人交通发展方面

（一）小汽车交通发展受到严格控制

由于小汽车交通在道路使用、车辆停放、环境污染等方面人均交通资源占用较多，与城市交通稀缺的资源产生严重矛盾，各国在城市交通管理中均加以严格限制。然而，与我国主要采用行政手段限制不同的是，这些城市主要通过经济成本方面的因素建立约束小汽车交通发展的机制。如新加坡的拥车证制度和交通拥堵费政策，日本东京的停车位配套政策和差别化的停车收费政策，纽约的市场化停车供给政策等。这些政策均是利用静态的停车交通影响动态的行驶交通，在高昂的拥车成本和停车费用作用下，小汽车出行的旺盛需求得到抑制，同时在公共交通增强吸引力的状况下，通勤客流纷纷选择公共交通，城市道路拥堵状况得以缓解。

（二）小汽车的使用权让渡是有期限的，非永久性的

新加坡的拥车证有效期仅 10 年，到期后需重新购买，而且价格随供需状况变动。这种非永久性的有期限的产权出让，至少避免两方面的困境：一是永久的产权易导致价格的大幅度波动，在稀有产权中这种波动更多表现为价格上升。因为永久期限加上人们对未来预期的不确定和产权自

身的稀缺性，极易产生市场投机炒作行为。车辆使用权被作为一种投机工具加以炒作获取价差收益，将诱增更多的投机需求加入到小汽车的总需求中，一旦这些需求转化为现实的购买行为，小汽车保有量将被进一步推高，而总的小汽车行驶量也会增加，非常不利于缓解交通拥堵，而较短期限的产权则可以避免此类炒作行为。二是使用权的短期让渡实际上建立了一种产权回收机制，到期收回使用权使政府能对存量小汽车数量进行调控，这明显优于永久出让使用权的做法，后者带来的问题在于对巨大小汽车存量无法实施调控。依托拥车证建立的回收机制，使政府摆脱了无法调控存量小汽车的管理困境，长期内可以建立小汽车总量调控机制，更有效地实施动态管理，并丰富交通管理政策工具选项。

（三）城市治堵尤其是对小汽车使用的调节侧重使用经济手段

治堵可供选择的手段包括行政、法律、经济等手段，行政手段治堵雷厉风行，立竿见影，直接见效，然而行政手段这种运动式的做法存在固有缺陷，在各阶段紧锣密鼓的运动间歇期，仍然会引发机会主义者跃跃欲试，因此治堵效果会反弹，另外行政管理的成本也不容小觑，难以建立长久有效的机制。而经济手段治堵的好处在于，其遵循了人们决策的一般性原理，建立了可以长期影响人们决策的经济激励机制，只要明确定价和传导机制，人们便会根据成本约束水平自觉调整出行行为，从而发挥长效作用。构建经济激励影响和约束交通出行行为，远比运用行政手段治堵来得全面、深入和长远。

本章小结

各国城市面临的环境千变万化，不同城市形成了各自的城市交通发展环境。在城市交通拥堵成为世界性难题的背景下，各大城市采取了不同的应对之策。亚洲的东京、新加坡、中国香港主要以轨道交通网为骨干，构建多样化的公共交通服务体系，并辅以严格的小汽车拥有、使用管理政策，进行综合引导和治理，改变人们的交通出行结构，最终形成以公共交通为主体的城市交通出行格局。而欧美城市则主要是通过经济手段进行调控，对道路交通进行定价，引入市场交易机制，通过调节小汽车出行成本来影响、疏导通勤客流放弃自驾选择公共交通出行，并辅以税收、收费等经济政策将这一激励强化和内化，建立长效机制。从不同城市的实践可以看出，尽管在具体的政策上有所不同，但对小汽车交通的治理均采用了"堵""疏"结合的思路。其逻辑为，建立小汽车出行高经济成本的激励，通过建立类似转移支付的征费和补偿机制，对占用资源较多的小汽车出行行为抽税以补贴公共交通发展，大力发展公共交通出行服务，为小汽车客流的"腾挪换位"提供基本保障。多个城市的治堵实践证明这样的逻辑和政策是科学的。需要注意的是，在治理城市交通拥堵的过程中，限制小汽车交通的各项政策能有效发挥作用，是因为在治堵的同时也为这部分需求的满足提供了切实可行的替代选项，这不仅是能成功治理拥堵的宝贵经验，更是实现城市交通发展目标——最大限度地促进流动性和多样性——的关键之所在。

第九章

交通定价缓堵政策研究

第一节　公众对治堵政策的支持度

一　公众态度调查

公众态度是影响公共政策实施效果的重要因素。治理城市交通拥堵需要公众的配合，制定政策不仅需要开展深入的研究，在政策出台前，还应该征询民意，了解公众对政策的态度，有机吸收合理建议，才能确保政策有效实施并达到预期效果。

本研究通过问卷调查来了解公众对治堵政策的态度，重点在公众对交通定价与收费政策的看法方面。本课题组以宁波市为例，组织调查人员在2013年10月1—5日间在宁波城区的主要商业中心、超市、停车场开展"交通拥堵治理政策舆情调查"，收集公众对治堵政策的态度。调查表格见表9-1。

表 9-1　　　　　　　　**城市交通拥堵治理政策调查问卷**

尊敬的先生/女士：

　　城市交通与每个人的日常生活息息相关，高效、通畅的城市交通不仅能为个人出行带来便利，更有利于我们所生活的城市健康发展。本调查旨在征求公众对交通拥堵治理工作的看法，我们将汇总本次调查的宝贵意见，向有关部门发出倡议，使公众的呼声能得到政府决策者的关注，使治堵政策更加科学有效。为了使交通环境更加和谐、城市生活更加美好，请给出您的宝贵意见，感谢您的参与！

　　社会调查实践小组（二〇一三年十月）

　　[1] 您日常工作上下班的主要交通方式是：（　　）

A. 自己开车　B. 乘公交　C. 单位班车　D. 电动自行车/自行车　E. 出租车　F. 步行

　　[2] 您对宁波市区交通现状的评价是（　　）

A. 满意　B. 比较满意　C. 不满意　D. 非常不满意

　　[3] 您认为城市交通中令您最不满意的地方在哪里？（　　）

A. 公共交通出行不方便　　　　B. 步行道路受到挤占　　C. 交通拥堵严重

D. 中心城区停车困难　　　　　E. 城市交通事故频发　　F. 公共交通价格过高

G. 其他（可以自行填写）：_____

续表

［4］您认为当前城市交通拥堵的原因在于（可多选）：（　）
　　A. 道路容量太小　B. 机动车太多　C. 城市交通管理水平差
　　D. 驾驶员素质低、经常违章　　　　E. 城市规划布局不合理
　　F. 其他：＿＿＿＿＿＿＿＿＿＿＿（可以自行填写）
　　［5］您认为下列哪些政策对缓解道路交通拥堵是最有效的（可多选）：（　）
　　A. 限制购买车辆　B. 修建更多道路　C. 单双号限行　D. 提升公交服务
　　E. 限制外地车进城　F. 优化红绿灯时间　G. 征收交通拥堵费　H. 提高停车费
　　I. 开通校车、单位班车　J. 错时上下班　K. 其他（可以自行填写）：＿＿＿＿＿＿＿
＿＿
　　［6］您是否知道宁波市出台了《宁波市城市交通拥堵治理行动 2013 年实施方案》？（　）
A. 是　B. 否
　　［7］目前宁波市已经实施的一些拥堵缓解政策中，您比较看重哪些？（可多选）（　）
　　A. 江厦桥、灵桥单号限行　B. 设置公交专用道　C. 公交车辆 1 小时内免费换乘
　　D. 对通行绕城高速上下班的宁波车主通行费用减半
　　E. 增加路边咪表停车位和路外停车位　F. 投放公共租赁自行车
　　G. 增加出租车运力投放　　　H. 打通断头路和修建快速路　I. 建设轨道交通
　　［8］若采取车辆总量控制政策，您倾向于支持：（　）
　　A. 牌照拍卖政策（上海）　　　　　　B. 车辆摇号政策（北京）
　　C. 先有停车位再购买车辆的政策　　　D. 以上都反对，应该不加限制
　　［9］您认为征收交通拥堵费能缓解交通拥堵状况吗？（　）
　　A. 能　　　B. 短期内可以，长期无效　C. 不能　　　D. 说不清
　　［10］您认为影响交通拥堵费征收的最关键问题是什么？（　）
　　A. 征费的法律依据　B. 方案的公平合理　C. 费用去向
　　D. 技术问题　E. 成本问题　F. 其他＿＿＿＿＿＿
　　［11］如果征收交通拥堵费，对您的出行有什么影响？（　）
　　A. 上下班乘坐公共交通出行　B. 避开收费区段绕行
　　C. 减少开车出行次数　　　　D. 仍然开车出行
　　［12］若考虑征收交通拥堵费，对您未来购车计划有什么影响？（针对无车用户）（　）
　　A. 按原计划购买　B. 取消购车计划　C. 看情况再说
　　［13］您的月收入在哪个范围内（请在所在区间打√）

0 元　　2000 元　　3500 元　　5000 元　　8000 元　　10000 元
调查时间：＿＿＿＿＿＿　地点：＿＿＿＿＿＿＿　调查员：＿＿＿＿＿

二　结果分析

调查回收问卷 528 份，其中有效问卷 459 份，占比 86.9%。被调查者中，私家车主占 67%，非私家车主占 33%，私家车主比例高于社会平均水平；被调查者的平均收入水平较高，月平均收入 5000 元以上的被调查者占 71%，5000 元以下的占 29%，总平均收入高于宁波社会平均收入水平。基于样本的特征，可以认为本次调查更多地反映了收入相对较高的私家车主群体（或潜在的私家车主）对城市交通拥堵治理政策的看法。为更好地了解不同群体对治堵政策的分歧，在分析时还比较了私家车主和非私家车主对于同一问题的看法。调查问卷反映出的主要问题如下。

（一）交通拥堵仍是居民最关注、最不满意的问题，大量小汽车出行产生的道路交通和停车问题成为热点问题

本次调查列出的几个常见的城市交通问题中，公众认为最突出的是"交通拥堵严重"，有49%的被调查者选择该项；其次为"中心城区停车困难"（41%），公众对这两个问题的支持率远高于其他问题。比起城市交通拥堵来势汹涌和产生的深远影响，"城市交通事故频发"（3%）并未引起公众的广泛关注，见图9-1所示。此外，公众选择"公共交通价格过高"（2%）的人数很少，说明目前公众对城市公共交通价格的满意度较高。

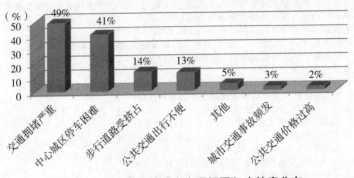

图9-1　"最不满意的城市交通问题"支持率分布

数据来源：课题组问卷调查数据。

（二）公众认为交通拥堵问题产生的原因在于私家车数量过多

对于造成交通拥堵的原因，超过一半的被调查者（52%）选择了"机动车太多"，该选项比例远高于其他选项；"城市规划布局不合理""城市交通管理水平差""驾驶员素质低、经常违章""道路容量太小"四个原因占比接近，约为1/4。值得注意的是，所有被调查者中，私家车主有51%选择了"机动车太多"选项，相比非私家车主（55%）没有明显差距，见图9-2所示。表明无论是私家车主还是非私家车主，对造成城市交通拥堵的看法相同，均认为私家车出行需求过于旺盛，从而导致城市道路交通拥堵。

（三）认为提升城市公交服务水平是缓解拥堵问题的有效途径

在缓解拥堵的诸多政策中，"提升公交服务"是呼声最高的政策（38%）。应注意到，受访者中约2/3是私家车主，私家车主中36%的人认为应提升公交服务，非私家车主支持该项的占比43%，略高于私家车主群体。受访的私家车主中，95%的人自驾车上下班，经常乘公交

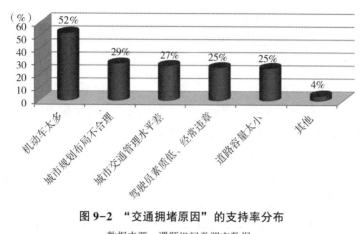

图 9-2　"交通拥堵原因"的支持率分布

数据来源：课题组问卷调查数据。

（2%）、骑自行车（2%）和步行上下班（1%）的仅占 5%，见图 9-3 所示。这反映出绝大部分私家车主虽然开车上下班，但其仍然关注公共交通的发展，公共交通改善极有可能吸引这部分人选择公交出行，而当前可能正是由于其对城市公共交通服务的不满意才选择小汽车出行方式。也即是说，在公共交通能够满足私家车主群体的出行需求时，私家车出行的比例（尤其是小汽车通勤交通）可能会降低。若现实中存在这样的情况，城市管理当局则需要进一步改善公共交通服务体系，拓展服务范围，提高服务质量，提升服务水平，以满足公众的迫切需求。另外，对当前各大城市的"限"字令政策，私家车主和非私家车主都表现出较低的支持率，这说明公众无论是在购车还是用车方面，都有较强的愿望。

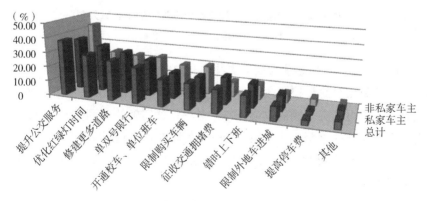

图 9-3　"缓解拥堵有效措施"的支持率分布

数据来源：课题组问卷调查数据

（四）发展和完善公共交通政策最受肯定

2013 年，宁波市政府出台了《宁波市城市交通拥堵治理行动 2013 年实施方案》，方案中提出的多项拥堵治理政策已在宁波实施。已有的治堵政策中，支持率最高的四个政策均为改善公共交通的政策，说明城市公共交通仍然是大部分人关注的内容，缓解拥堵离不开公交服务的提升。这四个政策具体为："公交车 1 小时内免费换乘"（34%）、"投放公共租赁自行车"（32%）、"设置公交专用道"（30%）、"建设轨道交通"（25%）。相比公交方面的政策，改善私家车出行的政策支持率稍低，这些政策依次是："绕城高速通行费减半"（23%）、"江厦桥、灵桥单双号限行"（21%）、"打通断头路和修建快速路"（17%）、"增加路边停车位和路外停车位"（13%），见图 9-4 所示。宁波实施的收费调节政策中，主要为通行费用减免政策，未涉及费用增加政策，因此获得了较高的支持率。

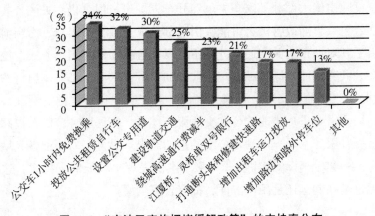

图 9-4　"宁波已实施拥堵缓解政策"的支持率分布

数据来源：课题组问卷调查数据。

（五）控制车辆总量获较高支持率，但在政策选择上有分析

对于私家车总量控制政策，61% 的被调查者支持限购，其中 23% 支持先有停车位再购买车辆的政策，23% 支持北京实施的车辆摇号政策，15% 支持上海实施的牌照拍卖政策。39% 的被调查者反对限购政策，认为车辆限购对解决交通拥堵问题没有效果；在反对群体中，私家车主占 40%，非私家车主占 34%。

（六）反对征收交通拥堵费的比例较高

在征收交通拥堵费能否缓解拥堵的问题上，有 77% 的被调查者认为拥堵费政策无效，其中50%认为收费不能缓解拥堵；27%认为短期可以，长期无效；仅8%的被调查者支持征收交通拥堵费；还有15%表示对该政策的前景不清楚（见图9-5左）。在影响交通拥堵费政策实施的关键问题上，44%的被调查者认为是"方案的公平合理"问题，40%认为"费用去向"是关键，23%则关注"征费的法律依据"，被调查者对征收交通拥堵费的技术和成本问题关注较少（见图9-5右）。

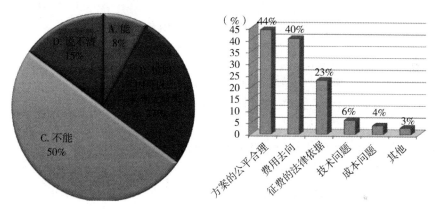

图9-5 公众对征收交通拥堵费的看法

数据来源：课题组问卷调查数据

开征交通拥堵费会对出行造成怎样的影响？调查数据显示，开车出行的数量会大幅度减少，其中31%的人会"减少开车出行次数"，20%的人选择"上下班乘坐公交出行"。这说明若开征交通拥堵费，会显著影响人们的出行方式，改善地面交通状况，这对缓解交通拥堵具有积极意义。此外，23%的被调查者选择"避开收费区段绕行"，27%的被调查者选择"仍然开车出行"。在交通拥堵费对购车决策的影响方面，2/3的被调查者表示会根据征费方案再行决策，仅7%的被调查者表示征收交通拥堵费后会取消购车计划，见图9-6。可见，征收交通拥堵费主要作用是改变出行方式和区域，对购车影响有限。

在国内机构开展的同类型调查中，凤凰网在2009年发布《广州市城市交通改善实施方案》之后做了一个"是否支持交通拥堵费"的网络调查，支持和反对的人数比例是18272∶69143，反对率为79%。腾讯网在2012年"两会"期间开展了类似调查，结果显示反对征收的比率占到90%。浙江政务网在2015年4月开展的网上调查中，3936名被调查者中仅有2.68%的比例支持征收交通拥堵费，而且53.76%的人不赞成每年限

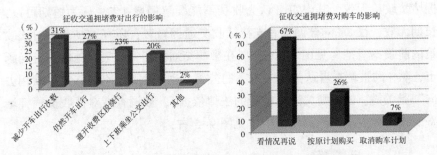

图 9-6　"征收交通拥堵费影响"的支持率分布

数据来源：课题组问卷调查数据。

制车辆牌照发放数量。可见，国内公众对征收交通拥堵费的政策主要持反对意见，这是出台交通拥堵费的阻力之所在。

　　从以上调查结果显示的公众对交通需求管理政策的态度中可以看出，行政治堵政策的民意支持度是较低，如限行、限购等政策，而经济缓堵的政策则有较高的支持，如票价优惠、通行费减半等，但在征收交通拥堵费方面，公众则呈现不看好或不支持的态度。可见，给人们带来更多"实惠"的"让利性"经济治堵比带来诸多不便或"损失"的"限制性"行政治堵更受欢迎。这充分表明，在出台政策时，不能一味"堵"，还应考虑"疏"的问题，在限制人们选择小汽车出行的同时，还应提供更多的其他可行选择，切实解决真实存在的、旺盛的出行需求才能从根本上解决问题。若在制定治堵政策时加入使公众有更多"获得感""幸福感"的设计，无疑会大大提升政策的支持度。另外，从调查中也可以看出，公共交通服务的品质也是公众比较关心的问题。这说明随着经济社会的发展、人们收入水平的提高，交通出行需求的层次在不断上升，出行过程的便利化、舒适化、自由化因素在出行方式选择中的影响力越来越大，政策制定者应注意到这些因素的变化。治理交通拥堵不仅仅要调整供需在数量结构方面的对应，更需考虑二者在服务质量方面的有效对接。

第二节　城市交通定价管理政策设计

一　小汽车交通政策

　　在小汽车出行成本结构中，固定成本占了较大比例，而随着小汽车行驶里程的增加，固定成本不断被摊薄，平均里程成本下降，形成了行驶里程越多平均成本越低的状况，这一成本变化特征形成了客观上鼓励多使用小汽车的激励。因此，要通过调整小汽车使用成本来减少出行量，就要改变这样一种成本变化趋势。要降低小汽车使用量，需建立和强化成本对小汽车使用强度之间的制约关系，形成长久的、内在的、有效的成本约束机制，引导人们重新选择出行方式，从而降低城区内小汽车使用强度，最终减少小汽车行驶量，缓解道路交通拥堵。根据小汽车交通成本结构变化特性，可从成本结构和成本水平两方面设计调节政策。成本结构方面，一方面是尽量降低小汽车出行成本中固定成本的比例，提升与小汽车使用强度和里程相关的变动成本所占比例，固定成本减少会使"决策无关成本"比例下降，而变动成本多表现为直接的、显性的成本，这部分成本随小汽车行驶里程增加而增加，对小汽车的高强度使用形成有力约束；另一方面是要克服使用小汽车的出行收益与出行成本不对应的状况，遵循"谁使用、谁负担"的原则，将小汽车出行的外部成本内部化，增加决策相关成本在总成本中的占比，促使出行者重新权衡出行方式选择与成本对比。根据以上分析，设计小汽车相关政策如下。

（一）改革车辆购置税，开征小汽车使用调节税

目前我国车辆购置税从价计征，价外计算，税率为10%，车主缴纳车购税后才能办理牌照并上路行驶。因此，车辆购置税实际上成为购置成本的一部分。开征车辆购置税的主要目的是为道路基础设施建设筹集资金，车辆要使用道路等基础设施，理所当然要负担相应的建设成本，车购税的设计逻辑应是建立车辆与道路基础设施使用的相关性。然而，车购税与购车支出一样成为车辆使用的固定成本，与车辆的使用强度并无多大关系。实际中，车辆使用强度不同，其对道路基础设施的占用程度不相同（对货车还存在重量差异导致的路面磨损不同）。然而，这种差别并未体现在车购税中，这使车购税的合理性大大降低。另外，在道路畅通状态下，该路段上的小汽车出行者不会带来外部性，但随着小汽车出行越来越多，道路越来越拥堵，小汽车出行的外部成本不断凸显并增加。针对这种情况，车辆购置税无法反映出小汽车对道路使用的外部成本，相反，由于车主仅缴纳固定金额的税金，随着行驶里程增加，单位里程上的税收成本会被不断摊薄，反而会形成多使用车辆的激励，这样的税收成本机理下只会使道路和车辆被过度使用，对缓解交通无益，应该矫正。

栏目 9-1 车辆购置税

车辆购置税由其前身车辆购置附加费演变而来，车辆购置附加费是 1985 年经国务院批准，在全国范围内普遍强制征收的专项用于国家公路建设的政府性基金，其主要目的是筹集交通基础设施建设资金。现行车辆购置税法的基本规范，是从 2001 年 1 月 1 日起实施的《中华人民共和国车辆购置税暂行条例》，车辆购置税的纳税人为购置（包括购买、进口、自产、受赠、获奖或以其他方式取得并自用）应税车辆的单位和个人，征税范围为汽车、摩托车、电车、挂车、农用运输车。通过车辆购置税筹集的专项资金成为我国公路交通基础设施建设财政资金的重要来源，为我国公路交通基础设施的建设做出了巨大贡献。

2009 年，国家为了培育汽车消费市场，从 2009 年 1 月 20 日至 12 月 31 日，对 1.6 升及以下排量乘用车按 5% 征收车辆购置税。为促进国家交通能源战略转型、拉动市场需求和培育新增长点，2014 年 7 月国务院又作出对符合条件的新能源车免征车辆购置税的决定，"从 2014 年 9 月 1 日到 2017 年年底，对获得许可在中国境内销售（包括进口）的纯电动以及符合条件的插电式（含增程式）混合动力、燃料电池三类新能源汽车，免征车辆购置税"。2015 年 9 月，国务院总理李克强主持召开国务院常务会议，再次出台支持新能源和小排量汽车的发展措施，促进调结构扩内需。从 2015 年 10 月 1 日到 2016 年 12 月 31 日，对购买 1.6 升及以下排量乘用车实施减半征收车辆购置税的优惠政策，并加快淘汰营运"黄标车"。可以看出，车辆购置税政策已与国家的经济结构调整、能源发展战略、消费市场培育等重大经济社会发展战略紧密结合，不仅仅承担国库财税收支的功能，更是被作为产业发展政策工具加以灵活运用。

按照"谁使用、谁负担"的原则，将车辆应承担的税负与车辆对道路的使用强度关联，多用多负担，这不仅公平合理，更有利于形成合理使用小汽车的激励。这样的政策机制才正是降低小汽车使用强度的科学机制。但从当下针对小汽车的治堵政策看，这样的机制并未建立起来。新出台的政策其内核仍然体现的是类似于车购税设计这样的旧思维模式。以当前各大城市推出的小汽车牌照拍卖政策为例，车主在一次性支付牌照费用后即取得车辆上路行驶的资格，从此以后无论车辆使用强度如何，均不会影响其占用道路资源已经付出的代价（牌照费），这势必形成"买了就要用"的激励。另外，在牌照拍卖政策下，还造成了早先无偿获得牌照的存量用户和付费牌照增量用户群体间的不平等。造成交通拥堵的直接原因是小汽车的高强度使用，而存量车辆和增量车辆对交通拥堵的贡献是无法区分的，仅对增量用户收取牌照费，这样的政策明显有失公平。所以，应设计构建小汽车使用强度与成本紧密相连的治堵政策，形成对小汽车使用而不是拥有的强有力约束，才是设计治堵政策应重点考虑的问题。

根据以上分析，可设计小汽车使用调节税来代替车辆购置税和牌照拍卖，以小汽车使用里程为基础，按一定税率对使用环节征收调节税，来调节小汽车使用强度。在以行驶里程为征税依据的情况下，小汽车行驶量越多，税额越高，其出行总成本就越大。小汽车使用调节税使用户自驾出行的收益和成本相配比，建立比原先更强化的收益—成本约束机制。人们每次出行都面临成本与收益的经济对比，这将建立一种广泛的、内在的、持久的经济约束机制，促使出行者压缩、取消不必要、低效率的出行，确保小汽车出行方式不会被过度使用，并促进个人出行选择与交通资源供给状况协调发展。具体政策设计如下。

1. 变车辆购置税为使用调节税，以行驶里程为基础，按小汽车变动成本的一定比例征税，促进外部成本内部化。

鉴于车辆购置税与使用强度的背离，将其调整为使用调节税，将征税环节从拥有调整至使用环节。开征小汽车使用调节税的主要目的在于，对真正影响道路资源使用状况的使用环节征税，建立车辆使用交通资源与承担相应代价的相关性，提升征税的科学性和合理性，同时，建立有利于引导形成合力交通出行结构的税收引导和约束机制，以促进道路交通拥堵的缓解。根据前面章节实证研究的结论，小汽车使用的外部成本约占其总成本的2/3，通过开征小汽车使用调节税，可将这部分外部成本内化。基于外部成本与变动成本的数量关系，按照小汽车变动成本（燃油费+维修费）1—2倍的费率征收使用调节税。在将大部分外部成本内部化后，新的成本不仅反映了对小汽车道路使用的强度，也将提高总成本中决策相关的显性成本的比例，使成本水平对出行选择的影响提升。

2. 为避免增加正常使用小汽车的税收负担，可赋予每辆车一定免税里程，对超出免税里程部分征税，并允许车主将未用完的额度进行交易，考虑到车辆流动性的差异，限定于同城范围内进行交易。

尽管道路交通拥堵的主要原因在于小汽车的使用，但并非所有的使用都是造成拥堵的原因。人们购买和合理使用小汽车的权益应得到一定的保护，因为经济社会发展的最终目标是要促成人的全面发展，不能因为治堵而完全不顾人们对美好生活的向往和追求，这不仅偏离交通发展的要义，也背离社会发展目标。鉴于此，应赋予人们一定的自由使用小汽车的空间，这个空间的大小在技术上应由城市道路交通容量和城市小汽车使用总量所决定，即每个小汽车的自由使用量应是道路交通网络承载容量在车辆总量上的平均分配额。由于道路交通状况瞬息万变，且人们的出行分布在道路空间上难以精确测定，所以这一数值的测算不仅复杂而且不确定。因此，在政策实施初期，免征里程的初始设定值未必科学，需要根据城市道路交通的实际情况进行调整，所以可将免税里程作为一个政策调节的"阀门"，根据城市道路交通容量和实际路面交通状况进行调节，直到道路交通拥堵状况得到缓解为止。

与车牌拍卖、限购等治堵政策相比，征收小汽车使用调节税的好处在于：一是可以强化小汽车使用收益与使用成本弱相关的问题，改变固定成本和变动成本构成比例，增加决策相关成本比重，克服小汽车因沉没成本和外部成本比例过大导致的出行成本与出行里程关联性不强的问题。二是与摇号政策相比，将用户的消费自由完全交付于概率事件，既不利于促进消费，也与汽车产业发展政策之间产生较大矛盾。开征小汽车使用调节税可以消除因拍卖、摇号等限购政策而给消费者造成的汽车购买与使用方面的不公平，将使用小汽车的自由赋予广大公众，用户要做的只是权衡个人对出行成本的负担能力。三是通过调节税将小汽车产生的外部成本内部化，可以使小汽车出行者更直观地感受到其出行发生的实际成本，这不仅有利于交通资源的效率化配置，更有利于促使全社会形成节约使用稀缺交通资源的观念和风气，促进社会、经济、环境的可持续发展。

（二）调节城市控制区内停车供给成本，实施差别化定价

停车费对小汽车出行有明显影响，国内外多项研究表明，提高城市中心区停车费率可明显抑制小汽车出行。从城市交通需求弹性的变化规律可知，长期来看，停车费会影响人们对车辆的使用方式，如减少对小汽车的使用需求（出行次数和出行里程），而且增加车辆合乘人数，并在一定程度上促使人们转向公交、自行车、步行等替代方式。另外，停车费还可以

还改变人们的出行目的，通过调整小汽车停车费率，可以限制小汽车过度涌入城市中心区，从而减轻道路交通压力。停车静态交通对动态交通的影响也是明显的，在商业圈和城市中心区域，较高的停车费率可以降低对该区域停车设施的使用，尽管有可能只是改变了停车的区域而并非真正减少小汽车出行，但至少表明停车费率的变化会显著影响小汽车出行。所以，可通过调整停车费率，在城市中由内向外形成梯度费率，通过价格影响城市中心拥堵区域的停车位供给，使交通拥堵区域的交通压力向外分散。同时，可采取一定的停车优惠政策鼓励汽车合乘，减少单车通勤的比例。小汽车停车定价收费政策可设计如下。

1. 通过税收手段限制城区内停车位的供给

对用作停车场建设的土地征收调节税，限制城市内部停车位的供应，通过抑制静态停车交通来限制动态交通流量的上升。对于停车位的供给，按区域进行分类供应。在商务圈、写字楼区域内，人们的通勤出行时间比较集中，小汽车经常与公共交通争抢道路空间，容易发生拥堵，对这部分区域内用作建设停车位的土地和面积应征收较高调节税，以严格限制停车位供应，诱导出行者放弃自驾，使用公共交通通勤，以减少该区域道路网络的交通压力；在购物、休闲、娱乐区域内，人们一般出于购物、休闲、娱乐等消费目的出行，在出行时间安排上有较大弹性，不易形成拥堵，可以适当征收较低的调节税，鼓励建设停车位。

2. 城市内停车定价应有一定的梯度

根据交通拥堵容易形成的区域，以及促使拥堵形成的因素，对城市停车定价制定不同的费率水平，使中心城区比城市外围高、路边停车比室内停车场高、长时间停车比短时间停车高。并根据路面交通状况对收费计时区段进行调整，使停车场或路边停车位保持一定空置率。根据国外停车收费的相关研究，合理的停车位使用率一般为85%，高于85%说明停车收费价格偏低，会激发更多的停车需求。

3. 对汽车合乘提供优惠停车和收费政策

汽车合乘增加单车乘客，有利于充分利用单车通勤的交通空间，提升交通资源使用的集约化程度。在停车需求管理政策方面，对采取合乘方式的小汽车设置专用停车位，并在停车费率方面给予一定的折扣。

二　轨道交通政策

(一) 根据轨道交通车厢服务水平调整轨道票价

轨道交通定价与运营成本脱钩，在常规地面公交和小汽车出行变动成本之间确定轨道交通票价水平，通过轨道票价调节轨道交通客流量，维持服务质量。在轨道票价提价时，会使部分时间价值较低的乘客转向常规地面公交，这部分乘客的出行需求本应由常规地面公交承接。而我国目前各大城市的轨道交通客流中，由于缺少较高票价的过滤和筛选，轨道乘客和常规地面公交乘客群体共同混杂在轨道系统中，由此造成轨道交通服务品质的下降，甚至将一部分轨道乘客"挤"至小汽车出行方式，使交通拥堵进一步恶化。因此，对轨道交通实施"弹性"定价，以分离不同出行需求，是当下轨道交通定价的核心问题。此处的"弹性"定价是指在常规地面公交和小汽车出行变动成本之间灵活确定轨道交通票价水平，有一定的活动范围，定价水平与轨道交通自身经营状况无关，类似于一种政策性定价。

根据以上定价，城市轨道交通票价不可能处于较低水平，这与其公共交通的属性是否相符？对这一问题，有必要做一深入阐述。我国城市轨道交通的投资、建设和运营一般以政府为主体，而政府的建设资金本来就以税收等形式取之于民，现用之于民也合乎情理，加上轨道交通提供的是公益性的客运服务，所以采取低票价似乎天经地义。加上北京市多年以来一直实施低票价，更是为其他城市树立了一个榜样。对轨道交通的票价问题，分析如下。

一是关于轨道交通公平与效率的争议，公平与效率是社会管理中永恒的主题，二者不能兼得，总要侧重一个方面。一些人认为，城市轨道交通是政府提供的公共产品，应首先满足出行公平的需要，所以要实施低票价，北京、广州等多个城市的票价制定基于此出发点。以轨道交通的低票价来实现出行公平的出发点没有错，但低票价带来的是低效率，甚至还会产生非常大的负面影响。首先，低票价对低收入群体的吸引力高于高收入群体，因此低票价更能吸引常规地面公交转移到轨道交通，使轨道交通和常规地面公交产生无效竞争，这是应该避免的。其次，低票价吸引了大量的客流，过多的客流量导致轨道交通高峰时过于拥挤、乘车舒适性降低，迫使部分对乘车环境要求较高的高收入群体放弃轨道交通，选择自驾出行，增加了地面私家车出行量，造成了地面交通恶化，多个城市轨道交通开通后私家车出行量不减反增的事实证明了这一论断。最后，在低价政策下，政府斥巨资建设的轨道交通服务于大量的时间价值较低群体的出行，这在经济上是低效率的。可见，票价过低让轨道交通客流剧增，其运输功能定位发生改变，难以达到优化城市交通出行结构的目标。轨道交通若能通过较高票价维持高品质的服务，并进而吸引更多的小汽车出行群体转乘轨道交通而减少地面拥堵，则能对优化城市交通结构、实现城市交通的高效运转发挥巨大作用。虽然，从轨道交通这个局部看，客流减少会使其损失一部分票款收入，但这与可以缓解整个城市交通拥堵而产生的效益相比是值得的。另外，从根本上看，低票价是表面上的公平，其代价是城市交通系统运转效率的低下，所有出行者都要经历更长时间的拥堵和更恶劣的交通环境；而高票价看似将一部分不愿出高价的人拒之门外，实际上可以通过一系列影响有效减少地面交通流量，届时路面上运行的常规公交、剩余的小汽车交通通行效率会提升，轨道交通的乘车环境也会改善，实现三方共赢。到那时，常规地面公交和轨道交通所提供出行服务的差距会进一步减少，不同出行系统内的出行体验和服务品质将进一步接近，也会离真正的出行公平更近一步。因此，轨道交通的高票价并非是要拉开差距，而是通过优化交通结构来减少出行服务上的差距，实现真正意义上的出行公平。

二是关于"轨道交通供给不足"的辩论。将城市交通问题归罪于"交通供给不足"的观点也很普遍。一些人认为，我国现在国力强盛，财力雄厚，国家财政宽裕，幻想只要政府出钱，只要建更多的道路和地铁，城市通行条件就可以改观。然而，事实并非如此。例如北京，城市道路和地铁设施都在快速增长，而且轨道票价很低，曾经实施一票到底，换乘不再购票。但是，在实施了多年低票价政策后交通拥堵问题仍未解决，反而迫不得已要实施限购、限行等措施来减少私家车出行。国内的其他城市远没有与北京市同等规模的财力和政策支持，建设城市交通设施的规模和速度都无法同日而语，因而更无法期望在短期内通过基础设施扩容来谋求城市交通拥堵状况的改善。城市交通供给短缺是交通供给结构性矛盾造成的，即前文分析过的小汽车出行供给过剩的同时公共交通供给短缺，并非简单的供给不足的问题。当下，解决交通供给的结构性问题比扩建基础设施更重要和更有效果。

从以上分析可见，提升轨道交通票价看似不合理，实则为缓解城市交通问题的关键一环。

（二）轨道交通在不同时段实行拥挤定价，"削峰填谷"平抑客流波动

在高峰和低谷的不同时段，实施拥挤定价。通勤出行具有明显的潮汐特性，由于大量的出行集中在某些时间段，造成短时间内需求大大超过供给，产生拥挤不可避免。轨道交通出行高峰时段主要为通勤客流，而在非高峰时段，由于客流显著减少，轨道交通的大运力往往得不到充分利用。针对这种情况，可采取拥挤定价来减少由于客流不均而产生的拥挤（高峰）和运力闲置（平峰）造成的资源浪费。拥挤定价的原理是根据不同用户的弹性不同而实施差别定价，在该定价法则下，需求弹性越小的用户群体支付偏离其边际成本幅度越大的价格，换言之，缺乏弹性的乘客要支付高价。在高峰期，需要轨道交通服务的乘客应该支付更高的票价，因为这部分乘客是真正需要服务的，而较高的票价也可对其他对该项服务需要不紧迫的乘客形成阻拦，从而保证轨道交通服务的品质；在平峰期，由于客流大大下降，轨道运力空闲较多，可以实施低于平常票价的价格，以吸引出行者选择轨道交通。采取拥挤定价，一方面可以缓解高峰期的拥挤，降低轨道的服务配置水平，有利于节约交通资源；另一方面也可充分利用平峰期的运力资源，避免更多闲置与浪费。

（三）公共交通无缝衔接，实行一体化政策

轨道交通是缓解城市交通拥堵的中坚力量，只有轨道交通有条件、有能力置换出小汽车出行客流。因此，增加轨道交通吸引力，充分发挥轨道交通的运输优势，是缓解城市拥堵的必由之路。为创造连贯畅通的出行环境，在轨道交通和其他公共交通的衔接上，不仅要做到空间和时间上的无缝对接，还要在服务质量和水平上追求统一，使城市公共交通完全能提供可与小汽车出行品质接近的运输服务，这样才能最大限度地发挥公共交通出行对小汽车出行的替代作用。在定价环节，应考虑到轨道交通与其他公共交通方式的一体化衔接，减少乘客在交通方式的转换衔接环节的乘车手续，为营造便捷、舒适的出行环境提供最大的便利。

1. 公共交通票价一体化政策，提供换乘优惠

轨道交通与常规地面公交、公共租赁自行车联合定价，优惠换乘。在票制设计上，使轨道交通、常规地面公交、公共租赁自行车等城市公共交

通票价一体化，根据一般乘客出行的时间分布特征，允许轨道交通乘客在一定时间内免费换乘常规地面公交、公共租赁自行车。票价一体化后，乘客在换乘过程省去诸多环节，不仅节约宝贵的出行时间，同时形成连贯顺畅的乘车体验，有利于提升轨道交通的吸引力。

2. 公共交通运营一体化，完善出行全过程链式服务

为便于统筹安排，可考虑轨道交通和其他公共交通方式运营方成立城市公共交通集团，组建一体化的运营实体，在运营管理上实现一体化。一体化运营管理后，不同交通方式间的外部沟通变为运营主体内部协调，不仅大大减少交易成本，且在设施共建共享、区域统一服务、班次衔接安排上更容易实现，这有利于促进形成空间上无缝换乘、时间上无中断衔接、服务质量的无差别过渡的城市交通出行全过程链式服务。

三　常规地面公交政策

（一）地面公交低票价和限时免费换乘

常规地面公交实行政策性定价，票价不与经营状况挂钩。由于常规地面公交自身的需求票价弹性高于轨道交通，在轨道交通提价时，会有更多乘客转移至常规地面公交。由于乘客群体对票价变动比较敏感，在对常规地面公交定价时，应尽量突出低价因素，以低廉票价吸引乘客。常规地面公交服务于基本型出行需求，乘客时间价值较低，票价负担能力低于轨道乘客和小汽车乘客，可采取较低的定价水平。可根据城市最低工资水平与人均交通支出的比例来确定。当前国内各大城市的常规地面公交运营均由政府财政补贴，现有票价比较符合该城市的乘客支付水平，所以在票价水平上可维持当前定价。另外，为了增加常规地面公交的吸引力，需要尽可能构建便利的出行链服务，在接驳、换乘环节提供便利，减轻乘客负担，营造便捷乘车环境。常规地面公交之间的换乘可以实行一票制，地面公交与公共租赁自行车之间的换乘实行限时免费政策。在一定时间范围内，对常规地面公交乘客租赁自行车实行优惠政策，实行基于一票制的出行方式转换，方便广大乘客出行。

（二）公共交通服务实施服务质量评价与考核

除了票价因素外，运输服务质量也是影响乘客出行选择的重要因素，提升运输服务质量是城市交通中"供给侧"改革的重要内容。能否充分发挥轨道交通的运输优势，使其承担缓解交通拥堵的重担，不仅要通过定

价形成差异，更要通过提升服务质量维持乘车体验。可以说，轨道交通实施高票价的一个重要目的就是维持其服务质量。同样，提升常规地面公交的服务质量对提升其吸引力也非常关键。研究显示，地面公交乘客更多时候更加关注车辆发车间隔、运行时间等方面的因素，票价反而不是乘客最在意的因素。所以，地面公交的服务质量对提升其吸引力发挥重要作用，在实施较低的票价外，同时为乘客提供一个网络覆盖全面、车内环境整洁、乘车换乘方便、开行班次较密的公交服务，无疑可以大大提升常规地面公共交通系统对乘客的吸引力。因此，开展常规地面公交服务质量评价与考核，通过监督、检查和考核，促使常规地面公交提升服务也是应该关注的一个方面。所以，需要建立城市公共交通服务质量评价与考核体系，监测公共交通运营服务质量和乘客满意度，及时把握公共交通出行服务水平，将考核结果与运力调整和绩效考核挂钩，形成管理服务提升的动力，弥补在政府补贴下城市公共交通运营缺乏的市场竞争动力和提升服务的推动力。

四　定制公交政策

(一) 定制公交运输服务配置由市场需求决定

定制公交不同于普通公交，作为公共交通体系中服务层级较高的交通出行方式，其服务对象定位为小汽车通勤群体。这使其在体系设置和定价方面不同于一般公交。定制公交的服务品质应体现在三个方面；一是便捷性，定制公交的线路走向和停靠站点根据乘客需求设置，且停靠站点要尽可能接近居住地点与工作地点，以尽量缩短乘客出行链中首末两端的步行距离，所以站点设置完全根据通勤客流需求定制；二是舒适性，定制公交的乘客为朝九晚五的通勤族，出行时间刚性强，且这部分乘客需要舒适的出行环境和良好的感受，所以要保证"一人一座"，使其在上下班过程中能有效缓解疲劳，以较为舒适的乘车环境增强定制公交的吸引力；三是安全性，定制公交按座位运载乘客，不允许出现超载，以保证车辆运行的安全性，相应地运营成本要高于常规地面公交。定制公交的运力投入应明显区别于常规地面公交，在车辆配置方面应满足小汽车通勤族的出行需求，宜采用定制化的非高档商务用车，控制初始投入成本，这便于定制公交经营企业跨过成本门槛切入市场；由于定制公交乘客多为上班族，对乘车品质环境有一定要求，可以在车辆上添加阅读灯和无线上网等设施和服务，以满足不同乘客的个性化服务需求，这一点在乘客需求调查中得到了充分体现。根据课题组对北京和西安定制公交（通勤快车）的调查结果分析，北京有41%的受访者希望车上有Wi-Fi服务，38%的乘客希望能接收资讯和收听音乐，还有10%的乘客希望提供阅读灯；西安的受访乘客对硬件提出的要求为，42%希望配备时钟，33%需要充电电源，14%希望有脚踏板，服务方面的要求中最希望得到Wi-Fi服务，比例占到36%。由于定制公交在起始点和终点同时上下客，且停靠区域一般为CBD商圈，停车空间和时间受到极大限制，需要较快的上下客速度，加之车辆运行的安全是重中之重，两个门便于在突发情况下快速疏散，保障乘客生命安全。

（二）定制公交由市场定价

定制公交运价根据市场行情决定。由于定制公交的目标乘客相对具体，运行线路、停靠站点、运行时刻、票价水平等容易确定，可直接通过市场调查获得相关信息。目前国内部分城市的定制公交就是根据客户定制要求而设置，可在网络上征求意见，待响应达到一定规模时便可开通。为鼓励定制公交的发展，城市交通管理部门和物价部门应放开市场准入和价格管制，主要由市场决定其定价水平。

本书以西安为例，选取了高新区写字楼——高新国际和高科广场进行调研研究，共计调查了399个公司职员，男性占37.7%，女性占62.3%。调查人员中有近六成的人有驾照，近三成的人有私家车。采用私家车上班的人群中，车内平均人数1.63人。目前的通勤方式中有70.9%选择了公共交通，其次为自驾车，所占比重为19%。在公交车上班的通勤族中，有29.8%有意愿购买私家车通勤，而这一群体中有驾照的人比例高达59.6%。如果通勤条件没有改善，将迫使更多的无车族购买小汽车，这部分人将转化为小汽车通勤族。经调查发现，考虑买车的人员，绝大部分是不能够忍受公交车过于拥挤。调查数据显示，从通勤距离看，峰值有两个，分别是6公里和10公里，通勤距离处于两个峰值的受访者认为票价水平应为单程3元的比例分别为68%和56%。除此之外，本书还开展了社区调查，选取了距离写字楼10—20公里范围内的西安城南的富力城和城西的奥林匹克花园，该两处居住点均可容纳5000户以上居民，且周边均有其他较大规模的居住点，易形成潮汐交通。社区调查主要选择停车场和小区门口，主要目标是采集通勤距离较远的自驾车主对定制公交的需求，因此样本中私家车主的比例较高，为84.4%，采用私家车通勤的样本比例为77.3%。社区调查样本数据显示，私家车主群体对定制公交票价的接受程度明显高于写字楼群体。其中，34.8%的调查者可接受5元的单程票价，28.8%的调查者可接受4元的单程票价。样本中自驾车群体接受的定制公交票价平均水平为4.88元，非自驾群体接受的平均票价水平为4.4元。

（三）在行业管理方面给予定制公交优惠政策

定制公交可置换小汽车出行，缓解城市交通拥堵压力，有利于实现政府治理拥堵的目标。为鼓励定制公交的发展，可采取一定的经济激励措施，对运量较大的定制公交线路进行奖励或补贴，并允许其享受"公交优先"的相关政策，增强其对路面小汽车交通出行量的分流作用。

一是对定制公交的行业地位予以承认，将其作为城市多层次公共交通出行服务体系的一部分，给予其常规地面公交的同等优惠政策，如允许其获得公共汽电车的路权，可以使用公交优先道、不受小汽车出行限行措施的约束等。二是放松定制公交的市场准入和运价管制，行业监管的重点放在运营安全性方面，如不允许改变客运业务性质、车辆安全配置硬件设施和软件服务要达标。三是可以对城市客运市场中的"黑车"群体进行"招安"与"收编"，将其规范化，改造为定制公交服务提供方。对于"黑车"群体，从提供出行服务的角度来看，凡是有"黑车"运营的地方必有市场需求，由于城市客运交通处在政府的严格管制之下，车辆投入数量、服务线路、运价等方面受到严格的控制，相对无处不在的城市交通出行需求，这种供给侧的管制无疑加剧了交通出行需求与供给之间的不平衡性，从而造成人为因素下的短缺。将"黑车"改造为按乘客个性化需求提供服务的定制公交，不仅有利于实现对"黑车"不规范运营的监管，也有利于正视客观存在的交通出行需求，显化城市交通"地下"经济。

五　出租车政策

对出租车运营服务的定位，《国务院办公厅关于深化改革推进出租汽车行业健康发展的指导意见》（以下简称《意见》）中提出"出租汽车是城市综合交通运输体系的组成部分，是城市公共交通的补充，为社会公众提供个性化运输服务"①。尽管出租汽车是城市公共交通的补充，鉴于

---

① 《国务院办公厅关于深化改革推进出租汽车行业健康发展的指导意见》（国办发〔2016〕58号），2016年7月26日。

其运行的技术经济特点和实际在城市交通运输体系中的地位，出租车是为数不多的最适合市场化运营和单车经营的交通方式。而且《意见》中也明确指出，对出租车的发展要"逐步实现市场调节"。但是，目前我国城市交通管理的实践中，出租车群体在经营中遇到了错综复杂的问题，这些问题的出现不仅有时代变革、技术创新、管理创新的因素，还有行业管理积弊方面的原因，这些因素的存在使出租车的定价不仅面临"网约车""顺风车"等新事物的冲击，也面临轨道交通大规模发展、小汽车交通快速增长等城市交通格局变化带来的深远影响。

在我国当前出租车行业管理体制下，进入管制和价格管制导致了出租车运营的困境，一方面由于运输需求分布的时空不均衡，另一方面更由于管制的原因，使出租车供给与需求难以匹配，出租车运力相对短缺造成该行业经营方式落后、服务质量低下。我国出租车"扫街式"的服务不仅加剧了城市道路交通的拥堵，而且浪费了交通资源。随着网络约租车的兴起，传统的出租车运营模式受到极大挑战，当前网约车与出租车群体间的冲突此起彼伏，产生了较大矛盾。出租车服务于特殊出行需求，与常规公交、轨道交通、定制公交有很大不同。首先，从客户群体来看比较分散，无固定的客户，不像公交系统有相对固定的客户群；其次，从运量来看出租车在城市客运总量中所占比例最小，这决定了其对缓解交通拥堵的作用非常有限。尽管如此，由于出租车在运输效率方面大大高于私家车，若能承接一部分自驾通勤者的出行需求，就对缓解道路交通有利。因此，对出租车运营可以采取鼓励发展的政策，一方面可以对轨道交通和常规地面公交形成补充，避免其转向小汽车；另一方面也解决部分特殊群体的出行需求，并有利于促进城市充分就业。由于种种原因，我国当前各大城市的出租车市场进入和运价都受到政府的严格管制，经过多年的博弈，管制双方已形成一种共生的关系，行业发展暴露的积弊太深，难以切割。然而，由于网约车群体的兴起，其对出租车市场的蚕食已导致政府对该市场的管制无法再像以前一样得力有效。在政府对市场进入管制的实际控制力度逐渐减弱的背景下，传统出租车由于政府在价格管制方面的诸多限制，反而使其与网约车在竞争时受到诸多约束，而政府对网约车监管的空缺又使其在运营方面更能充分发挥灵活议价的优势，进一步使传统出租车群体处于竞争的劣势地位。在互联网与移动通信快速发展的背景下，传统出租车的发展受到冲击，在车辆共乘方式和共享经济逐步深入人心的情况下，对出租车的管理应该采取如下政策。

（一）放松出租车价格管制和进入管制

目前，我国各大城市对出租车保留着严格的进入管制和价格管制。在政府部门的严格管制下，经营主体不能自由进出市场，出租车供应数量与市场需求数量不匹配，导致出租车经营牌照被炒至天价。据 2013 年的相关数据显示，宁波市出租车经营权牌照在公司间的转让价达到 65 万元/辆，个体之间的牌照转让价飙至 82 万元/辆。由于行业管制导致的出租车资源短缺使经营权成为投机炒作的工具，在高额的获得成本下，经营权持有主体不再专注于出租车自身的业务，而是寻求更高的投机空间，不仅造成出租车服务质量普遍低下的状况，而且给政府部门到期收回经营权埋下了隐患。近年来网约车群体逐步兴起壮大，网约车服务的乘客与传统巡游租车相同，这给传统出租车的发展带来了不小的冲击，其发展空间受到挤压。针对网约车的快速发展，政府应因势利导，逐步取消出租车进入管制，将这一本该由市场决定的行业重新交回市场，促进出租车与网约车进一步融合，由经营主体根据市场需求决定运力投放，而不是由政府来规划。在获得充分的市场需求和竞争信息方面，政府并不比活跃在市场的企业具有更大的优势。因此，应逐步取消对出租车行业的价格和进入管制，打破经营者进入的行业门槛，逐步营造充分竞争的行业发展环境。

（二）取消对出租车的运营补贴

取消对出租车的运营补贴，由运营主体根据市场需求自由定价，自负盈亏。政府不必担心价格过高，乘客自己会根据需求的强烈程度决定是否购买运输服务。同时应取消对出租车的运营补贴，无论是从理论还是实践角度分析，对出租车运营的补贴均缺乏依据，从经济支付能力上看，出租车的乘客属于支付能力较高的人，对出租车运营进行补贴无异于"劫贫济富"，是一种低效的制度安排；从交通实践来看，出租车提供的服务明显优于公共交通，高效用要求高回报，用者付费是天经地义的道理，对其进行补贴缺乏公平性。

（三）加强对出租车的安全监管和社会监管

加强对网约车、出租车的安全监管，如车辆定期安全检查、运营备案、车辆安装 GPS，保证乘客的人身和财产安全，使从业者能根据乘客需求灵活经营，最终由市场决定其是否生存。因为出租车从运行方式来看与私家车并无差别，过多的出租车涌入道路运营也会大大增加路面拥挤，所以，对出租车的运营应取消其享受公共交通的优待条件，视同小汽车一样进行严格的使用管制，对小汽车的管理政策也适用于出租车。

六 公共自行车政策

公共自行车承担短途出行和长距离出行始末"一公里"的任务，其主要目标在于吸引出行者放弃机动交通，减缓机动车辆给城市交通带来的压力。从这个角度讲，公共自行车提供的是比常规地面公交更具有公益性的出行服务。只要自行车出行比例增加，也就意味着机动化交通出行比例的下降，就对改善城市交通出行结构有利，所以应该得到鼓励。再者，由于公共自行车在使用中几乎不产生外部性，出行成本主要是出行者个人的时间价值。所以，对公共自行车的定价应为普惠性定价，接近于无偿使用。

公共租赁自行车实行普惠性定价。要充分发挥公共自行车的吸引力，其定价可采用两步定价法，第一步为通过使用押金的收取赋予用户使用资格，第二步使用中的费用收取应接近于无偿使用，为避免无偿使用下用户对车辆的长期占用而造成周转的低效率，可以考虑超过一定使用时段后再计费。对非政府资源投入的"共享单车"，由市场定价，相关管理部门负责监管车辆准入的安全标准、停放区域、运行区域等，并为各"共享单车"运营主体营造公平竞争的市场环境。除此之外，还需要建设以自行车和行人交通为主要服务对象的慢行交通系统。导致城市交通拥堵加重的一个重要原因就是机动车和非机动车、行人交通的互相干扰。城市交通机动化的快速发展，吞噬了城市居民步行和自行车交通的活动空间，使城市交通和生活环境每况愈下。哥伦比亚首都波哥大在建设慢行交通系统为自行车和行人开辟通行和活动空间后，城市交通状况发生了质的改变，不仅综合交通效率得到了提升，城市居民的生活空间也得到了拓展，被机动交通和建筑物隔离的人们重新开辟了交流的空间，提升了城市发展的人文环境。我国当前各大城市的交通治堵中，一个被忽视的很重要的问题就是人们的步行空间和自行车通行空间受到严重挤压，慢行交通系统建设滞后，需要把消失的自行车交通重新呼唤回来。

本章小结

　　交通定价政策应根据各种方式在实现缓解交通拥堵目标下进行角色和功能设计，同时，还要考虑社会公众对治堵政策的偏好、认识程度和接受程度。根据本书提出的缓堵机理和路径，在设计政策时应遵循成本—收益对等原则，通过调整财税、票价、换乘等方面的政策，形成约束小汽车和鼓励公共交通出行的政策导向。这些定价政策是在缺乏完善价格机制的交通领域中，通过模拟价格机制，构建起能像市场一样传递信息、引导需求并配置资源的定价体系和运行机制，帮助城市交通领域促进信息流动和资源配置，消除产生交通拥堵的机制性因素。缓堵目标下城市交通定价与管理政策的设计必然不同于一般意义上的需求管理政策。

第十章

缓解城市交通拥堵的其他建议

　　城市交通问题影响因素多、波及面广，解决交通拥堵问题不仅要在交通系统内深入探索寻求途径，还要从其他方面营造有利氛围，从交通系统内外共同发力，寻求一切可能缓解交通拥堵问题。

第一节　交通方面

一　完善城市交通系统

（一）继续完善轨道交通网络建设

　　在主要客流走廊上形成骨干网络，覆盖城市主要住宅、商务、公务、文娱活动片区。轨道交通要承担高层次出行需求，随着城市居民收入和生活水平的提升，高层需求日趋旺盛，轨道交通的负荷日益加重，要防止高层需求涌向小汽车出行方式，需要大力完善轨道交通网络，为高层需求群体提供可行选择。

（二）加大定制公交投入

　　将定制公交作为重要的公共交通系统组成部分进行建设，丰富城市交通出行服务，推进交通出行供给层次化分工。在对小汽车征收使用调节税后，大量的小汽车出行需求将转移至轨道交通和定制公交，轨道交通不能消化吸收转移的量时，需要定制公交的辅助。另外，在轨道交通未形成较全面的网络和高效的出行换乘衔接的空档期，也需要定制公交的"补白"。

（三）增加常规地面公交运力投入

　　将常规地面公交系统建设成为城市交通出行的主体力量。在以交通定价引导出行需求时，最后的压力将传递至常规地面公交系统，公交车作为地面公交的主力，将承担最大比例的交通出行量。在地面小汽车交通量减少后，需要大力增加地面公交车的运力，以更多的班次和更密集的网络增加地面公交系统的运能，以支撑城市交通出行的主体部分。

（四）进一步放开出租车市场进入管制和价格管制

鼓励出租车、网约车等运行模式相似的城市交通出行方式融合发展，规范城市交通出行领域的共享出行新经济模式，扩大城市公共交通系统的出行服务供给。出租车、网约车作为城市公共交通系统的补充，提供特殊、应急等方面的出行，在对小汽车出行量进行调控时，一部分小汽车出行量将转换至出租车和网约车。扩大这部分运力供给，也可以增加交通出行服务供给侧力量。

（五）推进慢行系统建设

建设更多的自行车道和步行道，为行人和自行车开辟更多空间。对距离在6公里以内的居民日常出行，应该将慢行交通定位为居民出行方式选择的主体，在短程出行中起到主导作用，适合采用"步行＋自行车"为主体的慢行交通发展模式。而在居民日常出行距离大于6公里的城市，应将慢行交通定位为与公共交通共同承担居民出行活动的交通系统，在大于6公里的中长距离出行中起到填补公交服务空白、促进出行效率的作用。在这些城市中，应鼓励促进"步行＋自行车＋公交"均衡发展模式和"公交"为主体、"步行＋自行车"为补充的慢行交通系统发展模式。

二　优化城市交通供给

（一）限制停车设施供给，以静态交通联动、约束动态交通

停车设施占用一定的土地和城市空间，城市的交通容量有限，增加总量供给的政策将越来越面临回旋余地不足的问题。交通学者 Ralph Buehler 和 Andrea Hamre 研究发现，当雇主提供给所有通勤方式补贴的时候——例如免费停车、高速公路通行费报销与骑自行车者补贴时，员工独自驾车的概率相比于统一取消这些好处的情况居然还会有所提高。因此，让员工离开小汽车的更可靠办法就是减少免费停车泊位，同时提供更好的出行替代方式补贴。另外，要取消路内停车位，使有限的道路能最大限度保持畅通，避免路内停车加重拥堵状况。对路外停车也要进行限制，尤其是在城市拥堵严重的区域，不鼓励企事业、商业设施单位自建停车位。

（二）推进城市公共交通出行服务差异化供给

城市公共交通服务的无差别化是我国城市公交的一大现状，可以说，在过去几十年中城市公交运力吃紧的时代，为了满足人们日益旺盛的出行需求，这种供给政策无疑对缓解"出行难"问题有巨大积极意义。但随着城市经济社会发展的迁移和人们消费观念的改变，这种政策正逐步变得不合时宜，需要进行调整。当人们出行不再满足于"行得通"而更关注"走得快""体验好"时，公共交通出行就应将服务重点放在出行时间价值的节约和用户体验的改进方面了，这时就需要进行供给侧改革了。国外公共交通发展优质的城市莫不是走出了一条差别化发展的路径，不仅有按照运行时间快慢运行的轨道交通，还有按照运行区域进行划分的地面公共交通服务。我国城市公共交通的发展应跳出追求总量忽视结构的思路，朝提供层级化交通出行服务的方向发展，满足不同层次的人群需要。

（三）放松对社会共乘车辆的运输管制

校车系统、自备通勤客车系统的发展可对小汽车交通出行进行替代，校车和单位自备通勤客车可以大大合并和减少学生上学、放学、职员上下班的交通出行次数，不仅能减少总出行量，而且对缓解学校及商业中心区的道路交通压力有明显的、直接的作用。因此，对校车系统的发展和单位自备通勤客车的发展应采取鼓励政策，对工作日内的校车和通勤车辆通行视同城市公共交通车辆，享受公交优先政策。

（四）鼓励交通出行领域的共享经济发展

共享经济平台为个人闲置的资源提供了交换利用的渠道，通过汽车共乘，将同方向的交通出行合并，有利于提升交通出行的集约化程度，减轻道路交通的压力，减少交通资源的浪费。汽车共享可以把用车效率最大化，减少机动车保有量，平抑人们旺盛的购车需求。2016年美国加利福尼亚州大学伯克利分校 E. Martin and S. Shaheen 在 2014 年和 2015 年间，调查了美国卡尔加里（Calgary）、圣地亚哥（San Diego）、西雅图（Seattle）、温哥华（Vancouver）和华盛顿特区（Washington, D.C.）将近10000 个汽车共享项目 car2go 成员。[1] 研究人员发现，因为每一辆在街道上行驶的 car2go 车辆，人们会卖掉 1—3 辆私家车，并且少购入 4—9 辆私

---

① Martin, E., and Shaheen, S., *The Impacts of Car2go on Vehicle Ownership*, *Modal Shift*, *Vehicle Miles Traveled*, *and Greenhouse Gas Emissions*: *An Analysis of Five North American Cities*, Working Paper, July 2016.

家车。总体而言，一个共享的 car2go 车辆可减少 11 辆私人小汽车上路行驶。可见，从使用效率上看，共享汽车远远高于一般私家车，从缓解城市交通拥堵的角度，可以鼓励汽车共享项目的开展和运作，允许其使用城市公共交通专用道等公共交通设施，并在投入的初期考虑给予税收减免或财政补贴，以鼓励其发展。

（五）鼓励城市物流发展共同配送，替代个人交通出行

鼓励发展城市配送，利用货运配送替代个人交通出行。网络购物对实体店的销售是一种替代，这种替代可以减少因购物而产生的出行需求。同时应积极建设和发展与网购配套的城市配送系统，用共同配送的方式减少交通出行。国内当前各大城市在行政管理中，对货车在城市内的运行设置了大量的限制，不仅限制进城车辆的类型，而且限制行驶的时间和区域，这使城市物流配送系统的建设发展困难重重。我国网购规模逐年增长，产生的快递业务量也屡创新高，据统计，顺丰、"四通一达"等主要快递物流公司 2016 年的业务量达到 312.8 亿件，同比增速为 51.3%，且近年来维持了 50% 左右的增速水平。如此快速成长的网购经济催生了大量的城市配送需求，而我国城市配送物流发展的薄弱现状又难以适应网络经济的快速发展，已经制约了其快速发展。时至今日，城市配送的"最后一公里"问题已经成为配送环节末端的热点和难点问题，该问题解决不好，将催生大量的以短途为主的交通出行需求，进一步加剧城市交通拥堵状况。因此，应采取各种措施加快城市物流共同配送的发展，如为城市货运车辆规划特定装卸区域、放松车辆进城限制、允许小型电动配送车辆在城市道路通行、在城市外围规划若干个分拨配送中心服务中心城区的货物流动等。

第二节　规划方面

从人的基本需求出发规划城市发展，主要包括以下几个方面。

一　城市交通规划紧密结合国情

从我国城市人口大规模聚集的状况出发规划定位城市交通系统，从规划上限制小汽车交通的发展。国外研究认为，在以小汽车出行为中心的城

市规划和设计的桎梏，让出行需求转向更节能的运输方式极具挑战。同样，在以土地密集开发利用为主旨的城市设计中，要满足居民汹涌而至的小汽车出行需求也是非常有难度的。在此情况下，城市交通拥堵不可避免。以美国为例，许多人生活在郊区和人口密度较低的城市，那里的家庭、工作、学校和服务都是分散的，不太密集的聚落状态使其难以通过步行或骑车到达目的地，因此，在美国的低密度社区提供公共交通服务更加昂贵，这也是其公共交通不发达的原因。对我国来讲，人口众多是第一国情，我国中等规模的城市人口数都可媲美欧美大城市，高度的集中使得土地开发、商业服务等必须走集约化的道路，在此情况下，城市的总体规划和交通路网规划不可能达到欧美那样以小汽车出行为主要服务对象的状况，反倒是有利于借助人口生活和工作比较集中的优势大力建设公共交通。因此，在城市规划建设上，应该充分认识到这一国情，避免迎合小汽车交通发展的做法。适合我国大中城市发展的交通模式，一定不是欧美国家以小汽车出行为主的私人交通主导的发展模式，而是以轨道交通和常规地面公交为主要骨干和网络、以自行车和步行交通为辅助和补充，大容量快速机动交通与慢行非机动交通融合发展的模式，所有的城市交通发展规划和模式都应向这个方向努力。

二　城市规划理念体现以人为本

在城市功能配套规划设计方面，应注重社区主要功能的配套，避免过于专业化的集中，要适当分散城市各部分服务功能在空间上的分布。在城市功能布局设计上，应避免城市某项功能在地理空间上的过度集中，区域内行政、商业、学校、医院等功能的集成和配套对形成区域内的"微循环"，减少区域间的长途出行及交通潮汐现象有积极意义。在城市规划和建设中经常出现一些具有特定功能的"新城区"，在以开发商业和房地产为主要目标的经济利益驱动下，忽视了将来在该区域生活的人的需求，单一的功能促成了不少"空城""睡城"，人们必须在该区域外寻求其他生活需求的满足，从而引发交通出行，并造成了该区域路网上的交通潮汐，在早晚高峰路段拥挤不堪。因此，城市社区功能的配套和完善可以有效消除原发性的交通出行需求，有利于缓解交通拥堵。

三　注重规划城市交通慢行系统

规划建设城市交通慢行系统，开辟行人通行和自行车行驶的独立空间，减少机动交通与非机动交通之间的互相干扰，提升各自运行的效率和安全性。机动车的发展大大挤压了行人和非机动车的生存空间，这不仅使城市交通出行结构变得不合理，也将在城市中生活的人与人之间的距离逐渐拉大，而且降低了城市生活的安全性。人们的生活和交往被淹没在机动车潮流中，交通事故频发和汽车尾气污染使城市生活质量下降、生存环境恶化。慢行系统将为人们争取并重新开辟交流的空间，隔离机动车的运行环境，拉近人们的交往距离。在城市经济社会的快速发展和"互联网+"技术的带动下，城市交通领域中正在掀起一场出行革命，"共享单车"作为一种新的交通经济和出行方式得到快速发展。然而，由于城市规划功能中自行车发展空间的缺失或不足，这场原本具有蓬勃生命力的交通创新正面临使用中出现的无序停放、随意丢弃等问题的困扰，这一方面反映了国民素质的现状，另一方面也充分折射出城市功能和规划建设的短板。非机动交通系统的发展不仅是对城市综合交通系统的完善，更是对城市新生活方式的开辟，从城市规划和建设方面促使其健康发展，对城市系统的发展和完善意义重大。

四　规划促进城市职住平衡

建立职住平衡对接机制，共有产权住房销售和公租房配租时，优先考虑辖区内就业人群。研究制定学校、医院、商务区、办公区等重点地区人流聚集场所交通设施约束指标和设计导则。开展"路绿用地融合"政策研究，实现交通基础设施建设与园林绿化融合发展的突破。建立全市统一的交通基础设施项目储备库，实现对全市交通建设的全过程统筹和全周期管理。①

第三节　财税方面

一　通过降税减费减少源头交通需求

减税降负，降低企业税率和行政性收费负担，促进社区中小企业发

---

① 北京交通发展研究院：《2018年北京交通发展报告》。

展，健全社区生活服务体系，从源头减少购物交通出行需求的生成。税率降低后更多的经济交易得以发生，不仅会增加市场的容量，而且有利于扩充交易发生的空间，这对分散交易活动的空间分布，均衡城市交通路网因购物产生的交通出行压力大有裨益。以香港为例，低税率造就了香港的繁荣。香港大街小巷的便利店极大地方便了居民的生活，不用去大超市，不用去商业中心购物，在家门口即可享受到各种商业设施和服务。这使得人们的出行次数减少，交通拥堵压力缓解。降低税率及取消各种行政性收费，减轻和扫除小店铺经营的成本压力，不仅可以刺激中小商业的发展，解决一部分人员的就业，还可以鼓励小商铺散落在社区周边，方便居民购物以减少交通出行。其实，不仅是便利店，对其他服务业经营主体也一样。若能在社区周边形成配套的商业、文化、体育等设施，围绕社区建立功能相对齐全的经济、社会、文化甚至环境生态，这将大大减少社区内的长距离出行，而这类出行一般以小汽车出行居多。

二 通过税收激励人们选择公共交通出行

降低个人所得税负担，允许将个人公共交通费支出部分在税前扣除，建立鼓励人们选择公共交通出行的税收激励。我国个人所得税率抵扣项目非常少，这导致实际中个人承担了较多的税负，增加了生活负担。在私企业主群体中，有较大比例的人选择小汽车交通出行，其相关的费用可以纳入企业经营费用中报销，并在企业所得税前收入中作为成本费用项目扣除，所以并不增加企业的所得税负担，反而具有抵税作用。而对广大工薪阶层而言，其用于通勤的公共交通费用一般直接从个人工资收入中支出，而工资收入是其在缴纳个人所得税后的余额，相当于从其"纯收入"中扣除成本费用，若能将个人通勤的公共交通费用支出部分纳入抵扣范围，不仅能切实减轻个人负担，而且有利于鼓励人们通勤选择公共交通，促进城市公共交通事业的发展。

本章小结

为使交通定价政策能更有效地发挥作用，可从交通、规划、财税等其他方面制定相应辅助政策，共同致力于良好交通环境的营造。从居民对各种政策的支持度来看，经济治堵比行政治堵更受欢迎。从居民角度出发，设计出更多使人感到有"获得感""幸福感"的公共交通政策，将更有利于治堵工作的开展。

参考文献

Anas, Alex, and I. Kim, "General Equilibrium Models of Polycentric Urban Land Usewith Endogenous Congestion And Job Agglomeration", *Journal of Urban Economics*, Vol. 40, No. 2, January 1996.

Anas, Alex, and Rong Xu, "Congestion, Land Use, and Job Dispersion: A General Equilibrium Model", *Journal of Urban Economics*, Vol. 45, No. 3, June 2005.

Anderson, David, and Herbert Mohring, *Distributional Consequences of Congestion Pricing: Analysis of a Network With Heterogenous Commuters*, Minneapolis: Center for Transportation Studies, University of Minnesota, 1996.

Arentze, Theo, F. Hofman, and H. Timmermans, "Predicting Multi-faceted Activity-travel Adjustment Strategies in Response to Possible Congestion Pricing Scenarios Using an Internet-based Stated Adaptation Experiment", *Transport Policy*, Vol. 11, No. 1, January 2004.

Artem Korzhenevych, Nicola Dehnen, *Update of the Handbook on External Costs of Transport*, European Commission, January 2014.

Bollinger, Christopher R., and K. R. Ihlanfeldt, "The Impact of Rapid Rail Transit on Economic Development: The Case of Atlanta's MARTA", *Journal of Urban Economics*, Vol. 42, No. 2, 1997.

Burchell, Robert W, et al., "The Costs of Sprawl-revisited", *Tcrp Report*, 1998.

Cervero, Robert, "Traditional Neighborhoods and Commuting in the San Francisco Bay Area", *Transportation*, Vol. 23, No. 4, November 1996.

Christine Gerstberger and Daniela Yaneva, Analysis of EU-27 household final consumption expenditure— Baltic countries and Greece still suffering most from the economic and financial crisis, 2013, http: //ec. europa. eu/eurostat/documents/3433488/5585636/KS-SF-13-002-EN. PDF/a4a1ed61-bac7-4361-a3f0-4252140e1751? version=1. 0.

Circella, Giovanni, Kate Tiedeman, Susan Handy and Patricia Mokhtarian, *Factors Affecting Passenger Travel Demand in the United States*, University of California, Davis, Georgia Institute of Technology, November 2015.

Crane, Randall, "The Influence of Uncertain Job Location on Urban Form and the Journey to Work", *Journal of Urban Economics*, Vol. 39, No. 3, May 1996.

Cropper, M. L. , and P. L. Gordon, "Wasteful Commuting-A Re-examination", *Journal of Urban Economics*, Vol. 29, No. 1, 1991.

Dargay, Joyce, and D. Gately, "The Demand for Transportation Fuels: Imperfect Price-reversibility?", *Transportation Research Part B Methodological*, Vol. 31, Issue 1, Febuary 1997.

Dargay, Joyce, and G. M. Sommer, "Vehicle Ownership and Income Growth, Worldwide: 1960-2030", *The Energy Journal*, Vol. 28, No. 4, 2007.

Dargay, Joyce, and Mark Hanly, *Bus Fare Elasticities*, ESRC Transport Studies Unit, University College London, 1999, www. ucl. ac. uk.

Dargay, Joyce, Mark Hanly, G. Bresson, M. Boulahbal, J. L. , Madre and A. Pirotte, *The Main Determinants of the Demand for Public Transit: A Comparative Analysis of Great Britain and France*, ESRC Transport Studies Unit, University College London, 2002, www. ucl. ac. uk.

Downs, Anthony, *Stuck in Traffic*, Washington, D. C. : The Brookings Institution, Cambridge: The Lincoln Institute of Land Policy, 1992.

Feeney, B. P. , "A Review of the Impact of Parking Policy Measures on Travel Demand", *Transportation Planning and Technology*, Vol. 13, April 1989.

Ferguson, Erik, "The Rise and Fall of the American Carpool: 1970-1990", *Transportation*, Vol. 24, No. 4, January 1997.

Fielding, Gordon J. , "Transit in American Cities", in *The Geography of Urban Transportation*, ed. by Susan Hanson, New York: Guilford

Press, 1995.

Gillen, David, "Peak Pricing Strategies in Transportation, Utilities, and Telecommunications: Lessons for Road Pricing", *Curbing Gridlock*, 1994, TRB (www. trb. org).

Giuliano, Genevieve, and J. Dargay, "Car Ownership, Travel and Land Use: A Comparison of the US and Great Britain", *Transportation Research Part A (Policy and Practice)*, Vol 40, Issue 2, February 2006.

Giuliano, Genevieve, and Kenneth A. Small, "Alternative Strategies for Coping with Traffic Congestion", in *Urban Agglomeration and Economic Growth*, ed. by Herbert Giersch, Heidelberg: Springer-Verlag Press, 1995.

Giuliano, Genevieve, and Kenneth A. Small, "Is the Journey to Work Explained by Urban Structure?", *Urban Studies*, Vol. 30, No. 9, 1993.

Giuliano, Genevieve, "Land Use Impacts of Transportation Investments: Highway and Transit", in *The Geography of Urban Transportation*, ed. by Susan Hanson, New York: Guilford Press, 1995.

Goodwin, Phil B., "A Review of New Demand Elasticities with Special Reference to Short and Long-Run Effects of Price Changes", *Journal of Transport Economics and Policy*, Vol. 26, No. 2, May 1992.

Goodwin, Phil B., "Empirical Evidence on Induced Traffic", *Transportation*, Vol. 23, No. 1, February 1996.

Goodwin, Phil, Dargay, Joyce, and Hanly, Mark, "Elasticities of Road Traffic and Fuel Consumption with Respect to Price and Income: A Review", *Transport Reviews*, Vol. 24, No. 3, May 2004.

Gordon, Peter, Ajay Kumar, and Harry W. Richardson, "The Influence of Metropolitan Spatial Structure on Commuting Time", *Journal of Urban Economics*, Vol. 26, No. 2, 1989.

Graham Currie and Justin Phung, *Understanding Links Between Transit Ridership and Automobile Gas Prices: U. S. and Australian Evidence*, Transportation Research Board 87th Annual Meeting (www. trb. org), 2008.

Graham, Daniel J., and Glaister, Stephen, "The Demand for Automobile Fuel: A Survey of Elasticities", *Journal of Transport Economics and Policy* (JTEP), Vol. 36, No. 1, January 2002.

Graham, Daniel J., and S. Glaister, "The Demand for Automobile Fuel: A Survey of Elasticities", *Journal of Transport Economics and Policy*, Vol. 36, No. 1, January 2002.

Hensher, David A., "Chapter 10. Establishing a Fare Elasticity Regime for Urban Passenger Transport", *Journal of Transport Economics and Policy*, Vol. 32, 1998.

Higgins, Thomas J., "Parking Taxes: Effectiveness, Legality, and Implementation, Some General Considerations ", *Transportation*, Vol. 19, No. 3, 1992.

Horowitz, Joel, "Example: Modeling Choices of Residential Location and Mode of Travel to Work", in *The Geography of Urban Transportation*, ed. by Susan Hanson, New York: Guilford Press, 1995.

Huib van Essen et al., *External Costs of Transport in Europe – Update Study for* 2008, Delft, September 2011.

Johansson, O., and L. Schipper, "Measuring the Long – run Fuel Demand of Cars: Separate Estimations of Vehicle Stock, Mean Fuel Intensity, and Mean Annual Driving Distance", *Journal of Transport Economics & Policy*, Vol. 3, No. 1, September 1997.

Kevin Washbrook, *Lower Mainland Commuter Preference Survey*, School of Resource and Environmental Management, Simon Fraser University (www. sfu. ca), 2002.

Kitamura, Ryuichi, Patricia L. Mokhtarian, and Laura Laidet, "A Micro-Analysis of Land Use and Travel in Five Neighborhoods in the San Francisco Bay Area", *Transportation*, Vol. 24, Issue 2, 1997.

Kopits, Elizabeth, and Maureen Cropper, *Traffic Fatalities and Economic Growth*, The World Bank Development Research Group Infrastructure and Environment, 2003.

Kwon, Eil, and Csaba Kelen, *Preliminary Study for the Development of Decision Support System for Congestion Pricing*, Minneapolis: Center for Transportation Studies, University of Minnesota, 1998, Photocopy.

Lago, Armando, Patrick Mayworm and Jonathan McEnroe, "Transit Ridership Responsiveness to Fare Changes", *Traffic Quarterly*, Vol. 35, No. 1,

January 1992.

Litman, Todd, "Transit Price Elasticities and Cross – Elasticities", *Journal of Public Transportation*, Vol. 7, No. 2, June 2004.

Litman, Todd, "Understanding Transport Demands and Elasticities: How Prices and Other Factors Affect Travel Behavior", *Prices*, May 2012.

London Department for Transport 2015, *Licensed Vehicles–Type*, *Borough*, Greater London Authority, London Datastore, http: //data. london. gov. uk/ dataset/licensed–vehicles–type-0.

Luk, J. Y. K. , "Electronic Road Pricing in Singapore", *Road & Transport Research*, Vol. 8, No. 4, December 1999.

Luk, James, and Stephen Hepburn, *New Review of Australian Travel Demand Elasticities*, 1993, Australian Road Research Board (www.arrb.org. au).

Maibach, M. , et al. , "Handbook on Estimation of External Cost in the Transport Sector. Produced within the Study Internalisation Measures and Policies for All External Cost of Transport (IMPACT) version 1. 0", *Genèses*, Vol. 1, No. 1, 2007.

Martin, E. , and Shaheen, S. , *The Impacts of Car2go on Vehicle Ownership*, *Modal Shift*, *Vehicle Miles Traveled*, *and Greenhouse Gas Emissions: An Analysis of Five North American Cities*, Working Paper, July 2016.

May, A. D. , and D. S. Milne, "Effects of Alternative Road Pricing Systems on Network Performance", *Transportation Research Part A*, Vol. 34, Issue 6, August 2000.

Mayeres, I. , "The Efficiency Effects of Transport Policies in The Presence of Externalities and Distortionary Taxes. in: The Automobile", *Journal of Transport Economics & Policy*, Vol. 34, No. 2, May 2000.

McDonald, John F. , and Clifford J. Osuji, "The Effect of Anticipated Transportation Improvement on Residential Land Values", *Regional Science and Urban Economics*, Vol. 25, No. 3, 1995.

Mcmullen, B. Starr, and N. Eckstein, "The Relationship Between VMT and Economic Activity", *Gross Domestic Product*, November 2011.

Meyer, John R. , and José A. Gómez–Ibáñez, *Autos Transit and Cities*, Cambridge: Harvard University Press, 1981.

Michael R. Bloomberg, and Amanda M. Burden, *Inner Ring Residential Parking Study*, 2013, https: //www1. nyc. gov/site/planning/plans/inner - ring-residential-parking/inner-ring-residential-parking. page.

Mokhtarian, Patricia L. , and C. Chen, "TTB or not TTB, That is the Question: a Review and Analysis of the Empirical Literature on Travel Time (and money) Budgets", *Transportation Research A*, Vol. 38, Issue 9 - 10, November-December 2004.

Newman, Peter W. G. , and Jeffrey R. Kenworthy, "Gasoline Consumption and Cities: A Comparison of U. S. Cities With a Global Survey", *Journal of the American Planning Association*, Vol. 55, Issue 1, 1989.

NYC Profile, New York City Department of City Planning, May 22, 2008.

Odeck, James, and S. Brathen, "Travel Demand Elasticities and User's Attitudes: A Case Study of Norwegian Toll Projects", *Transportation Research Part A*, Vol. 42, Issue1, January 2008.

O'Dea, William P. , "Optimal Metering in the Bottleneck Congestion Model", *Journal of Urban Economics*, Vol. 45, No. 1, January 1999.

Paulley, Neil, et al. , "The Demand for Public Transport: The Effects of Fares, Quality of Service, Income and Car Ownership", *Transport Policy*, Vol. 13, Issue 4, July 2006.

Pham, Larry, and Jim Linsalata, Effects of Fare Changes on Bus Ridership, 1991, American Public Transit Association (www. apta. com).

Pickrell, D. , "A Desire Named Streetcar: Fantasy and Fact in Rail Transit Planning", *Journal of the American Planning Association*, Vol. 58, No. 2, 1992.

Plane, David A, "Urban Transportation Policy Alternatives", in *The Geography of Urban Transportation*, ed. by Susan Hanson, New York: Guilford Press, 1995.

Pratt, and Andy, "Coordinating Employment, Transport and Housing in Cities: An Institutional Perspective ", *Urban Studies*, Vol. 33, No. 8, October 1996.

Rosetti, M. , and B. Eversole, *Journey to Work Trends in the United*

States and its Major Metropolitan Area, Cambridge: John A. Volpe National Transportation Systems Center, 1993.

Segal, David, and T. L. Steinmeier, "The Incidence of Congestion and Congestion Tolls", *Journal of Urban Economics*, Vol. 7, Issue 1, January 1980.

Selvanathan, E. A., and Saroja Selvanathan, "The Demand for Transport and Communication in the United Kingdom and Australia", *Transportation Research B*, Vol. 28, Issue 1, February 1994.

Shoup, Donald C., "Evaluating the Effects of Cashing Out Employer-paid Parking: Eight Case Studies", *Transport Policy*, Vol. 4, No. 4, October 1997.

Shoup, D., "Cashing Out Free Parking", *Transportation Quarterly*, Vol. 36, Issue 3, July 1982.

Texas A&M Transportation Institute and Inrix, 2015 *Urban Mobility Scorecard*, 2015, https://mobility. tamu. edu/ums/report/.

Thaler, Richard H., "Mental Accounting Matters", *Journal of Behavioral Decision Making*, Vol. 12, No. 3, September 1999.

Tong, C. O., and S. C. Wong, "The Advantages of a High Density, Mixed Land Use, Linear Urban Development", *Transportation*, Vol. 24, Issue 3, August 1997.

TRACE, *Elasticity Handbook: Elasticities for Prototypical Contexts*, Prepared for the European Commission, Directorate - General for Transport, Contract No.: RO - 97 - SC. 2035, 1999, www. hcg. nl/projects/trace/trace1.htm.

Transport for London, *Central London Congestion Charging: Impacts Monitoring—First Annual Report*, 2003, http://content. tfl. gov. uk/impacts-monitoring-report1. pdf.

Transport for London, *Travel in London Report* 8, 2015, http://content. tfl. gov. uk/travel-in-london-report-8. pdf.

Turner, Tracy, and D. Niemeier, "Travel to Work and Household Responsibility: New Evidence", *Transportation*, Vol. 24, No. 4, November 1997.

UK Office for National Statistics 2015，"Percentage of Population by Religion, Borough" Greater London Authority, London Datastore，(http：// data. london. gov. uk/dataset/percentage-population-religion-borough).

U. S. Census Bureau, *New York-County*, *Population*, *Housing Units*, *Area*, *and Density*：*2000*, October 2011.

Washbrook, Kevin, W. Haider, and M. Jaccard, "Estimating Commuter Mode Choice：A Discrete Choice Analysis of the Impact of Road Pricing and Parking Charges", *Transportation*, Vol. 33, Issue 6, November 2006.

White, Michelle J. , "Housing and the Journey to Work in U. S. Cities", in *Housing Markets in the United States and Japan*, eds. by Y. Noguchi and J. Poterba, National Bureau of Economic Research Convergence Report, Chicago：University of Chicago Press, 1994.

Wilson, Richard W. , "Estimating the Travel and Parking Demand Effects of Employer-Paid Parking", *Regional Science and Urban Economics*, Vol. 22, Issue 1, March 1992.

《当前中国城乡家庭消费状况》（http：//theory. people. com. cn/BIG5/ 49154/49155/8770074. html）。

《国务院办公厅关于深化改革推进出租汽车行业健康发展的指导意见》（国办发〔2016〕58 号），2016 年 7 月 26 日。

白羽：《新加坡电子道路收费系统有效缓解交通拥堵》，2015 年 12 月 10 日，新华网（http：//news. xinhuanet. com/world/2015 - 12/10/c _ 1117424440. htm）。

北京交通发展研究院：《2018 年北京交通发展年度报告》，2018 年。

卞长志、陆化普：《城市轨道交通与常规公交的票价博弈研究》，《公路工程》2009 年第 1 期。

陈宽民、罗小强：《城市快速轨道交通合理票价的博弈分析》，《长安大学学报》（自然科学版）2005 年第 4 期。

陈小鸿：《上海的控牌之幸与拍牌之痛》，《瞭望东方周刊》2015 年 8 月 13 日。

陈义华、车天义、赵良杰等：《重庆市轻轨票价理论及应用》，《重庆大学学报》（自然科学版）2005 年第 6 期。

付聪、尹贻林、李丽红：《基于高峰定价的城市轨道交通价格研

究——天津地铁定价方案改进策略》，《价格理论与实践》2008 年第
10 期。

高家驹：《综合运输概论》，中国铁道出版社 2000 年版。

国家统计局：《居民生活水平不断提高　消费质量明显改善——改革
开放 40 年经济社会发展成就系列报告之四》（http：//www. stats. gov. cn/
ztjc/ztfx/ggkf40n/201808/t20180831_ 1620079. html）。

国家行政学院经济学教研部：《中国经济新常态》，人民出版社 2015
年版。

［英］肯尼斯·巴顿：《运输经济学》，冯宗宪译，商务印书馆 2002
年版。

李彬：《定制公交与定制公交客车研究》，博士学位论文，长安大学，
2014 年。

刘杰、何世伟、宋瑞：《基于社会经济效益最大化的轨道交通票价优
化》，《吉林大学学报》（工学版）2011 年第 5 期。

陆化普：《城市交通供给策略与交通需求管理对策研究》，《城市交
通》2012 年第 3 期。

陆化普：《城市交通拥堵机理分析与对策体系》，《综合运输》2014
年第 3 期。

陆卫、张宁、杨利强：《基于层次分析法的轨道交通票价制定方法》，
《武汉理工大学学报》（信息与管理工程版）2009 年第 2 期。

马超群、王玉萍、陈宽民：《城市轨道交通与常规公交之竞争模型》，
《交通运输系统工程与信息》2007 年第 3 期。

马嘉琪、白燕：《基于出行成本管理的城市交通拥堵治理策略》，《综
合运输》2010 年第 5 期。

马林：《城市交通发展模式转型与战略取向》，《城市交通》2013 年
第 5 期。

美国交通研究委员会：《道路通行能力手册（HCM2000）》，刘晓明
等译，人民交通出版社 2007 年版。

［美］米尔顿·弗里德曼、罗丝·弗里德曼：《自由选择》，张琦译，
机械工业出版社 2008 年版。

戚宇杰、姜涛：《基于系统动力学的城市轨道交通定价方法研究》，
《都市快轨交通》2005 年第 6 期。

秦华容、杨铭：《北京地铁低价政策为何难解城市交通拥堵》，《综合运输》2013 年第 2 期。

荣朝和：《交通-物流时间价值及其在经济时空分析中的作用》，《经济研究》2011 年第 8 期。

邵星杰、陈莹、张宁：《基于拉姆塞模型的城市轨道交通定价研究》，《都市快轨交通》2010 年第 6 期。

沈贤德：《公共交通票价形成体系规范的探讨》，《浙江统计》2006 年第 7 期。

施祖洪：《上海城市公共交通价格机制与比价关系研究》，《价格理论与实践》2005 年第 7 期。

汤薇、陈森发、仇向洋：《基于生命周期客流分摊成本的城市轨道交通定价方法》，《系统工程理论与实践》2007 年第 5 期。

全允桓：《城市快速交通线项目的最优票价与政府补偿》，《系统工程理论与实践》2001 年第 4 期。

王殿海、吴娟、栗红强：《典型线路公共汽车票价确定方法研究》，《公路交通科技》2000 年第 6 期。

王建伟：《空间运输联系与运输通道系统合理配置研究》，博士学位论文，长安大学，2004 年。

王健、安实、赵泽斌：《基于财政补贴的拥挤定价下公交收费策略研究》，《管理工程学报》2006 年第 2 期。

王健等：《基于差别定价的城市公共交通价格体系研究》，《科学技术与工程》2010 年第 22 期。

王颖、宋苏等：《拥堵收费和低排放区国际经验研究》，http://www. wri. org. cn/Study-on-International-Practices-for-Low-Emission-Zone-and-Congestion-Charging。

新加坡统计局：《新加坡 2015 年统计年鉴》，http://www. singstat. gov. sg/publications/publications - and - papers/reference/yearbook - of - statistics-singapore。

新浪财经：《易珉：北京公共交通出行比例为 40%，香港是 90%》，http://finance. sina. com. cn/roll/2016-03-22/doc-ifxqnsty4907137.shtml。

徐婷等：《出行成本对居民出行方式的影响》，《交通运输工程学报》2013 年第 1 期。

薛兆丰：《城市交通拥堵治理的深圳模式——经济学上的交通收费分析》，《经济观察报》2014年7月30日。

［美］亚伯拉罕·马斯洛：《动机与人格》，许金声译，中国人民大学出版社2012年版。

闫小勇、牛学勤：《基于概率选择的城市轨道交通最优票价计算方法》，《城市轨道交通研究》2003年第6期。

严作人、张戎编著：《运输经济学》，人民交通出版社2003年版。

杨林：《城市公共交通价格改革研究》，《价格月刊》2005年第1期。

杨忠伟、刘晓明：《城市交通出行成本对出行结构的影响》，《交通运输系统工程与信息》2012年第4期。

姚丽亚、关宏志、严海：《公交票价比对公交结构的影响及方式选择模型》，《北京工业大学学报》2007年第8期。

张光远：《用价格政策支持城市公共交通优先发展》，《价格理论与实践》2005年第12期。

张五常：《经济解释（卷二）：收入与成本　供应的行为》，中信出版社2010年版。

张五常：《经济解释（卷一）：科学说需求》，中信出版社2010年版。

赵良杰、陈义华、车天义：《重庆轻轨票价方案研究》，《铁道运输与经济》2005年第11期。

庄红韬：《政策探讨——"拥挤收费"能否有效控制交通拥堵改善大气环境?》，2013年2月21日，人民网—财经频道（http：//finance.people.com.cn/n/2013/0221/c348883-20556598. html）。

后　记

　　作为一种典型的"城市病"，交通拥堵已成为世界性热点和难点问题。随着城市经济社会的发展和居民生活水平的提高，小汽车出行需求日益旺盛，国内大城市交通拥堵日趋严重，给公众出行和城市发展带来严重影响。虽然政府开出多轮"药方"进行治理，但拥堵态势并未得到缓解，反而愈演愈烈，从一线城市向二、三线城市蔓延。深入剖析交通拥堵的形成和消散机理，进而找到科学有效的治堵之策，成为当下解决城市交通问题的关键。

　　本书在回顾梳理国内外治堵研究和实践的基础上，从供需视角对交通拥堵成因进行了深入的分析，认为其根源在于供需结构的错位。恰当的交通定价体系，可以引导各层需求回归相应层次的供给，从而提升供需的契合度，这是缓解交通拥堵的可行之策。基于此，本书以经济学理论为基础，将治理交通拥堵问题转化为促成交通供需均衡问题。在理论层面，总结了城市交通出行需求与出行供给特征的基础，分析了拥堵产生的机理，提出了利用定价缓解拥堵的路径。在应用层面，基于不同出行方式的需求价格弹性差异，设计了具有梯度特征的城市交通级差定价体系，形成了引导出行需求的价格激励机制和需求管理工具。为使这一机制能转化为有效的治堵政策，本书对国外典型城市的交通定价政策和治堵效果进行了分析，并以宁波为例调查了城市居民对交通治堵政策的支持度，最后提出了以交通定价为中心的缓堵政策。本书在以下方面进行了创新探索：一是研究视角的创新，将纷繁复杂的交通拥堵问题转化为交通供需平衡问题，使拥堵问题脉络清晰、重点突出；二是定价理论的创新，基于价格引导需求的功能，提出了引导出行需求的城市交通级差定价体系，为创新交通需求管理提供了理论支撑和政策工具；三是政策创新，提出的车购税和小汽车使用调节税政策、轨道交通定价政策是对当前我国城市交通治堵政策的有益探索。

　　本书主要内容基于杨铭主持的国家社会科学基金青年项目"利用定价缓解交通拥堵的作用机理与政策设计"（项目编号：13CJY088）、浙江省教育厅高校重大人文社科项目攻关计划"城市交通级差价格理论体系构建理论、方法与政策"（项目编号：2013QN033）等研究成果整理而成，杨铭负责书稿框架的拟定，各章节写作的指导及全书的统稿、校对、修订。全书研究与撰稿任务主要由杨铭、秦华容和李彬完成。宁波工程学院秦华容老师检索、翻译和整理了研究所需的国外资料和数据，长安大学汽车学院李彬老师则在模型及数据分析方面做出了重要贡献，美国犹他州立大学宋子麒教授的建议对研究重点的突破起到了重要作用，不同思想碰撞的火花令人思路清晰、记忆深刻。本成果也充分吸取了多位国家社科基金项目匿名评审专家的真知灼见，这使本研究向更深层次和更高水平又迈进了一步。在此，课题组对专家们的诚恳建议表示感谢！另外，还要感谢宁波工程学院在出版经费方面的大力支持！在本书的出版过程中，中国社会科学出版社的梁剑琴老师以及多位审稿、校验工作人员从头至尾给予了细致的关怀和周到的服务，对他们的辛勤付出和支持帮助表示由衷的感谢！

　　城市交通拥堵问题由来已久、错综复杂，远远不是拙作所能解决的。本书提出的观点也是尽力从"道"的方面阐明机理，这有益于找到解决城市交通拥堵的"术"。但是，我深知这个寻找的过程是艰辛的。作为一名在科研路上默默成长的青年教师，对未知的探索永无止境。本书的出版，只是对过往工作的一个小结，在探索的路上，课题组将不忘初心，撸起袖子加油干！漫漫长路，吾将上下而求索！

杨　铭
2019 年 7 月